메타와 AI 세상을 위한 자기주도학습법

원 · 북 · 원 · 맵

메타와 AI 세상을 위한
자기주도학습법

원·북·원·맵

북마크

머리말

패스트 팔로워Fast Follower가 아닌 퍼스트 무버First Mover가 되어야 한다!!

세상 모든 것의 디지털화Digital Transformation를 추구하는 4차 산업혁명과 메타버스는 2004년 이후 정보통신 기술의 급속한 발전과 융복합을 통해 전 세계를 물리적 경계를 초월한 하나의 거대한 경제공동체로 만들었습니다. 유네스코는 전 세계 모든 청소년의 글로벌 시티즌 의식교육을 위해 2015년 세계시민교육을 글로벌 의제로 채택한 바 있습니다. 그리고 우리나라는 2025년부터 디지털 교육환경 속에서 전자교과서 사용, 고교학점제, AI 기반 맞춤형 교육을 시행합니다.

이제 청소년을 한 국가의 구성원이면서 동시에 경계 없는 지구공동체의 구성원으로서 경쟁력을 갖추도록 하는 것이 중요합니다. 그러나 "이미 살아온 사람이 자신의 지식과 경험을 토대로 앞으로 살아갈 사람을 준비시키는 것"을 교육이라고 정의한다면, 세상이 변화하는 속도가 너무 빠른 탓에 거시적이며 구체적인 정책과 전략을 세우고 교육 패러다임을 변화시키는 것은 쉽지 않은 일입니다.

글로벌 경제공동체의 무한 경쟁 속에서 우리는 패스트 팔로워Fast Follower가 아니라 퍼스트 무버First Mover가 되어야 합니다. 생존과 발전을 위해 모든 기업이 당면한 변화는 구성원의 다양성과 창의성으로부터 기업의 경쟁력을 도출하는 조직문화의 개발입니다. 반면 급속히 변화하는 패러다임 속에서 행복과 성공을 추구하기 위해 개인은 '나 다움'을 향해 목표를 세우고 달성하는 자기경영 능력이 중요한 시대입니다.

꿈과 비전, 자기주도성, 창의성 등 많은 요소가 자기경영을 위해 필요하지만, 개인과 기업의 성과 도출을 위해 가장 중요한 것은 프로젝트 능력입니다. 목표와 일정이 명확한 세상의 모든 일을 프로젝트로 인식하고 디지털 도구와 정보를 활용하여 생각하고, 소통하고, 관리하고, 학습하며, 협업을 통해 일을 진행해야 합니다.

평생 직장과 직업은 더 이상 중요하지 않습니다. 이미 지나간 노우 하우Know-How 시대에는 전공, 성적, 그리고 출신 학교가 중요한 가치 기준이었다면, 검색과 네트워킹 능력이 중요했던 노우 웨어Know-Where 시대를 지나, 창의적 사고력이 중요한 노우 홧Know-What의 시대가 오래전에 시작되었습니다. 더구나 AI의 등장과 급속한 발전은 앞으로 성과의 양극화 현상을 초래할 것입니다. 남이 설정한 목표를 달성하기 위해 노우 하우Know-How와 노우 웨어Know-Where라는 수단과 방법 차원의 능력 위주로 살아온 패스트 팔로워Fast Follower에게 AI는 갈수록 더 큰 위협이 되는 반면, 노우 홧Know-What을 토대로 스스로 목표와 일정을 세우고 문제를 해결하는 것에 익숙한 퍼스트 무버First Mover에게는 AI가 더 없이 좋은 수단으로 활용될 것입니다.

2005년 자기개발과 업무혁신 분야의 전문가 미국의 다니엘 핑크Daniel H. Pink는 그의 저서 『혁신사고 체계 - 왜 우뇌형 인간이 미래를 지배하게 될 것인가A Whole New Mind - Why Right-Brainers Will Rule The Future』에서 창의적이며 시각적 사고역량이 미래 경제의 혁신과 성공의 열쇠가 될 것임을 논리적으로 설파한 바 있습니다.

거슬러 올라가면 70년대에 영국의 토니 부잔(Tony Buzan)은 전뇌를 활용한 시각적 사고와 필기법 "마인드맵"을 창시하였고, 90년대에 들어오면서 미국의 교육부는 "마인드 웨빙Mind Webbing"을, 한국의 교육부는 "생각그물"을 창의적 사고력 개발방법으로 초등교육에 반영하였습니다. 이 무렵 미국, 독일, 그리고 한국 세 나라에서 각각 마인드맵 SW가 등장합니다. 전직 교사 출신들이 소명의식으로 개발한 미국의 Inspiration, 독일의 MindManager, 그리고 한국의 ThinkWise입니다.

86년 텍사스 오스틴 소재 모토롤라Motorola의 최첨단 주문형반도체ASIC 공장의 스케쥴링 시뮬레이터를 개발했던 제가 지난 28년간 시각적 사고와 필기를 연구 개발해 오면서 발견한 가장 중요한 두 가지 사실은, 1) 정보를 구조화하는 마인드맵 기법은 기억과 회상의 연결고리인 맥락적 사고를 가능케 한다는 점과 2) 디지털 정보와 도구를 활용하여 스스로 질문하며 학습하는 역량Critical Thinking & Independent Learning, 즉 디지털 자기주도학습 능력이야말로 이 시대를 살아가는 모두에게 가장 중요한 기초역량이라는 점입니다.

2004년 시작된 메타버스Meta Universe라는 거대한 흐름 속에서 First Mover로 성장하여 온 세상에 꿈을 펼치는 우리 청소년들과 2040년 G2가 되어 있는 대한민국의 모습이 보입니다. “전 국민 전 생애주기의 디지털 학습과 업무역량 향상”을 위한 우리의 여정은 앞으로도 계속될 것입니다.

지금까지 일반인과 청소년 대상 교육을 도맡아 해오면서 『원북원맵』 과정개발에 헌신적인 노력으로 기여해온 이영선 님과 백주희 님에게 감사를 전합니다.

2025년 5월

정영교

ThinkWise

CONTENTS

PART 3. 과목별 원북원맵

들어가며. 공통과목 적용 자신만의 기호체계 만들기 … 98

1. 특수문자 … 98
2. 기호 넣기 … 100

1장. 국어 … 101

언어적 소통 능력을 함양하여 논리적 사고와 비판적 사고를 기르고, 자기주도적 학습과 성찰을 통해 문제 해결 능력과 비판적 사고를 발전시킨다.

2장. 과학 … 107

핵심 개념을 시각화하고, 개념 간의 관계를 구조적으로 이해하여, 과학적 사고력을 기르고 문제 해결 능력을 향상한다.

3장. 사회 … 120

지리, 정치, 경제, 문화 등 다양한 분야를 다루면서 사회의 구조와 문제, 변화 과정을 탐구하고, 사회 현상에 대한 이해와 분석 능력을 키운다.

4장. 역사 … 127

과거의 사건, 인물, 문화 등을 다루며, 시간의 흐름과 인과관계를 이해하고, 사건 사이의 연결고리, 발생 원인, 영향 분석 등에 중점을 둔다.

5장. 영어 … 134

단순한 언어 학습을 넘어, 문화적 이해와 창의적 사고를 바탕으로 다양한 상황에서 유연하게 소통할 수 있는 능력을 기르는 것을 중점으로 한다.

6장 'AI가지' 생성으로 진로프로젝트 활용 … 137

1. 조건설정 … 138
2. 상상하기/연상하기/결합하기 … 139
3. 관계분석/이해하기/검색결과 … 142

PART 4. ThinkWise 사용 설명서

3장. ThinkWise 웹버전으로 맵 만들기 ··· 180

4장. ThinkWise 웹버전으로 맵 디자인하기 ··· 199

5장. ThinkWise 웹버전으로 맵 자료 정리하기 ··· 208

| PART1 |

메타와 AI 세상을 위한 자기주도학습

정영교 대표
민족사관학교 특강

4차 산업혁명과 함께 시작된 메타와 AI 세상에는 자기주도학습 능력이 필요합니다. 자기주도학습이란 단순한 반복이 아닌 창의적인 질문과 발견을 통해 생각을 키워나가는 것을 의미합니다. 자기주도적 학습을 위해서는 학습 주체의 주인의식이 필요합니다. 동기 부여와 학습목표 설정, 다양한 학습도구 활용 등의 능력도 갖춰야 합니다. 디지털 환경에 최적화된 자기주도학습법의 내용을 동영상으로 보려면, 위의 QR코드를 이용하여 2021년에 민족사관고등학교에서 실시한 특강 “Independent Learning in Meta Universe”를 살펴보시기 바랍니다.

| 1장 |

메타와 AI 세상과 인디펜던트 러닝

학생 여러분, 오늘 특강에서 나에게 주어진 미션은 메타버스 세상을 살아가는 여러분에게 메타와 AI 세상에 대한 정확한 이해와 자기주도학습 역량이 무엇인지 개념을 전달하는 것입니다. 혹시, 여러분은 공부Study와 학습Learn의 차이점에 대해 생각해본 적이 있나요? 공부와 학습은 완전히 다릅니다. 여러분이 새로운 것을 배우는 방법이 공부 중심인지 학습 중심인지 한번 생각해볼 필요가 있습니다.

인디펜던트 러닝Independent Learning이라는 말을 들어보셨나요? 번역하자면 자기주도학습이라고 합니다. 일반적으로 인디펜던트 러닝이라는 말은 많이 사용하지만, 인디펜던트 스터디라는 말은 사용하지 않습니다. 인디펜던트 러닝 즉, 자기주도학습이라는 말은 그동안 자주 들어서 익숙할 것입니다. 그런데 메타버스 세상에 들어서면서 자기주도학습도 이전에 알고 있던 것과 비교해 보면 많이 달라졌습니다. 그 역할과 의미가 훨씬 중요해졌다고 할 수 있습니다.

메타와 AI 세상의 자기주도학습을 이해하기 위해서는 먼저 메타버스에 대한 이해가 명확해야 합니다. 메타버스에 대한 사전적인 의미는 여러분도 충분히 알고 있으리라 생각합니다. 메타버스의 사전적 의미를 전달하기보다는 여러 가지 주변 개념에 대한 설명을 통해 자연스럽게 메타버스가 어떤 개념인지 여러분이 스스로 이해할 수 있도록 진행하겠습니다.

메타버스는 언제부터 시작되었을까? 보통은 그 시기를 2004년 전후로 보고 있습니다. 만약 여러분이 페이스북이나 인스타그램 계정을 가지고 활동하고 있다면, 클라우드 속 디지털 세상 즉, 메타 유니버스라는 세상에서 자신의 아바타분신를 가지고 활동하고 있는 것입니다. 아바타는 인도의 고어로 '내려오다'를 의미하는 'Ava'와 '땅'을 의미하는 'Tar'의 합성어입니다. 땅에 내려온 '신의 분신'이라는 뜻입니다.

행복이라는 단어를 생각해 봅시다. 여러분은 살아오면서 몇 번이나 행복했는지 셀 수 있나요? 마지막으로 행복했다고 느낀 것을 기억합니까? 아마 쉽지 않을 것입니다. 사람이 왜 사는가를 생각해 보면 대부분 행복하기 위해서라고 합니다. 이렇게 행복이 삶의 목적이라고 생각하면서도 우리는 행복이 무엇인지 정의하거나 잘 설명하지 못합니다. 그러면서도 행복해지고 싶다고 합니다.

만약 행복에 대해 고민하고 정의할 수 있었다면 지난 시간 동안에 내가 느낀 행복에 대한 기억은 뚜렷할 것이며, 횟수 또한 더 많았을 것입니다. 행복과 같은 중요한 개념어는 대충 아는 버즈워드Buzzword가 아니라 정확하게 내 입으로 다른 사람에게 설명할 수 있어야 합니다. 마찬가지로 메타버스 또한 누군가에게 정답이 아니더라도 이런 것이라고 설명할 수 있어야 하는 개념입니다. 왜냐하면 공기와 햇빛처럼 메타버스는 여러분이 숨쉬고 살아가야 할 환경이기 때문입니다. 다음의 이야기를 통해 메타버스의 개념을 이해하고 자기주도 학습이 왜 중요한지 알 수 있기를 바랍니다.

에피소드 1. 이것은 너의 논문이고 인생이야!

미국에서 대학원을 다닐 때의 일입니다. 오레곤주립대학에서 석사 과정을 마쳐갈 무렵 논문을 쓰는 학기가 되었습니다. 사실 논문을 어떻게 써야 할지 난감했습니다. 안 써봤으니 당연하지요. 그래서 한국인 선배에게 물어봤습니다. 선배는 교수님이 시키는 대로 하면 된다고 했습니다. 교수님이 시키는 대로 열심히 따라가다 보면 알게 된다는 것입니다. 한국 선배의 말을 믿고 1주일에 한 번씩 두 분의 교수님과 미팅을 했습니다. 미팅은 특정한 주제를 놓고 토론하는 방식이었습니다.

당연히 토론을 위해 열심히 준비했습니다. 교수님과 토론을 이어가다 보면 지식이 부족하니 코너에 몰리고 아무런 대답을 하지 못하는 상황이 되었습니다. 이때 무의식적으로 하게 되는 대답이 "I don't know!"였습니다. 매주 같은 상황이 반복되었습니다. 두 교수님으로부터 질문 세례를 받다 보면 어느 순간 입에서 똑같은 대답이 나왔습니다. "I don't know!" 언젠가부터 이런 상황이 되면 두 교수님은 아무 말도 안 하고 저를 물끄러미 쳐다보기 시작했습니다.

교수실을 나온 후 도서관에서 죽어라 하고 자료를 팠습니다. 나름 만반의 준비를 하고 갔지만 이전과 달라진 것은 버티는 시간이 조금 길어졌다는 것일 뿐 결국 같은 상황이 반복되었습니다. 그 순간 갑자기 공부하고 노력한 것이 억울하다는 생각이 들어 입에서 나온 말이 "I'm not ready! I'll get back to you next week!"였습니다. 그 말이 나오자마자 두 분 교수님이 박수와 함께 미소 지으며 이렇게 말했습니다. "Young, This is your thesis. This is your life!" 그러면서 내 입에서 "I don't know."라는 말보다 더 긍정적인 답이 나오기 전에는 아무런 말도 하지 않기로 두 교수분이 짰다고 이야기했습니다.

나의 논문이고 나의 인생이니 모르겠다는 부정적 표현과 태도를 버려야 한다는 것을 알려주고 싶었다는 것이었습니다. 그 대화를 통해 인생의 지표가 된 큰 깨달음을 얻게 되었습니다. 이후 석사 논문을 일사천리로 쓰게 되었고, 당연히 잘 통과해서 박사과정으로 올라갔습니다.

당시 쓴 논문은 전 세계 무역항 물류체계에 혁신을 가져올 만한 것이었습니다. 오레곤주 포틀랜드에는 무역항이 있었고, 엄청난 수량의 컨테이너가 들어오고 나갔습니다. 보통 컨테이너선은 전 세계를 돌아다니면서 수십 군데 항구에서 하역과 선적을 반복합니다. 배에서 컨테이너를 내리고 다시 싣는 일은 언뜻 단순해 보이지만, 사실은 복잡하고 효율적으로 해야 하는 작업입니다. 배가 가는 경로를 고려해야 합니다. 나중에 내려야 할 컨테이너를 아래쪽에 쌓고, 내리는 순서가 빠르면 위에 배치해야 효율적입니다. 이것을 위해 당시에도 당연히 컴퓨터를 활용해 로딩 플랜을 만들어 작업했습니다.

무역항의 경쟁력은 하역과 상역에 걸리는 시간으로 결정됩니다. 효율이 가장 중요하고, 시간은 바로 비용이기 때문입니다. 당시 모든 항구의 문제는 야적한 컨테이너를 배에 싣는 시간이 오래 걸린다는 것이었습니다. 저는 야적 방법과 절차를 조금 바꾸어 선적 시간을 줄일 수 있는 기발한 아이디어를 냈습니다. 그리고 실제 데이터를 기반으로 시뮬레이션을 해본 결과 11% 정도의 시간을 줄일 수 있다는 것을 증명할 수 있었습니다. 결과는 국제운송학회에 발표되어 큰 반향을 일으켰습니다. 막연하게 모른다고 하던 태도에서 아직 준비가 부족하다고 말해야 하는 태도의 전환이 이런 결과를 가져온 것입니다.

그때 사용했던 시뮬레이션 프로그램이 있었는데 사용법과 버그 문제로 정말 자주 프로그램 개발 회사와 전화를 했습니다. 나중에 논문을 본 회사의 사장이 나를 부사장으로 채용하고 싶다고 제안했습니다. 당시 자기 회사의 소프트웨어를 사용하여 가장 방대한 프로그램을 짠 사람이 나라고 하더군요. 결국 그 논문으로 인해 나이 26살에 실리콘밸리에 있는 시뮬레이션 회사의 부사장이 되었습니다.

에피소드 2. 무한변신의 시작, 자기주도성

대학원을 졸업하고 미국 실리콘밸리에 있는 벤처기업 입사 후 3개월이 지나 처음으로 큰 프로젝트를 담당하게 되었습니다. 당시 반도체 시장에서 가장 큰 회사였던 모토로라의 프로젝트였습니다.

모토로라의 텍사스 오스틴 공장은 주문자 생산형 반도체ASIC 생산기지로 주문마다 제조 사양이 달라서 생산하는 과정이 복잡했습니다. 이런 주문생산에 맞춰 라인을 스케줄링하는 시뮬레이터를 만드는 것이 프로젝트의 핵심이었고, 주어진 기간은 1년이었습니다. 세 개 회사가 컨소시엄으로 일을 시작했고, 우리 회사의 개발 핵심은 나였습니다. 사장은 개발 핵심인 나를 데리고 1주일에 한 번씩 회의에 참석했습니다. 그런데 회의 내용은 모두 이해하겠는데 말을 한마디도 하지 못했습니다. 영어는 잘하는 편이었지만 그들의 대화에 끼어들 수가 없었습니다.

하루는 회의하다 중간 휴식시간에 잠시 바람을 쐬고 있는데, 컨소시엄 파트너사의 컨설턴트 한 명이 따라 나오더니 나에게 “You'd better cover your ass!”라고 하더라고요. 왜 아무 말도 안 하냐는 거죠. 이 프로젝트의 메인 개발자가 아무런 말이 없으니 그 컨설턴트도 답답했던 모양입니다. 하지만 그가 그런 말을 하기 전에 나도 문제를 알고 있었습니다. ‘이게 뭐지? 이러다가 죽는 거 아닌가? 학교로 다시 복귀해야 하나, 아니면 한국으로 돌아갈까?’ 그런 고민을 3개월을 했습니다. 발표한 논문은 학회에서 센세이션을 일으켰고, 명함은 부사장인데 정말 창피하더군요. 결국 멘붕이 왔습니다. 3개월의 고민 끝에 내린 결론은 이 친구들은 “나와 다른 교육을 받았다”는 것입니다. 이 친구들이 받은 교육 중에 내가 그동안 받지 못한 교육이 있다는 것을 깨달았습니다.

내가 교육받지 못한 부분에 대해서 누군가를 롤모델로 정해서 관찰하고, 일에 대한 나의 태도와 생각하고 소통하는 방법을 고쳐보자고 결심하였습니다. 그리고 스스로 변화하는데 성공했습니다. 프로젝트를 1년 만에 성공적으로 마치고 모토로라 엔지니어들을 대상으로 교육하는 자리에서 회사의 ‘Brain Child’로 소개를 받았죠.

지금 이야기한 두 개의 에피소드는 공부스터디와 학습런의 차이 그리고 내가 하는 생각과 나에게 주어진 시간에 대한 주인의식 때문에 생긴 일이었습니다. 초등학교, 중학교, 고등학교, 대학교, 대학원, 박사과정을 거치면서, 평가를 전제로 주어진 자료에 대한 단순한 공부를 넘어 크리티컬 씽킹Critical Thinking, 비판적 사고을 토대로 스스로 학습하는 역량이 부족했다는 것을 깨달은 것입니다.

무엇이 문제이고, 무엇이 내 생각이고, 내 생각이 설사 잘못되었더라도 이렇다고 끝까지 이야기하는 훈련을 한 번도 하지 않았던 것입니다. 그러니까 공부스터디와 학습런의 차이를 그때까지도 깨닫지 못하고 있었던 것이죠. 이 에피소드에서 자기주도적인 태도가 얼마나 중요한지를 이해했을 것입니다. 이제 우리에게 다가온 메타와 AI 세상이라는 거대한 지구적 변화에 대해 한번 살펴보도록 하겠습니다.

| 2장 |

패러다임의 변화

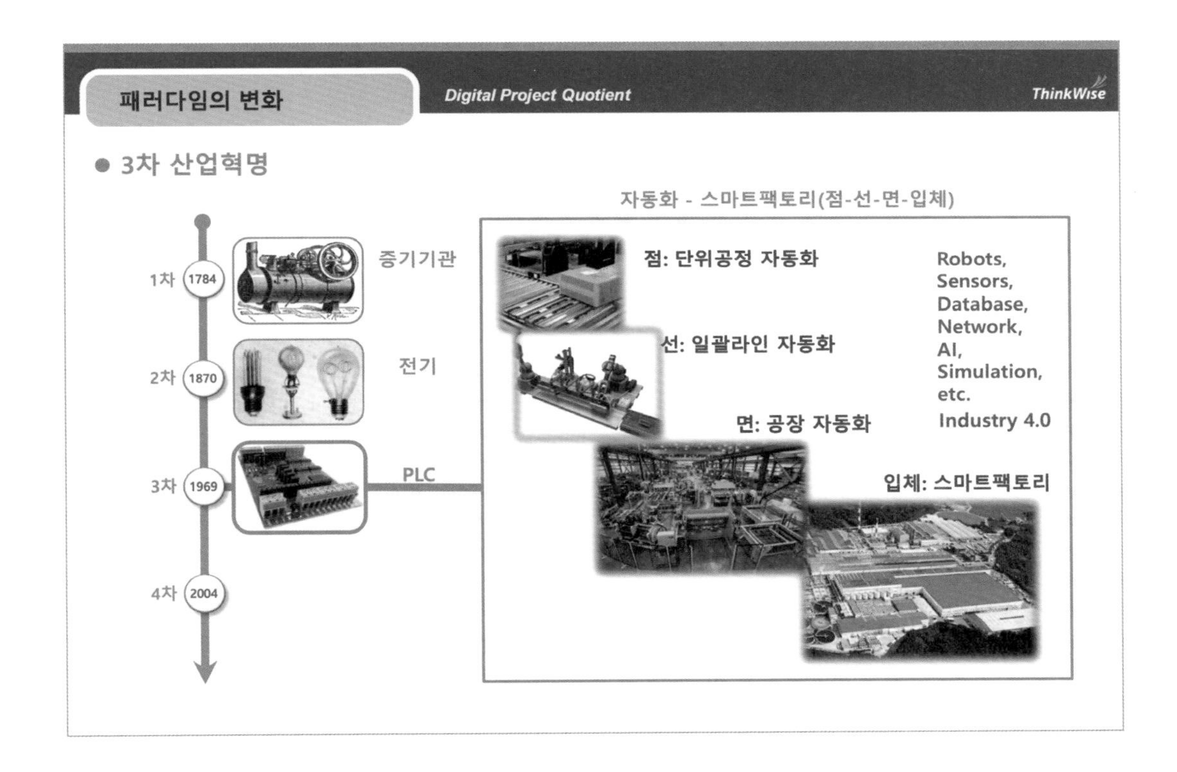

1. 4차 산업혁명

패러다임의 변화를 이해하기 위해서 먼저 산업혁명 이야기를 하겠습니다. 1차, 2차, 3차 산업혁명은 무엇 때문에 시작이 되었는지 모두 잘 알 것입니다. 3차 산업혁명의 시작은 PLC 프로그래머블 로직 컨트롤러 : Programmable Logic Controller입니다. 아주 작은 초보적인 수준의 PC입니다. PLC와 센서를 달아서 어떤 기계의 동작이 끝나면 전원을 차단한다든지 혹은 물건이 앞에 온 것을 감지하면 기계에 전원이 들어와 두들기도록 하는 등 특정 조건에서 특정한 행위를 하도록 하는 장치입니다.

PLC를 생산시설에 적용해 자동화한 것이 3차 산업혁명의 시작이었습니다. 공간에 점이 하나 있으면 그것은 위치를 의미합니다. 점이 두 개가 생기면 그 두 점 사이의 거리가, 점이 세 개가 있으면 면이 나옵니다. 그리고 중복되지 않는 점이 네 개 있으면 모양이 만들어집니다. 그런 점들이 점점 많아지면 홀로그램 같은 형태가 나올 것입니다.

이처럼 PLC를 가지고 한 개의 기계를 자동화하면 점을 자동화한 것을 의미합니다. 흘러가는 하나의 라인을 모두 자동화했다면 그것은 선을 자동화한 것입니다.

여러 라인이 공장 안에 있습니다. 공장 안의 라인을 모두 자동화합니다. 자동화는 점에서 선으로, 선에서 면으로, 다음에는 입체로 점진적인 단계를 거쳐 발전했습니다. 공장은 또 여러 곳에 분산되어 있죠. 그런 공장을 엮어서 자동화하면 점, 선, 면을 넘어 공간이 자동화됩니다. 그 시작이 바로 PLC였습니다.

이후로 컴퓨터, 네트워크, 센서, 소프트웨어, 시뮬레이션 기술 등이 공장의 자동화를 가속했습니다. 왜 그런 현상이 일어났을까요? 더 많이 벌려면 더 많이 만들어야 하고, 더 많이 만들어도 경쟁자들이 따라오니 더 싸게, 더 빨리, 더 좋게 만들어야 합니다. 그래서 극단적인 자동화의 형태로 진화한 것이죠. 그게 3차 산업혁명입니다.

우리가 이야기하는 IoT사물인터넷 : Internet of Things는 센서들입니다. 그것은 이미 공장에서 자동화에 사용했던 장치들입니다. 네트워크, 인터넷도 공장에서 자동화할 때 다 사용하던 기술들입니다. AI, 시뮬레이션도 마찬가지입니다. 모두 공장에서 자동화할 때 사용하던 기술들이죠. 제가 시뮬레이션 전문가이기 때문에 실제 경험을 통해 잘 알고 있는 분야입니다. 이런 기술들이 공장에서 탈출해 사회로 들어온 것입니다. 우리 생활 속으로 말입니다. 이것이 4차 산업혁명입니다.

4차 산업혁명도 공장과 관련된 것이라고 잘못 해석할 가능성이 있습니다. 3차 산업혁명까지는 공장이 혁신의 주요 대상이었다면 그 기술들이 그대로 사회로 들어와서 우리 일상을 변화시킨 것이 4차 산업혁명입니다.

4차 산업혁명의 시작은 언제일까요? 엄밀히 얘기하면 아무도 모릅니다. 왜냐하면 3차 산업혁명 기술이 일상생활로 하나둘 뛰어 들어왔기 때문입니다. 공식적으로는 2004년이라고 하며, 이를 전후해서 메타버스 생태계가 만들어지기 시작했습니다. 이렇게 4차 산업혁명으로 만들어진 결과물이 메타 생태계입니다. 공장에서 쓰던 기술이 사회로 들어오면서 어떤 현상을 만들었는지 예를 들어보겠습니다.

2. 4차 산업혁명이 가져온 변화

아마존 고Amazon Go에 가보셨나요? 아마존 고라는 마트에 가면 그곳에는 점원이 없고, 손님만 있습니다. 들어가서 물건을 담고 그냥 집에 가면 됩니다. 휴대폰으로 청구서가 날아오고 자동으로 결제가 되는 것이죠. 손님이 무슨 물건을 집었는지 무슨 물건을 다시 돌려놓았는지 모두 알고 있습니다. 컴퓨터의 비전이라는 기술은 움직이는 영상과 이미지를 판독합니다. 여기에는 이미지 프로세싱과 AI 기술도 결합이 되어 있습니다. 이런 기술을 활용해서 아마존은 일하는 사람은 없고 오직 손님만 존재하는 마트를 오프라인에 만들었습니다. 물론, 이번에는 실패했다고 하지만 비슷한 시도는 계속될 것입니다. 이것이 우리가 살고 있는 패러다임의 본질입니다.

몸속에 삽입하는 작은 바이오칩이 있습니다. 정말 아주 작습니다. 이 칩을 엄지와 검지 사이 피부에 이식합니다. 이미 7~8년 전에 스웨덴에서 3,000명을 대상으로 이식을 시작했다고 합니다. 그 바이오칩에는 미세한 코일이 감겨 있습니다. 그리고 송신기가 달려 있죠. 근처에 자기장이 있으면 플레밍의 왼손 법칙에 따라 코일이 전류를 만들어 냅니다. 그 전류가 송신기를 작동시켜 기록된 아이디 정보 및 신용카드 등의 고유 정보를 수신기로 보낼 수 있습니다. 수신기는 그걸 받아 이 사람이 누구인지, 이 사람의 카드 번호가 몇 번인지를 판독합니다.

회사에 출근할 때 리더기에 손을 대기만 하면 자동으로 문이 열리고 출퇴근 시간이 기록됩니다. 식당에서 식사한 후 계산할 때 지금처럼 신용카드를 내미는 것이 아니라 손가락만 터치하면 자동으로 결제가 되기도 합니다. 출장이나 여행을 갈 때 온라인으로 예약한 후 프런트에 들를 필요 없이 바로 배정받은 방으로 가서 문 손잡이를 돌리면 방문이 열립니다. 이런 편리함을 바이오칩을 통해 누릴 수 있게 된 것입니다.

인터넷, 클라우드, 소프트웨어, 네트워크와 IoT가 융복합되면서 상상하지 못했던 변화가 이미 오래전부터 시작되었고, 그 시점을 바로 2004년이라고 보는 것입니다. 공장에서 3차 산업혁명 때 도입했던 기술들이 사회 속으로 무차별적으로 들어오면서 세상을 바꾸어 왔습니다. 그게 4차 산업혁명이고, 그 결과 우리는 메타와 AI 생태계로 빠져들어 가고 있는 것입니다.

4차 산업혁명 시대의 괴짜 중 한 명이 일론 머스크입니다. 그런데 이 사람이 하는 얘기를 듣고 있으면 소름이 끼칩니다. 과연 저게 될까 하는 생각을 현실로 만들어 내고 있습니다.

앞에서 언급했던 바이오칩을 손에 심은 사례와 달리 일론 머스크는 돼지머리에 칩을 심었습니다. 그리고 돼지의 생체정보를 모니터링합니다.

컴퓨터가 생체정보를 받아 실시간으로 몸 상태를 분석해 그에 맞는 조치 혹은 메시지를 보냅니다. 그런데 왜 돼지를 대상으로 실험했을까요? 모두 짐작하겠지만 그의 다음 목표는 바로 사람의 두뇌에 칩을 심어 활용하고 싶기 때문입니다. 그러기 위해 만든 회사가 뉴럴링크NeuralLink입니다.

인간 두뇌에 칩을 삽입하고 모든 기억과 사고패턴을 클라우드에 업로드한 후 그것을 활용할 수 있다면 우리가 영화에서 봤던 아바타의 또 다른 업그레이드 버전이 가능할지도 모릅니다. 이렇게 상상을 뛰어넘는 그의 비즈니스는 메타와 AI 세상에서 계속 이어지고 있습니다. 최근 미국 의회에서 특정 환자를 대상으로 이 기술을 적용할 수 있는 법안이 통과되었습니다.

〈향후 10년(~ 20230년)〉

위 이미지의 두 번째에 있는 것은 몇 년 안에 화성에 사람을 보내는 프로젝트입니다. 마지막에 있는 것은 튜브에 캡슐을 넣고 자기력과 기압 차로 캡슐을 밀어서 이동시키는 교통수단입니다. 시속 1,200킬로미터로 이동하며, 지금 건설 중입니다. 이런 공상과학 같은 말도 안 되는 이야기들이 현실에서 이루어지고 있습니다. 일론 머스크 한 사람의 상상에서

출발한 일입니다. 그런 사람이 한 명이 아니라면? 그런 사람이 더 많아진다면? 4차 산업혁명 시대이기 때문에 이런 모든 일이 가능해진 것입니다.

4차 산업혁명의 본질이 무엇일까요? 4차 산업혁명은 세상의 모든 것을 디지털화합니다. 공장의 모든 것은 이미 디지털화되었습니다. 그다음으로는 일상생활의 모든 것이 디지털화될 것입니다. 이것을 한마디로 정리하면 디지털 트랜스포메이션입니다. 이 단어는 자주 접하게 될 개념이니 꼭 기억하기를 바랍니다. 디지털 트랜스포메이션이 바로 4차 산업혁명의 본질입니다.

심지어 내 심장 박동, 혈압, 혈당, 호르몬 수치 등 모든 것을 디지털화해서 클라우드에 올리고, 이것을 가공해서 활용할 것입니다. 자고 일어나면 세상에 엉뚱한 일들이 일어나고, 이해할 수 없는 것들이 새로운 표준이 될 것입니다. 가치체계가 바뀌는 것입니다.

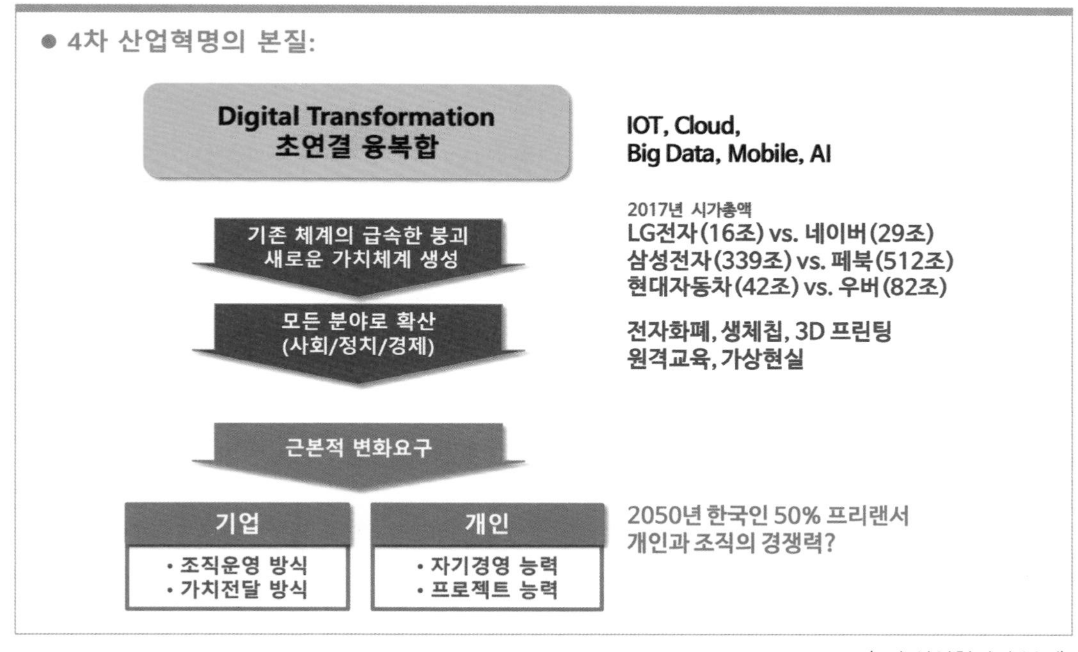

〈4차 산업혁명의 본질〉

자동차를 한 대도 안 만드는 우버의 시가총액은 82조이고, 엄청나게 많은 자동차를 만드는 현대자동차의 시가총액은 그 절반인 42조에 불과합니다. 네이버의 시가총액은 29조이지만 국내 최고의 전자기업인 LG전자의 시가총액은 16조에 불과합니다. 여러분이 모두 아바타 하나씩 가지고 있는 페이스북의 시가총액이 512조인 반면 국내 최고의 반도체 수출기업인 삼성전자의 시가총액은 339조에 불과합니다.

개구리가 냄비 속에 있습니다. 그 냄비 밑에 불은 이미 켜졌습니다. 차차 더워질 것입니다. 우리는 이러한 상황을 미리 이해하고 더 앞서서 생각해야 합니다. 기업이나 개인 모두 뭔가 대책을 세워야 하지 않을까요?

| 3장 |

프로젝트 능력시대

1. 4차 산업혁명시대, 생각을 성과로…

여기서 중요한 것은 교육의 역할입니다. 교육을 어떻게 정의해야 할까요? 교육을 받으려고 하고, 교육하려고 하는데 누가 누구에게 무엇을 가르쳐야 합니까? 교육은 이미 살아온 사람이 앞으로 살아갈 사람을 훈련하는 것으로 생각할 수 있습니다. 그런데 세상이 알 수 없는 속도로 바뀐다면 이런 교육이 가능할까요? 누가 누구를 교육할 수 있을까요? 세상이 영원히 바뀌지 않는다면 교육은 같은 것을 반복해서 가르칠 수 있겠죠. 그런데 세상이 지금처럼 빠른 속도로 변한다고 하면 교육하기는 정말 어렵습니다. 그래서 더 중요한 것이 공부스터디보다는 스스로 학습러닝 능력을 키워야 하는 것입니다.

● 기업의 당면과제: 조직의 운영방식 변화

1.다양성으로부터의 혁신

구성원의 창의성을 조직의 경쟁력으로 전환

2.팀단위 활동 강화

"큰 일은 한 사람이 아니라 팀에 의해 이루어진다"

3.프로젝트형 조직

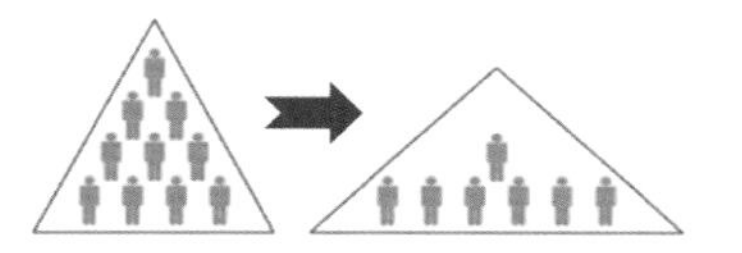

창의 / 소통 / 협업 역량

〈기업의 당면 과제: 조직의 운영방식 변화〉

4차 산업혁명 시대에 개인은 어떤 도전에 직면하게 될까요? 한풀 꺾이긴 했지만, 한때 유행처럼 모든 청년이 공무원 시험에 매달리기도 했습니다. 안정적인 직장이라는 이유가 컸습니다. 그런데 어렵게 합격하고도 일 년도 안 되어 그만두는 청년들이 많아졌습니다. 아마도 빠르게 변화하는 시대의 흐름에 적응하지 못하는 보수적이고 경직된 조직문화 때문이라 생각합니다.

평생직장이라는 개념은 오래전에 사라졌습니다. 평생직장이라는 개념과 함께 평생직업이라는 개념도 사라졌습니다. 직장을 옮기더라도 내가 가지고 있는 기본적인 혹은 특출난 기술에 딱 맞는 직업을 갖는 일이 가능할까요? 그것으로 평생직업을 유지할 수 있을까요? 평생직장도 없고, 평생직업도 없습니다. 미래학자들은 2050년이 되면 한국 근로자의 50%가 프리랜서가 된다고 이야기합니다. 프리랜서 사회가 되는 것이나 다름없습니다.

4차 산업혁명 시대에 개인은 자기경영 능력에 주목해야 합니다. 자기경영 능력은 나의 삶을 주체적으로 계획하고, 관리하는 능력입니다. 모든 사람은 행복하며 성공적인 삶을 살기를 원합니다. 그러기 위해서 뭔가 성과를 내려고 합니다. 행복, 성공, 성과의 관계를 생각해 본 적이 있나요? 갖고 싶은 것, 되고 싶은 것, 가고 싶은 곳 등등 누구나 매 순간 무언가를 바랍니다. 그걸 소망Wish이라고 합니다. 소망이 없는 사람은 아마 없을 것입니다. 소

● 자기경영과 디지털 프로젝트 능력

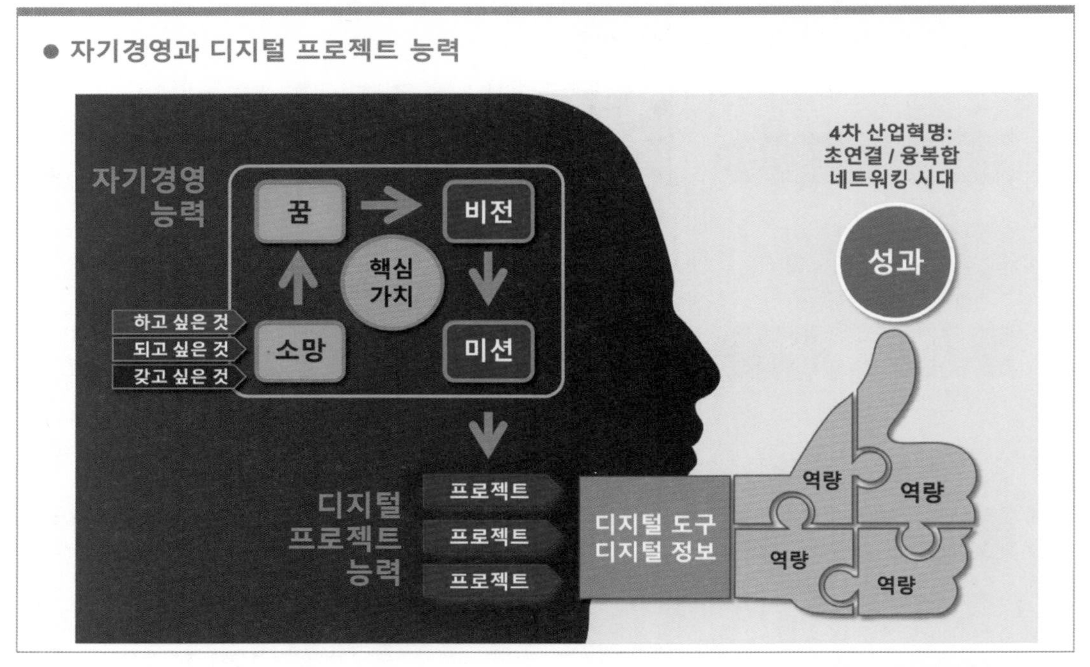

〈자기경영과 디지털 프로젝트 능력〉

망은 그냥 막연하게 생각하면 안 되고 목록을 만들어 관리해야 합니다. 소망을 관리하는 사람은 꿈을 찾을 확률이 높습니다. 소망을 토대로 꿈이 만들어지기 때문입니다. 그런데 소망과 꿈은 교육을 받지 않아도 누구든지 생각할 수 있습니다. 이는 철저히 우뇌 영역입니다. 소망을 갖고 꿈을 가지는 보편적인 능력은 누구에게나 있지만 그것을 넘어서 성과로 가기 위해서는 무엇보다 꿈을 비전으로 전환해야 합니다.

비전이 큰 목표라면 그 목표를 조금 작은 덩어리로 나눠 놓은 것을 미션이라고 할 수 있습니다. 그리고 비전과 미션은 좌뇌 영역입니다. 지식과 정보가 많은 사람일수록 꿈을 비전으로 바꾸는 능력이 뛰어납니다. 날마다 소망이 만들어지고, 꿈으로 전환되고, 꿈이 또 업데이트되면서 평생을 살아가는 것입니다. 그런데 어느 순간 꿈을 성과로, 현실로 만들려면 꿈을 비전으로 전환해야 합니다. 그래서 만들어지는 것이 비전 선언서입니다. 막연한 생각이 아니라 '비전 선언서'로 명문화하는 순간 두뇌는 그것을 위해서 작동하기 시작합니다.

비전이 만들어지고 그것을 작은 단위로 나누게 되면 미션이 된다고 했습니다. 미션이 있다면 그것을 성과 즉, 결과로 만들려면 어떻게 해야 할까. 미션 달성을 위한 현실의 프로젝트를 만들고 실행해 나가는 것입니다. 그렇게 하는 사람은 생각을 성과로 만들 수 있는 확률이 높아집니다. 이때 필요한 역량이 바로 프로젝트 능력입니다. 4차 산업혁명 시대에 개인이 주목해야 할 프로젝트 능력에 대해 알아보겠습니다.

2. 미래 핵심 역량

프로젝트는 외래어입니다. 명확한 정의가 없는 일종의 버즈워드Buzzword입니다. 학교 다닐 때 프로젝트가 뭔지 가르쳐주는 선생님도 없었고, 사회에 나와서 대충 이런 것이 프로젝트구나 하는 느낌으로 스스로 깨닫는 것이죠.

세상의 모든 일은 목표와 일정이 명확하면 프로젝트가 됩니다. 개인적인 일이든 혹은 내가 속한 조직의 일이든 마찬가지입니다. 목표와 일정 두 가지가 명확하면 시간이 흐르면서 기대치와 현실에 차이가 생기게 됩니다.

기대치와 현실의 차이는 목표와 일정이 명확할 때 뚜렷하게 발생합니다. 목표와 일정이 불명확하면 문제가 발생할 수 없습니다. 차이가 생긴 것을 우리는 문제라고 인식합니다. 약속 지점에 3시 20분까지 가야 한다면 목표와 일정이 명확해진 것입니다. 이것은 하나의 프로젝

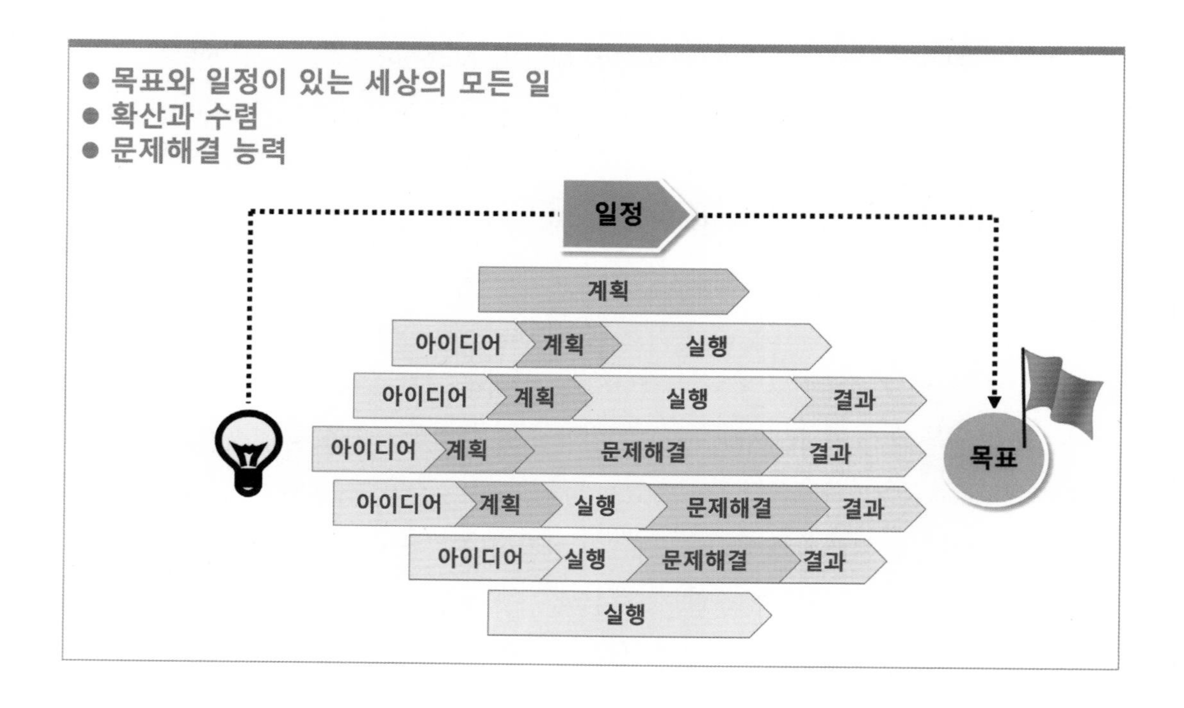

트로 성립하는 것이죠. 이렇게 세세한 것을 모두 프로젝트라고 하면 머리가 터져버릴지도 모르지만 우리 삶은 그렇게 이루어져 있습니다. 그런데 목표를 향해 가다 보면 길이 막히기도 합니다. 약속한 시간이 다가오는데 길이 계속 정체된다면 걱정이 될 것입니다. 내가 기대했던 기대치와 현실에 차이가 발생합니다. 그것을 문제라고 인식하는 것입니다.

보통 사람은 이런 문제가 발생하면 해결책을 찾습니다. 대신할 사람이 있는지? 돌아가는 길이 없는지 등등. 이것이 바로 문제해결 과정입니다. 이런 기대치와 현실의 차이를 문제라고 인식하지 않으면 머리는 문제를 해결할 생각을 하지 않습니다. 우리가 미적분을 배우는 이유는 문제가 생겼을 때 돌파하는 방법을 찾기 위해서입니다. 외국어도 마찬가지입니다. 목표와 일정이 명확해지면 그때부터 문제해결 능력이 작동할 조건이 됩니다. 다만, 미적분, 공업 수학을 아무리 배워도 내가 살면서 스스로 문제 즉 목표와 일정을 수립하는 훈련이 안 된 사람에게는 쓸모가 없습니다.

중요한 것은 목표와 일정이 명확한 세상의 모든 일이 프로젝트라는 것입니다. 그것은 개인적인 것일 수도 있고, 내가 속한 조직의 일일 수도 있습니다.

프로젝트를 럭비공처럼 생겼다고 생각하면 이해가 빠릅니다. 시작은 한 점이고 끝도 한 점인데, 럭비공처럼 중간이 부풀어 있죠. 그래서 전반전은 확산하는 형태로 생각을 확산하게 되고, 후반전으로 들어가면서 생각을 점점 수렴하며 논리로 깎아 나가야 합니다. 선택하고 집중하고 포기하면서 결론이라는 한 점으로 정리해 가는 것이죠. 그게 프로젝트의 본질적인 모습입니다.

여기서 중요한 것은 지금은 메타와 AI 세상이라고 규정한 것처럼 모든 것이 디지털화된 시대라는 사실입니다. 그리고 평생직장도 없는 세상입니다. 우리 중 50%는 프리랜서가 되어야 하는 시대입니다. 디지털 세상에서 생각하고, 소통하고, 관리하고, 소비하고, 생산하는 것입니다. 즉, 여러분은 위에 있는 네 가지 역량을 디지털 정보와 디지털 도구를 가지고 발휘해야만 합니다.

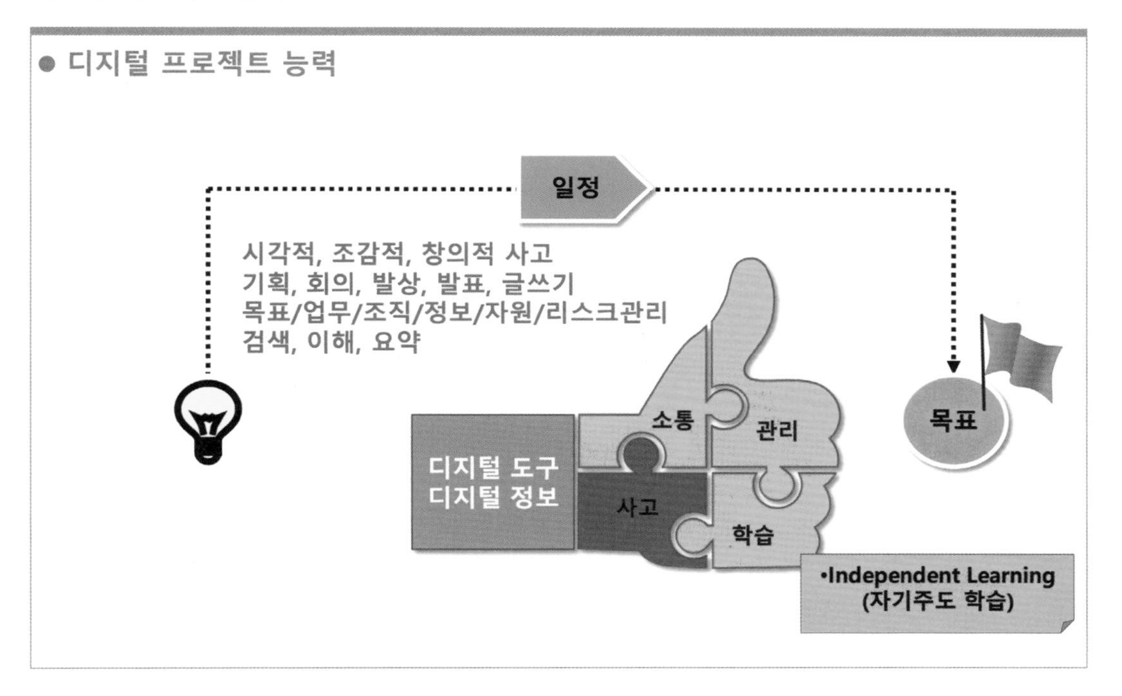

일상의 한 분야에서 특출난 재주를 가졌다고 해도 그것은 의미가 없습니다. 누가 빨리 웹에서 필요한 정보를 찾고, 그것을 가공하고, 분석하고, 취합하고, 프리젠테이션하고, 공감하고, 다음 장으로 넘어가느냐가 중요합니다. 우리는 프로젝트를 추진하면서 네 가지 역량을 활용해야 하며 철저하게 디지털 정보와 디지털 도구를 사용해야 합니다.

브레인스토밍을 생각해 봅시다. 브레인스토밍을 하는데 타자기를 놓고 하는 사람이 있을까요? 브레인스토밍을 하는데 워드를 열어놓고 하는 사람이 있을까요? 브레인스토밍의 생명은 얼마나 다양하고 많은 아이디어를 생성하고 어떻게 관리할 것인가입니다. 어떤 도구가 좋을까요? 애매합니다.

점점 창의력과 사고력이 중요한 시대가 되고, 거기에 걸맞은 디지털 도구도 필요합니다. 또한 도구와 함께 방법론도 필요합니다. 목표와 일정이 명확한 모든 일이 프로젝트인데 그걸 잘하려면 역량이 필요합니다. 그 역량의 기초는 생각하는 힘, 사고력입니다. 그 위에 소통, 관리, 학습 역량이 필요합니다. 그런데 메타와 AI 세상 즉, 디지털 트랜스포메이션 시대에는 디지털 정보와 디지털 도구를 가지고 이 네 가지를 자유자재로 다룰 수 있어야 합니다.

이것이 4차 산업혁명 시대에 개인이 가져야 할 역량의 가이드라인입니다. 여기서 메타 • AI 세상의 자기주도학습과 접점이 만들어집니다. 무엇보다도 디지털 도구와 방법을 가지고 스스로 목표와 일정을 세워 자기주도학습으로 공부하는 것 그 자체가 프로젝트를 수행하는 것입니다.

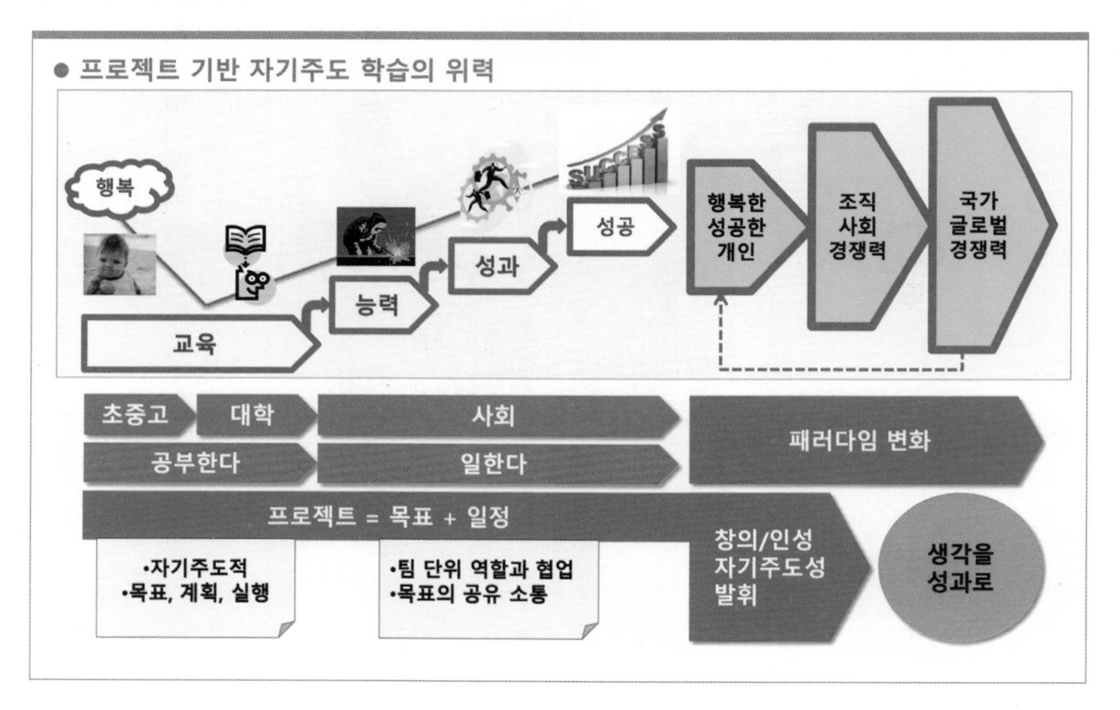

프로젝트 역량은 사회에 진출하기 전 학교에서부터 훈련이 필요합니다. 인간의 능력은 머릿속 뉴런의 상호작용을 의미합니다. 경험이 없는 일을 할 때는 새로운 영역의 뉴런이 연결되고 상호작용합니다. 그래서 처음 하는 일들은 늘 낯설고 어렵기 마련입니다. 이유는 뉴런들이 처음 연결되니까 어색해서입니다. 하지만, 막상 새로운 영역의 뉴런이 서로 만나 상호작용을 하고 나면 이후에 같은 일을 할 때는 한결 쉬워집니다.

근육하고 똑같습니다. 거기에 길이 생깁니다. 연결이 순간적으로 이루어지죠. 어떤 누구보다 더 잘하게 됩니다. 이것을 우리는 개인의 능력이라고 이야기합니다.

학교 공부를 시작하면서부터 프로젝트의 개념과 프로젝트 역량을 인식하면 사회에 진출할 때쯤에는 프로젝트 마스터가 되어 있을 겁니다. 내 안에서 모든 일을 프로젝트화하는 습관이 근육처럼 내재화되었기 때문입니다.

토니 클라스닉Toni Krasnic이라는 조지워싱턴대학의 화공학과 교수의 『컨사이즈 러닝 메소드Concise Learning Method』라는 저서가 있습니다. 이 책을 쓴 이유는 본인이 느꼈던 학생들에 대한 안타까움 때문이라고 합니다.

저자는 고등학교를 졸업하고 대학에 입학한 학생들에게서 공통적인 문제점을 발견하게 되었다고 합니다. 이는 당연히 조지워싱턴대학뿐만 아니라 전 세계 모든 대학에서 공통적으로 찾을 수 있는 문제였습니다. 대학에 들어오기 전에는 학생이 다뤄야 하는 정보의 범위와 양이 비교적 제한되어 있습니다. 하지만 대학에서는 수업 하나를 들으면서 다루는 내용만 하더라도 개미굴처럼 끝도 없이 파고들어 갈 수 있습니다. 학생이 접하고 처리해야 할 정보의 양이 무한대로 늘어나는 것이죠. 그런데 이것에 대해서 준비되지 않은 상태로 대학에 온다는 것이었습니다.

물론 기본적으로 머리가 좋은 아이들이 있습니다. 그런 친구들을 자세히 살펴보면 이미 기본적인 훈련이 되어 있다는 것을 발견할 수 있습니다. 그리고 그런 학생들이 대학에서 두각을 나타내는 것을 분석한 후 그런 훈련을 받지 못한 학생들을 위해 학습법을 만들게 되었다고 합니다. 대학에 오려면 최소한 이 정도의 학습법은 준비해야 합니다. 그게 바로 『컨사이스 러닝 메소드Concise Learning Method』입니다.

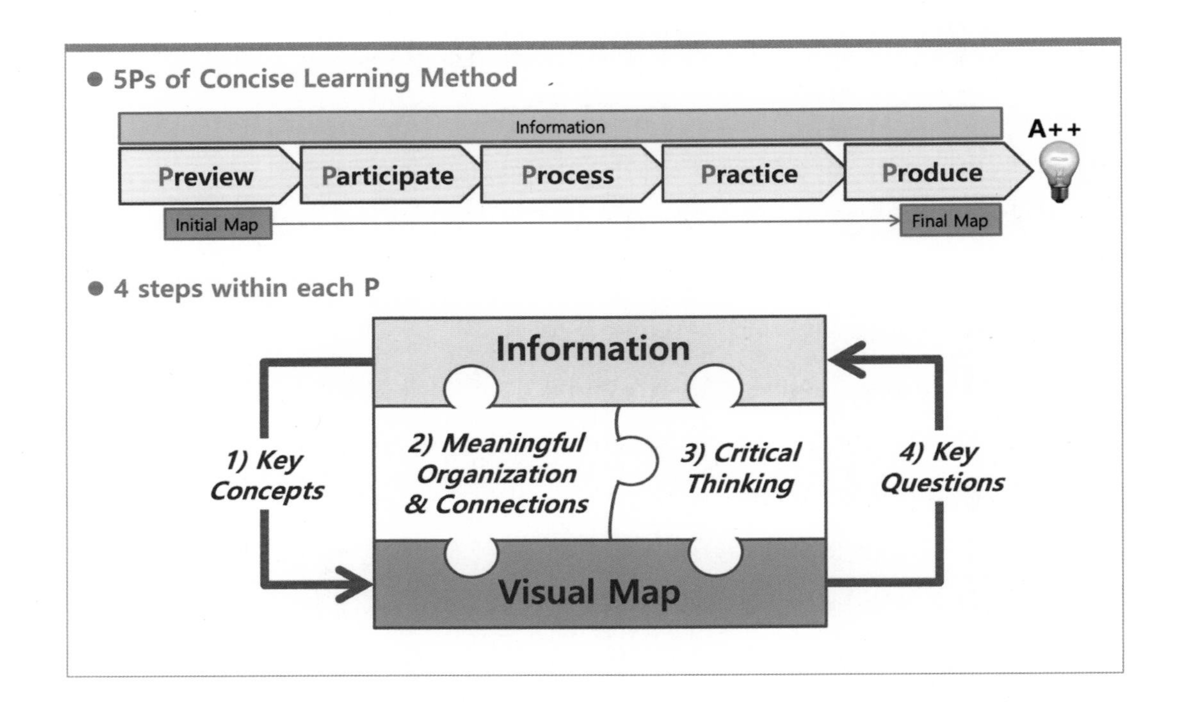

3. 공부는 5단계로 해라!

위의 장표에 있는 것처럼 『컨사이즈 러닝 메소드』의 핵심은 5단계로 구분할 수 있습니다. 어떤 것을 학습하든지 이 5단계의 원칙을 참고하고 단계별 학습이 습관이 될 때까지 유념하면서 지속해서 점검해야 합니다. 또한 각각 단계별로 책의 내용을 학습하면서 최종적으로는 자신만의 정보를 맵으로 요약해야 합니다.

프리뷰Preview

처음 접한 정보를 조심스럽게 살피는 단계입니다. 이때 접하는 정보의 양은 제한적이지만 그 안에서 핵심 개념을 빠르게 찾아내야 합니다.

참여Participate

핵심 개념을 찾은 후에는 수업에 참여하여 알게 된 내용을 추가하여 맵으로 작성합니다.

프로세스Process

세 번째 스텝은 지금까지 작성한 맵의 내용을 전체적으로 자세히 살펴보는 것입니다. 이게 왜 이런 거야? 여기 뭐가 빠진 거 아니야? 뭐가 빠진 것 같은데 얘는 얘랑 도대체 무슨 관계인지 이해가 안 된다는 등등 무수한 질문을 자신에게 묻고 답하는 과정이 필요합니다. 이 과정을 크리티컬 씽킹Critical Thinking이라고 합니다. 내가 이해되지 않는 것을 잘 이해하기 위해서 이해하고 싶은 것을 찾아내는 것이 크리티컬 씽킹의 본질입니다.

반복연습Practice

문제를 풀거나 관련된 다른 내용을 학습하면서 지금까지 정리한 내용을 적용하는 단계입니다. 계속해서 자신에게 스마트한 질문을 하면서 개념의 구조화를 반복하는 과정입니다.

완성Produce

위의 단계를 계속해서 반복한 후 최종적으로 자신만의 파이널 맵을 만드는 과정입니다.

이렇게 단계별로 반복해서 만들어진 파이널 맵은 학습 내용을 완벽히 소화한 다음에 남는 에센스가 됩니다. 아무리 많은 내용도 이런 과정을 거치면 간략하게 요약된 결과물의 형태로 맵을 만들 수 있는 것입니다. 이런 과정이 기억에 도움이 되고, 그다음 수업을 하는데 준비가 됩니다. 이것이 토니 클라스닉 교수의 이론입니다.

| 4장 |

비주얼 맵핑

맵핑은 왜 필요할까요? 지금부터 그 이유에 대해 알아보겠습니다. 먼저 지식이 전달되는 과정 즉 지식전달Knowledge Transfer 프로세스를 살펴보겠습니다. 아래 이미지에 있는 왼쪽 사람은 과거의 인물인 조지 워싱턴이고, 오른쪽 사람은 지금 시대를 살고 있는 조지 부시입니다. 이 두 사람은 분명 다른 시대를 사는 사람들입니다. 그런데 조지 워싱턴이 가지고 있는 머릿속의 암묵적 지식Tacit Knowledge을 조지 부시가 얻고 싶다면 어떻게 해야 할까요? 조지 부시는 조지 워싱턴에 대한 문서나 책을 읽고 분석해서 얻은 다양한 정보를 자신만의 암묵적인 지식으로 변환해야 합니다.

여기에서 필요한 것은 조지 워싱턴이 자신의 암묵적 지식을 다른 사람이 소화할 수 있도록 문서 형태로 외재화하는 일입니다. 그렇게 외재화한 정보를 누군가 다시 접하고 읽으면

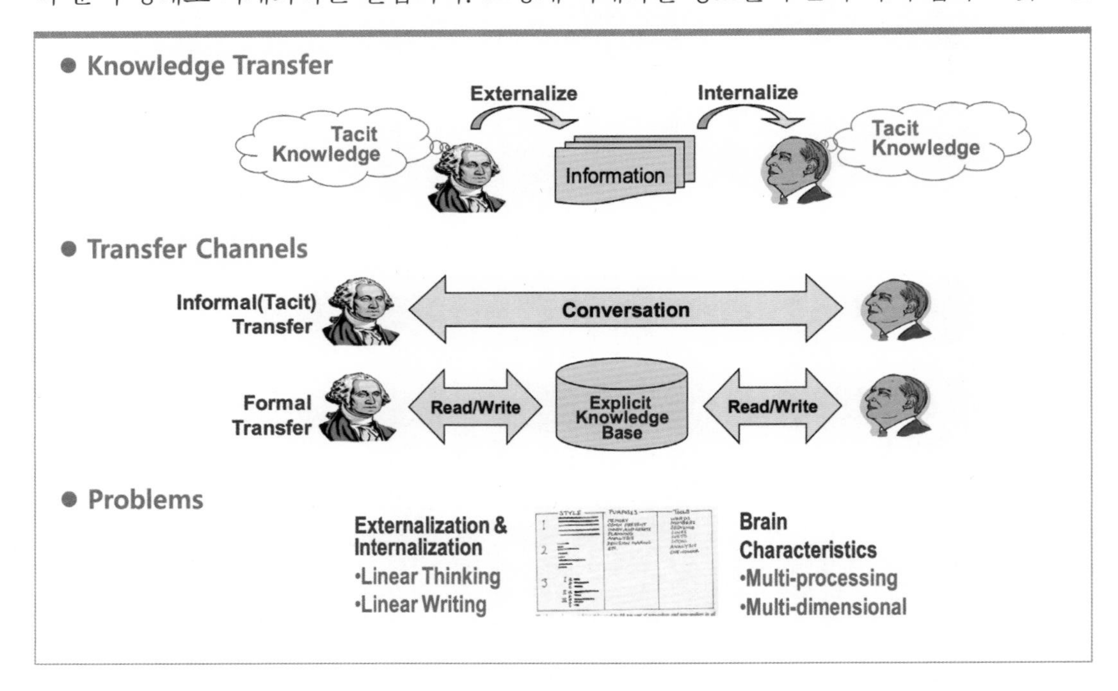

서 내재화가 진행됩니다.

지식을 전달하는 경로는 직접 이야기를 나누는 것과 같은 비공식적인 것도 있지만, 동시대 사람이 아니라면 불가능합니다. 또 다른 방법은 표준화된 문서 또는 파워포인트, 워드, PDF 같은 문서를 활용해서 읽고 쓰는 절차를 거치는 것입니다.

여기에서 문제는 명시적인 지식 기반Explicit Knowledge Base : 말로 표현할 수 있고, 성문화하거나 특정 매체에 수록할 수 있는 지식 기반이 개조식個條式 : 글 앞에 번호를 붙여 가며 중요한 단어나 요점을 나열하는 방식이나 문장식文章式으로 되어 있다는 것입니다. 정보를 내재화하고 외재화하는 과정에서 두뇌는 선형적線形的 : 선처럼 길게 일렬로 나아가는 것으로 생각하고 선형적으로 써야 합니다. 아주 작은 구멍을 통해서 실을 뽑아내듯이 글을 써야만 외재화가 된다는 것입니다. 그런데 우리 두뇌의 특성은 다차원적이고, 멀티 프로세싱이 가능합니다.

왜 생각하고, 쓰고, 다음에 그 지식을 전달하고, 다시 생각하고, 읽어야 하는 지식 전달의 과정을 무한 반복해야 하는가? 이제는 생각하되 쓰지 말고, 생각을 그리라는 것입니다. 생각을 그려라. 그리고 그린 것을 보고 바로 생각하라는 것이죠. 내용 전체를 보면서 지식을 파악하라는 것입니다. 이러한 지식 전달의 구조적인 문제를 해결하기 위해서 2000년에 심테크에서 세계 최초로 만든 다차원, 멀티 프로세싱 개념화 도구가 <ThinkWise>입니다.

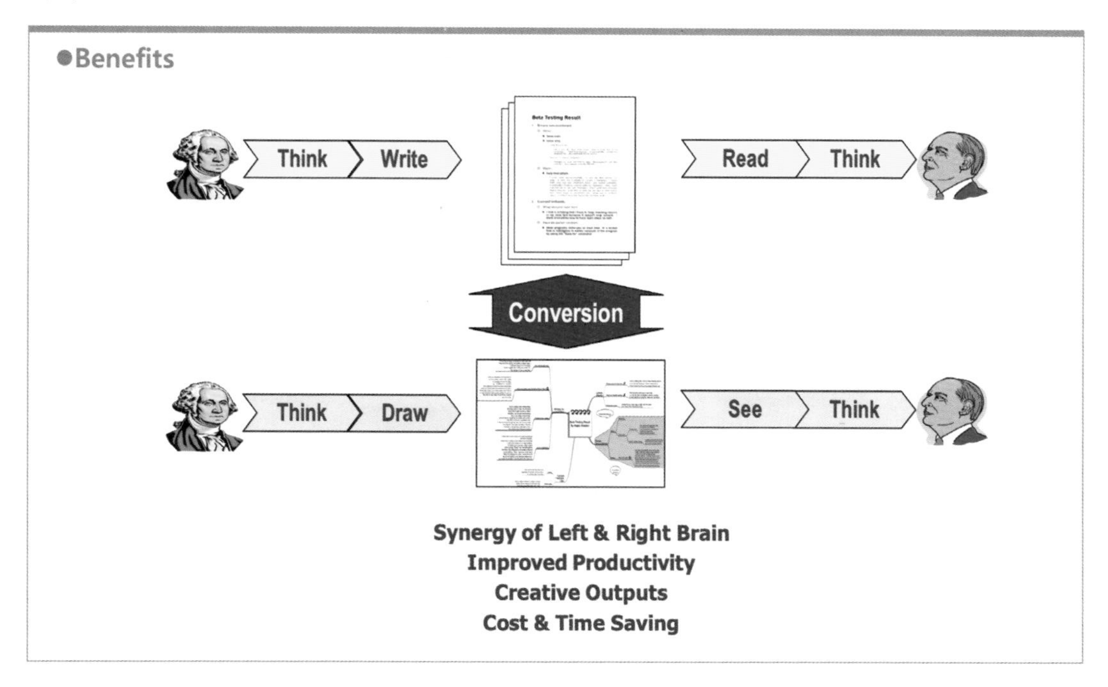

<ThinkWise>의 중요한 기능 중 하나가 있습니다. 그려진 맵을 버튼 하나로 워드문서로 만들 수 있다는 것입니다. 당연히 반대의 경우도 가능합니다. 그림맵에서 문서로, 문서에서 그림맵으로 지식 전달의 완전히 새로운 경로를 만들어 낸 것입니다. 이것이 2000년에 심테크가 세계 최초로 만들어 낸 디지털 마인드맵 <ThinkWise>에 담겨 있는 기능입니다.

이제는 이해할 수 있을 것입니다. 시각적인 맵핑을 통해서 우리가 생각하고 쓰는 훈련을 하게 되면 여러분은 완전히 새로운 차원에서 지식과 정보에 접근하게 될 것입니다. 여기에 중요한 포인트가 있습니다. 하나는 자기주도성이 올라간다는 것이고, 다음은 좌뇌와 우뇌가 협업하는 혁신적인 사고 능력을 강화할 수 있다는 것입니다. 더불어 이런 과정에서 프로젝트 역량을 기를 수 있습니다.

자기주도성은 나에 대한 주인의식입니다. 자기주도성은 내 생각과 시간에 대한 주인의식입니다. 이런 중요한 키워드들은 막연히 아는 것보다는 어디서 누가 물어보더라도 내 입으로 분명히 설명할 수 있어야 합니다.

우리는 하루에도 오만가지 생각을 합니다. 교육을 안 받아도 뇌가 그렇게 움직입니다. 누구나 똑같이 하루 86,400초를 살아갑니다. 이렇게 주어진 하루라는 시간을 어떻게 사용할 것인가, 그것이 바로 자기주도성입니다. 누가 시켜서 하거나 그런 일을 하면서 쓰는 시

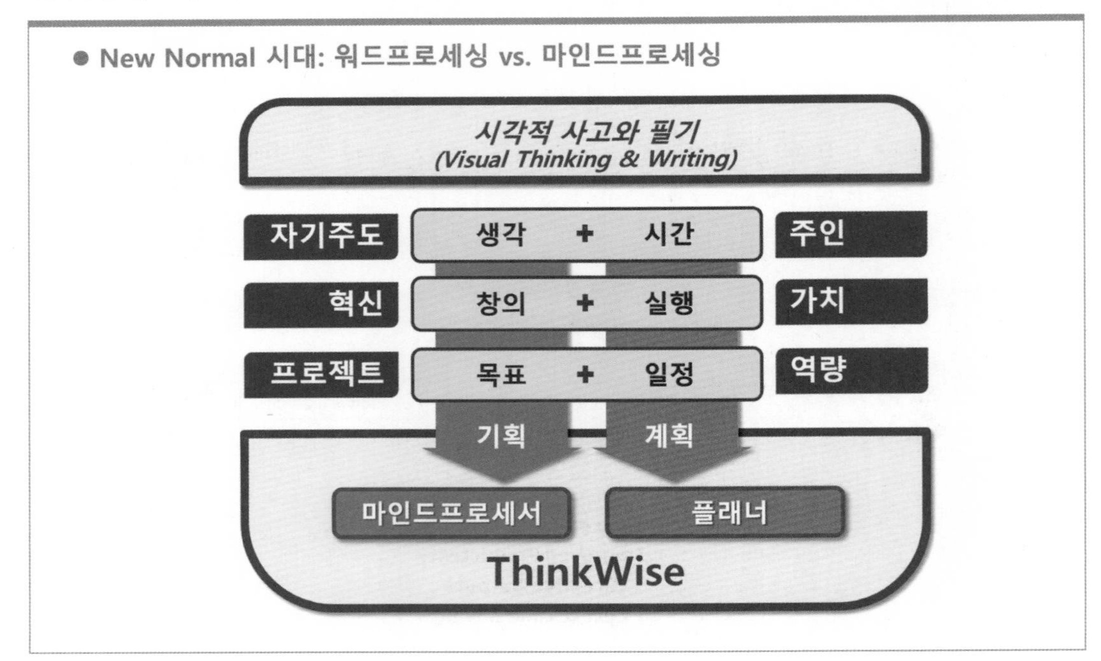

간은 자기주도적인 것이 아니겠죠.

그다음 혁신이라는 뜻은 창의적인 아이디어를 실행에 옮겨서 새로운 가치를 만드는 것입니다. 모두가 혁신적인 사람이 되고 싶어합니다. 그런 사람이 되려면 창의적인 아이디어를 낼 수 있어야 하며, 아이디어를 실행할 수 있어야 합니다. 창의적인 아이디어는 많지만, 몇 년이 지난 후에도 아이디어를 말로만 하고 있다면 생각만 있고 실행하지 못하는 사람입니다. 이것을 나토NATO라고 합니다. No Action, Talking Only. 나토증후군에 걸렸다고 이야기하죠.

창의적이라고 하면 떠오르는 사람이 누가 있을까요? 에디슨은 창의적인 사람일까요? 혁신적인 사람일까요? 우리는 학생 때 에디슨이 창의적인 사람이라고 배웠습니다. 그런데 커서 보니 창의적인 사람이 아니고 그냥 혁신적인 사람이었습니다. 어떤 의미에서 이렇게 말하는지 생각해 봅시다. 그리고 여러분은 어떤 사람이 되고 싶은가도 한번 생각해 보면 좋겠습니다.

일론 머스크의 전기자동차 회사 이름이 테슬라인데, 그 이름은 니콜라스 테슬라Nikola Tesla라는 과학자의 이름에서 따온 것입니다. 이 사람은 에디슨과 같은 시대를 살았습니다. 에디슨이 직류DC를 연구했다면 테슬라는 교류AC를 연구했고, '교류를 사용한 유도 전동기'를 발명했습니다. 테슬라의 교류를 사업화한 사람이 에디슨이었습니다. 어떻게 보면 에디슨은 비즈니스맨이죠.

그런 에디슨이 전구를 만들 때 이야기입니다. 전구를 만들기 위한 실험이 만 번 넘게 실패했다고 합니다. 조수가 옆에서 지쳐서 이제 그만하자고 하니, 에디슨이 난 지금까지 만 번의 다른 경로를 테스트했을 뿐이고, 아직 더 남았다고 했다 합니다. 만 번의 실패가 결국 전구를 만들게 했습니다. 에디슨을 혁신이라는 측면에서 본다면 발상과 실행력이 인간의 수준을 넘어가는 사람이 분명합니다. 끈질기게 매달린 사람이고, 우리는 그걸 높이 사야 합니다. 에디슨은 결론적으로 창의적인 사람이라기보다는 실행력이 대단한 혁신적인 사람인 것입니다.

아이디어만으로 성공할 수는 없습니다. 창의적인 아이디어를 실행했는데 실패할 수도 있습니다. 그런 사람에게 무엇이 남을까요? 다시는 창의적이지 않은 아이디어를 실행하지 않도록 하는 경험일 것입니다. 혁신에 한 발 더 다가가는 근육이 키워진 것이죠.

프로젝트는 목표와 일정이 있는 세상의 모든 일이라고 했습니다. 그래서 프로젝트라고 하면 같이 가야 할 개념이 역량입니다. 앞에 있는 이미지의 생각, 창의, 목표는 발상에 관련된 것이고, 시간, 실행, 일정은 플래닝스케줄링에 관한 것입니다. 지금까지 여러분은 발상을 할 때 어떤 도구를 사용해 왔습니까? 그리고 앞으로 살아가면서 사회생활이나 지적 활동을 하는 동안 발상을 위해 사용할 도구와 방법으로 무엇을 준비하고 있습니까?

일정과 시간에 관해서는 어떤 도구를 써왔습니까? 플래너일 확률이 높습니다. 결국 발상과 플래닝에 관한 도구를 갖추어야 하며, 이 두 개가 융합된 도구가 필요합니다. 이 두 개의 개념을 하나로 융합해 만든 것이 ＜ThinkWise＞입니다.

발상과 플래닝의 개념을 플래너와 맵핑을 결합하여 ＜ThinkWise＞로 구현한 것입니다. 새로운 뉴노멀 시대에는 타자기를 가지고 회의할 일도 없고, 워드를 열어놓고 브레인스토밍하지도 않는다는 것입니다. 앞으로 어떤 개념의 방법과 도구를 가지고 프로젝트 역량을 키워나갈 것인가를 심각하게 고민하고 미리 준비해야 합니다.

저는 개인적으로 차와 운전을 좋아합니다. 아래 이미지 맨 위 왼쪽에 있는 붉은색 차 아주 멋지죠? 720마력으로 포드의 쉘비 머스탱 GT500입니다. 가장 미국적인 차로 미국 머슬카의 아이콘 중 하나입니다.

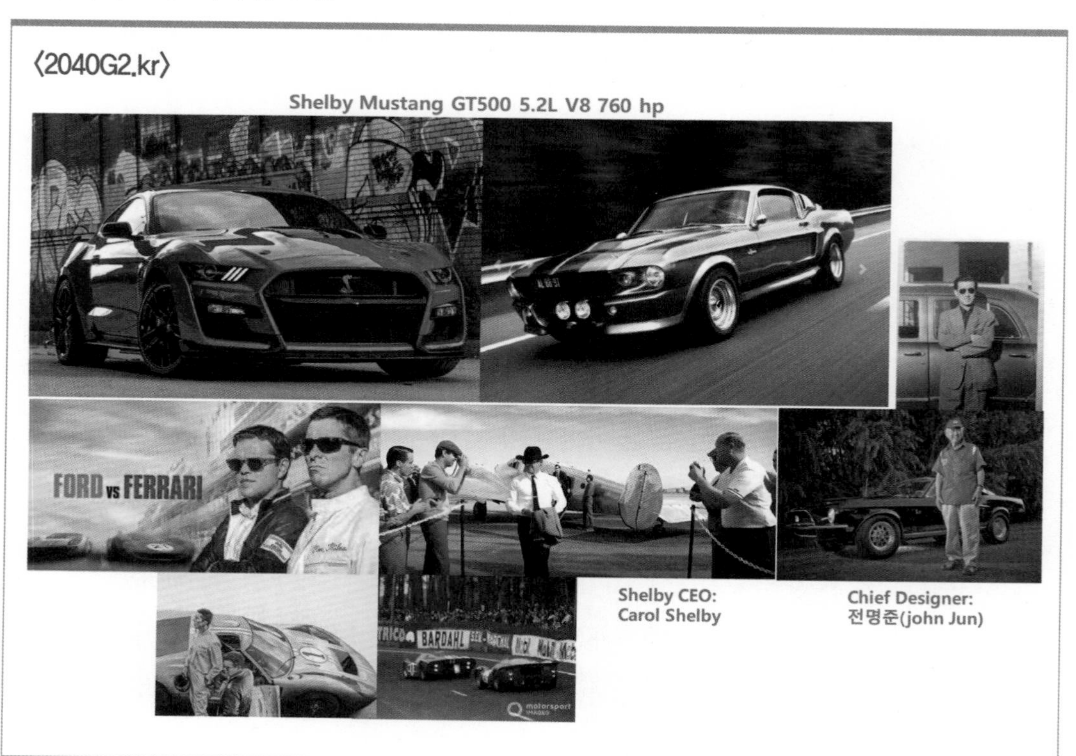

<포드와 페라리>라는 영화 보셨나요? 포드가 페라리를 이겨보려고 GT500이라는 차를 만듭니다. 셸비사에 의뢰해서 최초로 특수한 레이싱카를 만든 게 바로 위에 있는 차입니다. 그런데 저 차의 디자이너는 한국 사람입니다. 그것을 아는 미국 사람도 별로 없고 한국 사람들은 더 없습니다. 여기서 하고 싶은 얘기는 한국 사람의 DNA가 얼마나 우수한지입니다. 한국인은 대단한 DNA를 가진 민족입니다. 자부심을 가지고 민족적 우수성에도 관심을 가지시길 바랍니다.

마지막으로 하고 싶은 얘기는 2040년에 한국은 G2가 된다는 희망 아닌 비전입니다. 지금 그렇게 되어 가고 있습니다. 한국이라는 나라의 운은 앞으로 가면 갈수록 더 펼쳐나가게 되어 있습니다. 2040년이 되면 메타와 AI 세상이 시작된 지 약 40년입니다. 여러분은 그때가 되면 사회에서 가장 활동적인 나이가 될 것입니다.

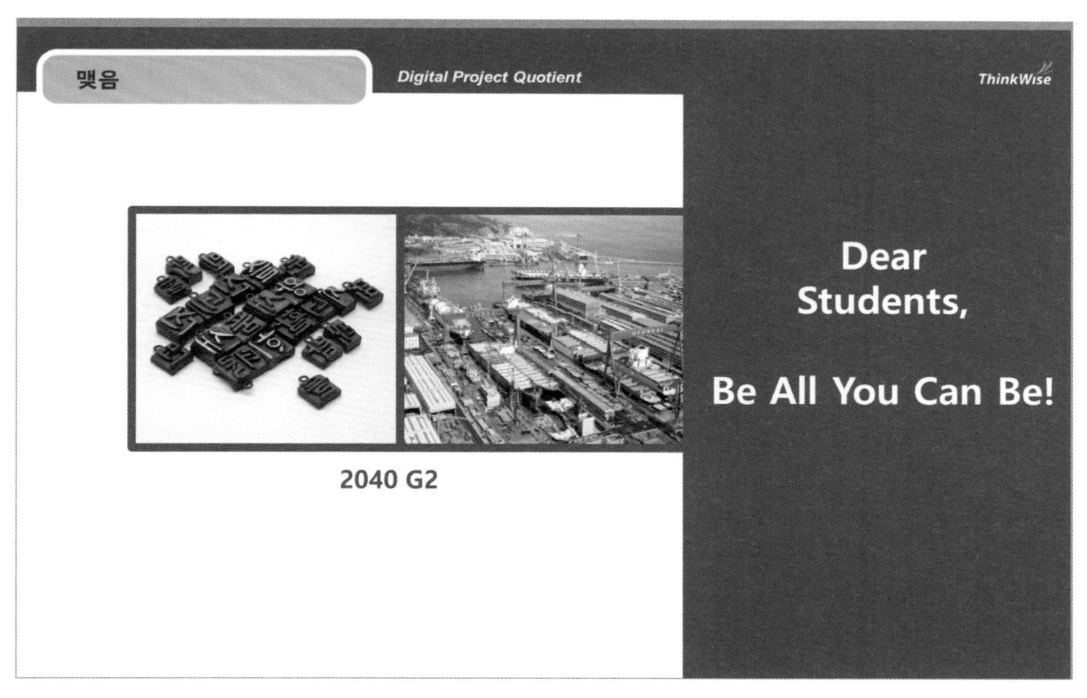

그때 한국은 G2가 되어 있고 여러분은 4차 산업혁명의 모든 것을 완벽히 다룰 줄 아는 마스터가 되어 있어야 합니다. 세상이 그렇게 흘러가고 있다는 것을 저는 알고 있습니다. 교육하고 받는다는 것은 살아온 사람이 앞으로 살아갈 사람을 훈련하는 것입니다. 앞으로 1년, 10년 사이에 일론 머스크가 준비하는 일들이 현실로 다가오는 세상이 될 것입니다. 그것을 경험한 사람은 아무도 없습니다. 기성세대가 여러분에게 가르칠 수 있는 것은 제한적일 것입니다. 세상이 너무 빨리 변하기 때문에 원칙을 터득하고, 본질을 스스로 학습하는 자기주도학습 능력을 갖추는 것이 여러분에게 가장 중요한 일이라고 생각합니다.

앞으로 고등학교를 졸업하고 대학에 진학하든 혹은 사회에 진출하든 자기주도학습 역량이 준비된 사람이 되어야 합니다.

"Be All You Can Be!"

| PART2 |

원샷원킬 원북원맵

원북원맵이란 말 그대로 한 권의 책을 하나의 맵으로 요약해 정리하는 것을 의미합니다. 책 한 권의 내용이 내 머릿속에 잘 정리되어 있다고 생각해 보세요! 더군다나 단원별로, 핵심어로 구조화된 채로 말이죠. 이처럼 원북원맵이란 말 그대로 한 권의 책을 하나의 맵으로, 한 장의 지도처럼 만드는 것을 의미합니다. 책 한 권의 내용이 내 머릿속에 잘 정리되어 있다고 생해 보세요! 더군다나 단원별로, 핵심어로 구조화되어 마치 한 장의 그림처럼 말이죠. 필요할 때마다 핵심어를 생각하면 그와 관련된 내용들이 영화의 한 장면처럼 줄줄이 꼬리를 물고 떠오른다면 얼마나 신날까요? 공부가 이렇게 쉬운 것이가 하는 생각이 절로 날 것입니다. 우리는 그동안 열심히 공부하지 않아서가 아니라, 방법을 몰랐던 것은 아닐까 생각해봐야 합니다. 원북원맵은 청소년은 물론이고 성인에게도 필요한 공부하는 방법, 지식을 습득하는 방법을 제시하는 쉽고, 단순하고, 즐거운 학습러닝의 길잡이가 될 것입니다. 원북원맵은 목차 맵핑하기, 핵심 파악하기, 내용 맵핑하기, 맵 다듬기의 4단계로 구성되어 있습니다. 자 그럼 원북원맵을 배워볼까요?

| 1장 |

원북원맵이란?

원북원맵이란 말 그대로 한 권의 책을 하나의 맵으로 요약 정리하는 것을 의미합니다. 책 한 권의 내용이 내 머릿속에 잘 정리되어 있다고 생각해 보세요! 더구나 단원별로, 핵심어로 구조화된 채로 말이죠. 필요할 때마다 핵심어를 떠올리면 그와 관련된 내용들이 줄줄이 꼬리를 물고 떠오른다면 얼마나 신날까요? 공부가 이렇게 쉬운 것인가 하는 생각이 절로 날 것입니다.

원북원맵은 목차 맵핑하기, 핵심 파악하기, 내용 맵핑하기, 맵 다듬기의 4단계로 구성되어 있습니다. 목차로 틀을 만들고, 소단원 단위로 핵심어를 찾아내고, 구조화하면서 책 전체 내용의 이해와 기억을 장기화하는 효과를 기대할 수 있습니다. 이렇게 맵으로 정리한 후 수업 중에 선생님이 말씀한 내용, 부교재와 참고서의 내용, 오답노트 등을 추가하면서 맵을 확장할 수 있습니다.

원북원맵은 과학이나 사회 과목으로 시작하기를 추천합니다. 원북원맵 과정을 이해하고 연습하기에 좀 더 쉬운 과목입니다. 과학 교과서로 따라하기 완료 후 사회 그리고 역사 등 하나씩 과목 맵을 추가하다 보면 자신감과 성취감을 가질 수 있습니다. 이제 한 단계씩 시작해 볼까요?

원북원맵은 한 권의 책의 내용을 마인드맵을 이용하여 요약정리하는 것입니다. 마인드맵은 영국의 기억력과 공부법 전문가인 토니부잔이 1974년 개발한 생각정리 기술이자 도구입니다.

마인드맵의 가장 큰 장점은 인간의 사고방식을 그대로 옮겨놓았다는 것으로, 가지를 뻗어나가는 방식으로 정보를 정리하는 시각적 도구입니다. 이러한 방식은 단순한 글 목록보다 직관적이며, 연관된 개념을 자연스럽게 연결할 수 있도록 도와줍니다. 요즘은 종이에 그리는 대신 편리한 수정, 저장, 공유 기능을 제공하는 디지털 마인드맵을 활용하는 경우가 많습니다. 그중 공부할 때 특히 효율적인 학습도구로 많이 쓰이는 디지털마인드맵 ThinkWise로 작성하도록 하겠습니다.

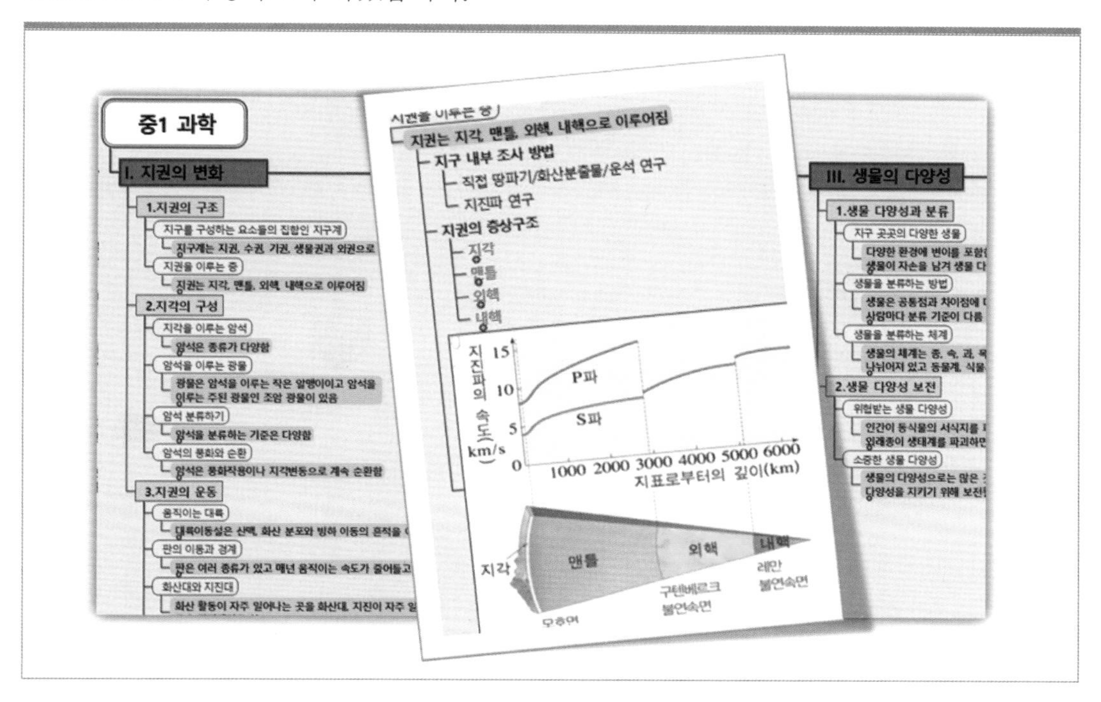

ThinkWise는 단순히 마인드맵을 그리는 것을 넘어서, 공부법과 직접적으로 연결되는 기능이 많습니다. 트리구조는 정보를 정리해서 복잡한 개념이나 챕터를 한 눈에 파악할 수 있습니다. 단계별로 펼치거나 접을 수 있어 복습할 때는 요점만 간단히 보거나 필요한 부분만 집중해서 볼 수 있습니다.

원북원맵을 시작하기 전에 ThinkWise 프로그램에 대해 알아보겠습니다.

1. 홈페이지에서 ThinkWise 웹버전 시작하기

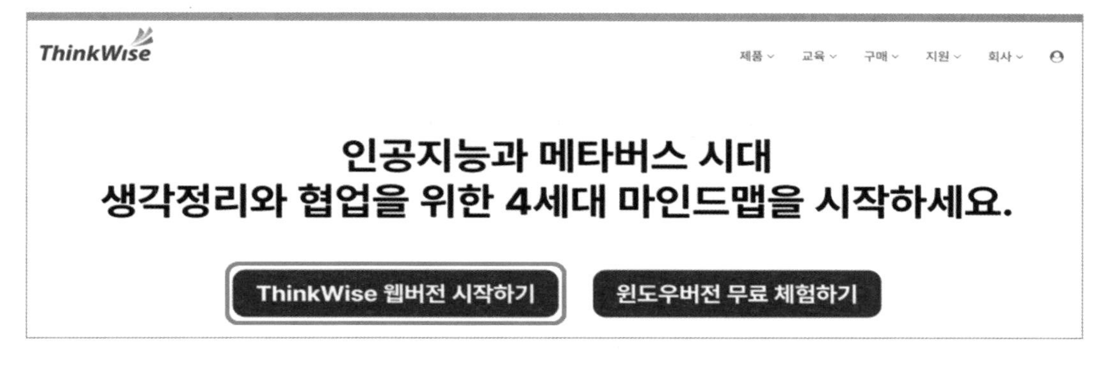

ThinkWise 홈페이지에서 웹버전 시작하기를 클릭합니다. 웹버전의 로그인 화면이 시작됩니다.

자신이 주로 사용하는 인터넷 화면에 즐겨찾기를 해두면 다음에 쉽게 웹버전을 시작할 수 있습니다. 다음 화면은 구글에서 북마크로 즐겨찾기 하는 방법이며, 웹버전을 시작할 때 북마크에 고정된 버튼을 클릭하면 프로그램이 시작됩니다.

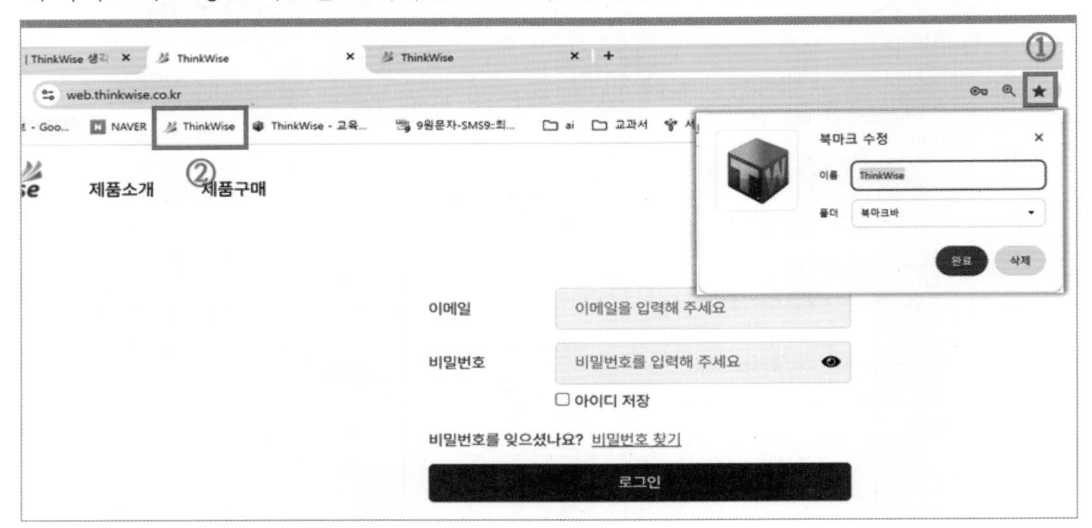

2. 회원가입 하기

ThinkWise 프로그램이 처음일 경우 회원가입을 먼저 진행해야 합니다. 구글, 카카오, 네이버와 연동하여 간편히 회원가입을 할 수 있습니다. 회원가입 방법은 다음과 같습니다. 로그인 창 회면 맨 아래 회원가입을 클릭합니다.

이메일 이메일을 입력해 주세요
비밀번호 비밀번호를 입력해 주세요
아이디 저장
비밀번호를 잊으셨나요? 비밀번호 찾기
로그인
OR
TALK N
회원이 아니신가요? 회원가입 ①

창이 열리면 회원가입에 필요한 정보들을 입력합니다. 이름, 연락처 그리고 이메일을 입력 후 인증번호 보내기를 클릭합니다. 이메일로 인증번호 발송 메세지를 확인할 수 있습니다. 자신의 이메일에서 인증번호를 보고 인증번호를 입력 후 인증확인을 버튼을 눌러 인증을 마무리합니다.

비밀번호는 문자, 숫자, 특수문자@$!%*?&^~ 조합 8자 이상으로 입력하고, 비밀번호를 다시 확인 입력합니다. 동의 항목에 대해 상세보기 후 체크 후 가입하기를 클릭합니다.

3. 로그인하기

웹버전 시작 화면에서 회원가입 시 입력한 이메일과 비밀번호를 입력하고 로그인을 클릭합니다.

또는 구글, 카카오톡, 네이버로 연동하여 로그인을 할 수 있습니다.

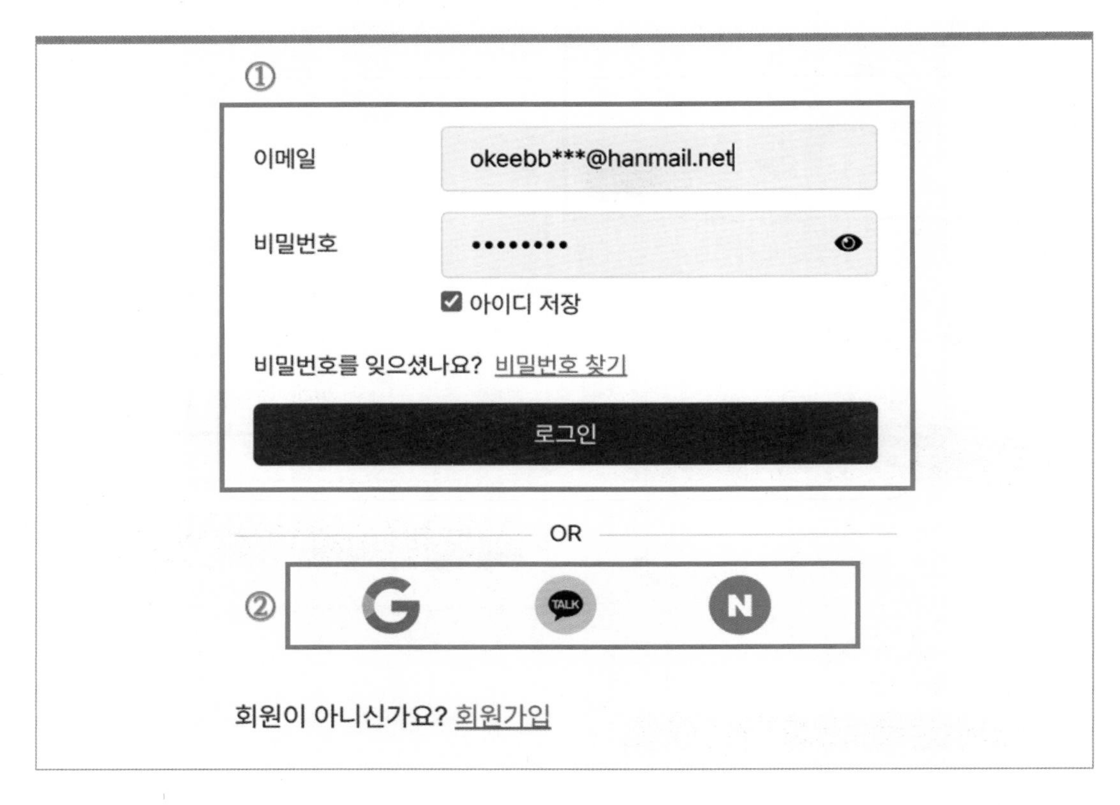

| 2장 |

1단계 목차 맵핑하기

원북원맵의 핵심은 한 권의 책을 한 장의 맵으로, 마치 한 장의 그림처럼 머릿속에 홀로그램화하며 책의 구조, 내용, 맥락을 기억해 나가는 것입니다. 여기서 가장 중요한 것은 책의 골격, 전체 그림의 구조를 파악하는 것이며, 가장 쉬운 방법은 책의 '목차'를 먼저 맵으로 만드는 것입니다.

목차 맵핑하기는 원북원맵의 첫 단계이며, 교과서의 내용을 요약 정리하기 위한 틀을 만드는 단계입니다. 대단원명과 중단원명으로 뼈대를 만들어 책의 주제와 흐름을 파악하고 기억하도록 합니다. 여러분이 한 학기, 일 년 동안 뭘 배우는지 알고 있어야 하지 않을까요? 이렇게 하면 중학교 과정이나 고등학교 과정 전체를 내다볼 수 있습니다.

예를 들어 작년에 1차 방정식을 배웠고 내년에 3차 방정식을 배운다면 올해는 당연히 2차 방정식을 배우게 되겠죠? 예측하기가 너무 쉬운가요? 이처럼 단원과 주제들의 관련성과 작년에 배운 것과 다음에 배울 내용의 연관성을 알 수 있습니다. 내가 배운 것과 배울 것을 꿰고 있는 것입니다.

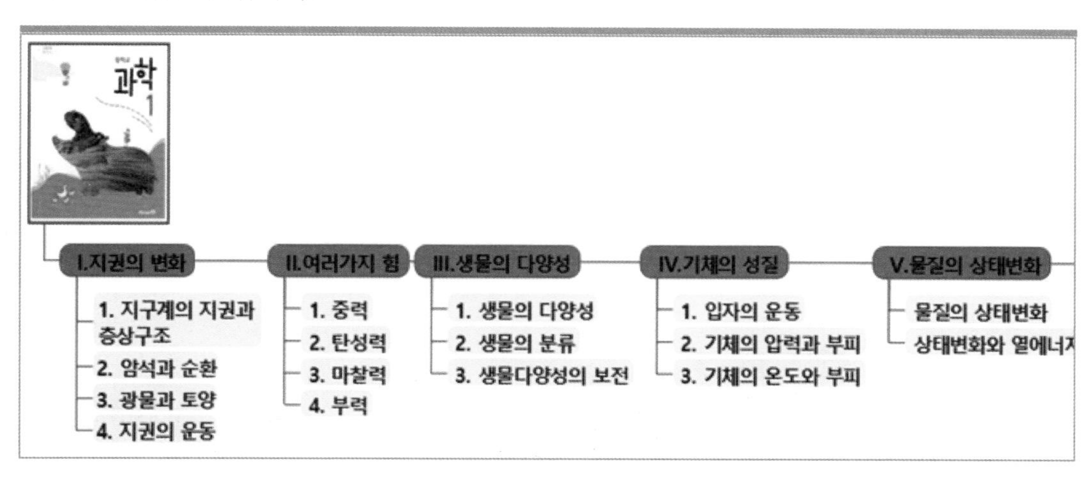

1. 교과서 훑어보기

목차맵을 만들기 전 단계로 책의 전체 내용을 훑어보며 내가 처음 접하는 개념과 용어 등을 살펴보며 내용을 유추해 봅니다. 학기가 시작되기 전이나 학기 초의 예습 활동으로 적당합니다.

1) 교과서를 준비합니다. 원북원맵이 처음이라면 사회 또는 과학 과목을 추천합니다.

2) 머리말 읽기

교과서가 준비되었다면 책장을 넘겨 봅니다. 머리말 또는 들어가는 말이 보일 것입니다.

여러분은 무심코 이 페이지를 넘길 수도 있지만, 여기에서는 이 과목을 왜 배워야 하는지, 어떤 내용인지 등을 알려주고 있습니다. 이제 머리말을 읽고 핵심내용을 적어봅니다. 머리말의 내용을 마음에 새기고 다음 페이지를 넘겨 목차를 찾습니다.

3) 목차 대단원 읽기

목차 페이지에서 대단원명을 먼저 읽습니다. 한 학기 또는 한 학년 동안 내가 배워야 하는 내용의 주제를 확 인합니다. <출처: 중학사회1 미래엔>

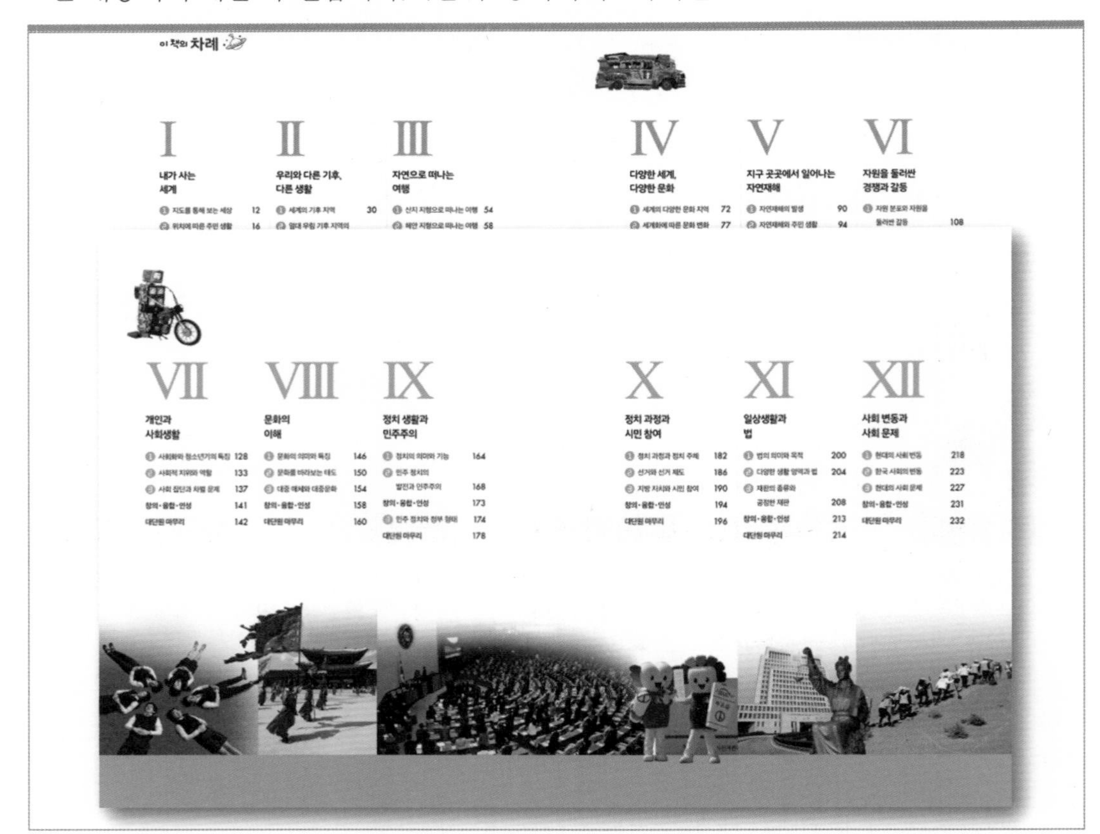
이 책의 차례

4) 교과서 훑어보기

• 대단원명을 다 읽었다면 대단원명을 기억하면서 교과서를 넘깁니다. 이때 어떤 내용이 있는지 교과서를 훑어봅니다. 말 그대로 정독이 아니라 눈으로 가볍게 훑어보며 내가 모르는 용어나 단어가 있는지, 알고 있다면 정확하게 알고 있는지 등을 살펴보며 책장을 넘깁니다.

• 새로운 단어나 뜻이 기억나지 않는 단어 등이 있다면 책갈피 등을 붙여 표시합니다. 나중에 단어의 뜻을 찾아 배경지식으로 정리하면 예습과 수업에 많은 도움이 됩니다.

• 책을 다 훑어봤나요? 책갈피로 몇 개나 표시했나요? 새로 배워야 하는 내용을 가늠할 수 있고 예습할 수 있다면 이 과목을 공부하는 데 많은 도움이 될 것입니다. 이제 목차 페이지를 다시 펼쳐 봅시다. 이번에는 대단원명을 읽으며 암기해 봅니다. 교과서가 없다면 다음 목차로 실습해 보세요.

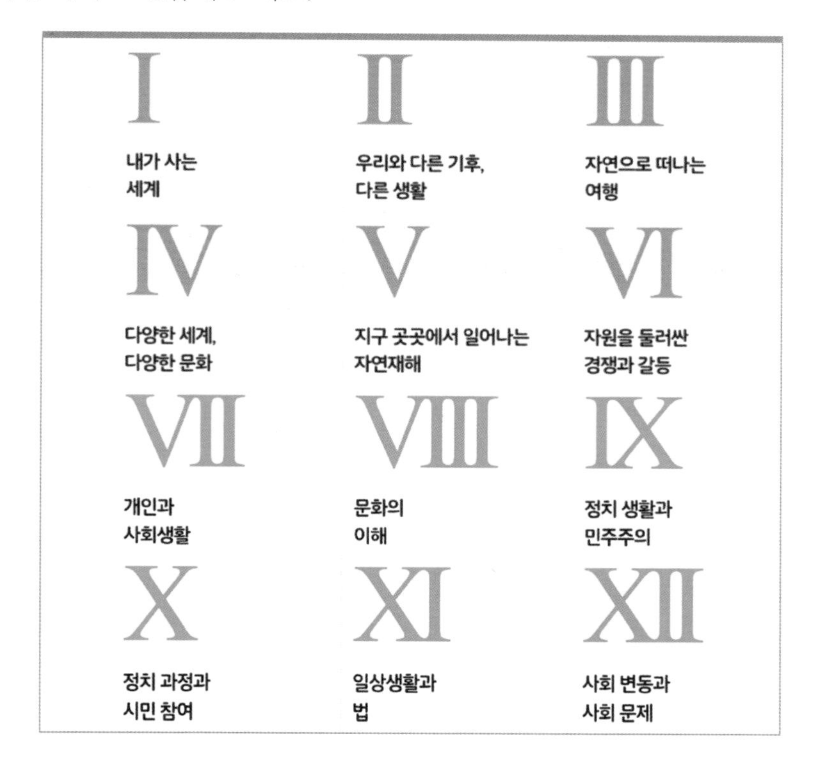

Ⅰ
내가 사는 세계
Ⅱ
우리와 다른 기후, 다른 생활
Ⅲ
자연으로 떠나는 여행
Ⅳ
다양한 세계, 다양한 문화
Ⅴ
지구 곳곳에서 일어나는 자연재해
Ⅵ
자원을 둘러싼 경쟁과 갈등
Ⅶ
개인과 사회생활
Ⅷ
문화의 이해
Ⅸ
정치 생활과 민주주의
Ⅹ
정치 과정과 시민 참여
Ⅺ
일상생활과 법
Ⅻ
사회 변동과 사회 문제

2. 뼈대 만들기

교과서를 훑어보며 전체의 구성과 흐름에 대해 살펴보았습니다. 목차의 대단원을 기억하며 암기도 했습니다. 이제부터 원북원맵의 시작인 목차로 뼈대 맵을 만들어 보겠습니다.

1) 대시보드에서 [새문서]를 클릭합니다. (p180 참조)

2) 18가지 스타일 맵 중에서 가장 첫 번째 맵을 마우스로 선택합니다.

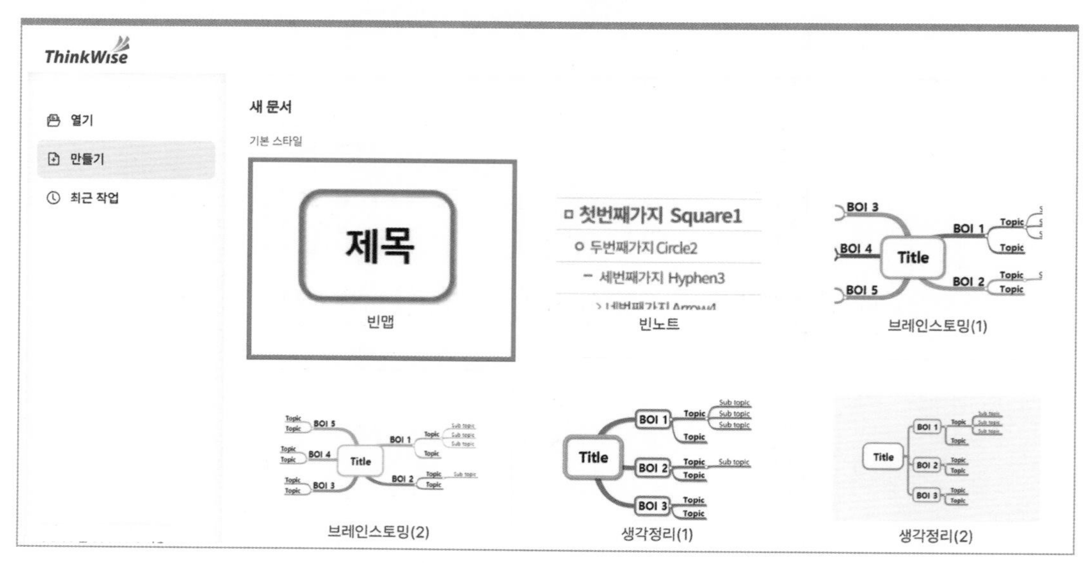

3) 생성될 맵 이름은 과목명으로 지정합니다 생성된 맵 이름은 언제든 수정할 수 있습니다.

• 지정한 이름의 맵 문서가 실행된 것을 확인할 수 있습니다.

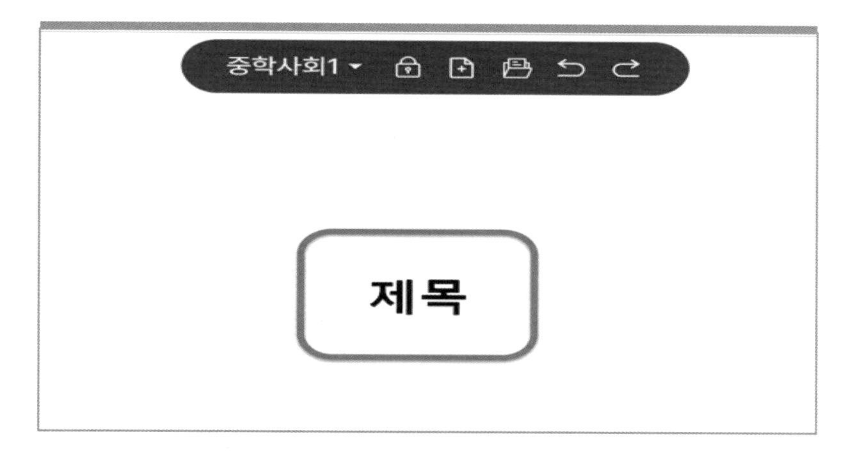

4) 제목을 입력합니다. (p184 참조)

새 문서의 제목에 '중학사회1'교과명을 입력합니다. 파란색일 때 '중학 사회1'을 입력 후 엔터를 클릭하면 입력이 완료됩니다.

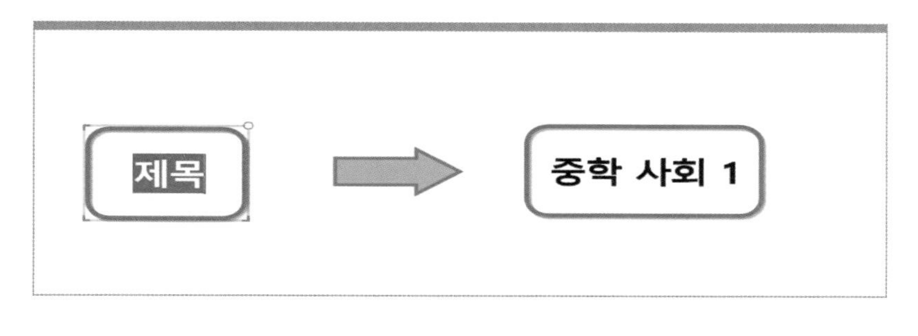

5) 대단원 가지 만들기(p184 참조)

그리고 목차의 대단원명을 떠올려 봅니다. 기억나는 대로 1레벨에 단원명을 입력합니다. 대단원명을 불완전하게 기억해도 됩니다. 한 단어라도 적어봅니다.

① 중학사회1교과명을 선택 후 스페이스바를 누르고 '내가 사는 세계'1대단원명을 입력 하여 가지를 만듭니다.

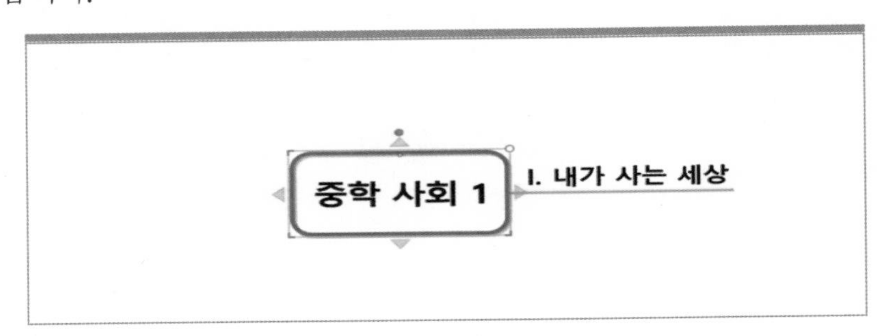

② 연속하여 2, 3, 4 단원명을 하나씩 입력하며 가지들을 만듭니다.

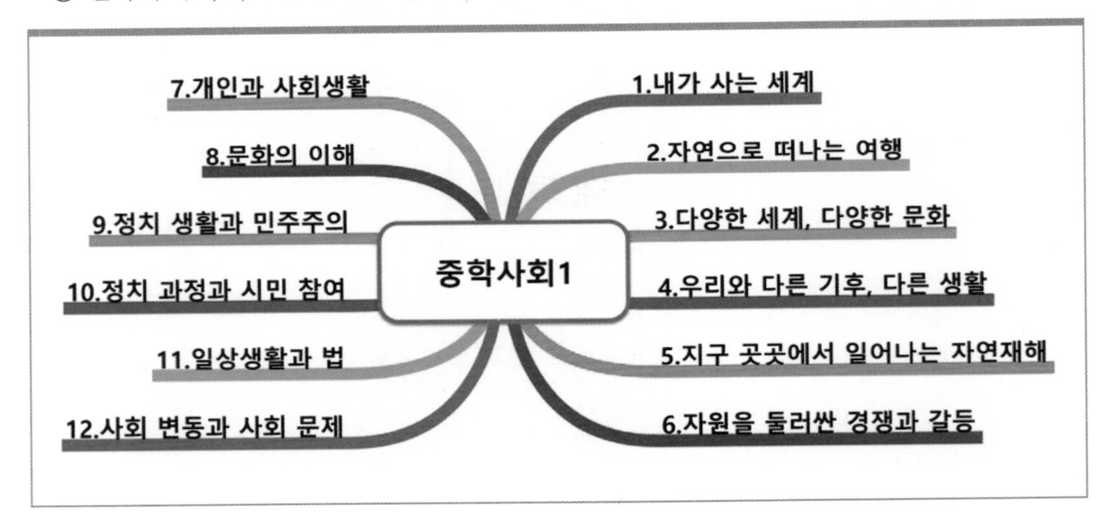

얼마나 기억을 했나요? 기억나는 대로 모두 1레벨의 가지로 작성하였다면 교과서에서 목차 페이지를 열어 작성한 1레벨의 가지와 비교하며 수정 보완하도록 합니다.

6) 대단원 스토리텔링하기

내가 얼마나 기억을 잘하는지 우리는 잘 알지 못합니다. 기억을 잘하고 있을 것이라 착각하는 경우가 많습니다. 시험을 보기 전 우리는 좋은 점수를 기대하지만 실제 시험을 본 후 결과가 기대 이하인 경우가 많습니다. 우리는 우리가 얼마나 기억하는지 확인할 기회가 없기 때문입니다. 자신을 정확히 알고 있어야 그것을 바탕으로 자신의 능력을 키워나갈 수 있습니다. 암기는 기억을 말하며 기억을 잘하는 방법으로 연상과 스토리텔링이 있습니다. 대단원명의 주제어로 나만의 이야기를 만들 수 있습니다. 예시를 보며 참고하여 나만의 이야기를 만들어 보세요.

① 제목을 선택 후 설명을 열고 내가 만든 스토리텔링을 적어봅니다. (p187 참조)

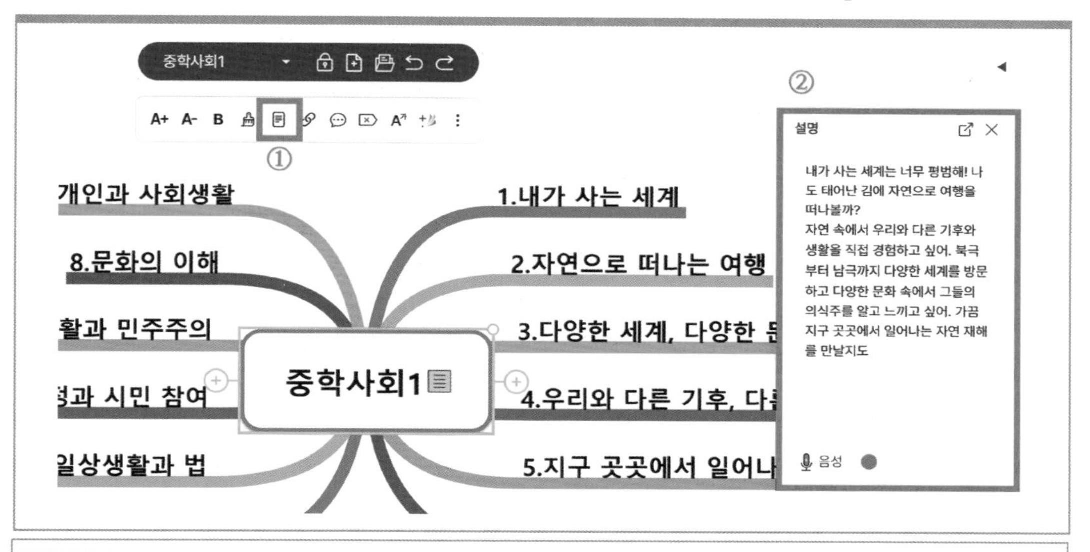

내가 사는 세계는 너무 평범해! 나도 태어난 김에 자연으로 여행을 떠나볼까?
자연 속에서 우리와 다른 기후와 생활을 직접 경험하고 싶어. 북극부터 남극까지 다양한 세계를 방문하고 다양한 문화 속에서 그들의 의식주를 알고 느끼고 싶어. 가끔 지구 곳곳에서 일어나는 자연 재해를 만날지도 ...경쟁과 갈등이 있는 곳에 들어갈 수도 ...이유는 자원이거나 사회 변동과 사회문제, 정치생활과 민주주의에서 시민 참여 등등 이겠지. 하지만 그 모든 곳이 세계 곳곳에 사는 개인과 사회생활을 보면서 그들의 문화를 이해할 수 있을 것 같아.
그들이 사는 일생 생활과 법까지 이해한다면 나는 지구촌 전문가가 될 수 있을 것 같은데~

음성

7) 중단원 가지 만들기

1레벨의 대단원의 내용을 모두 정리한 후 2레벨에 중단원 가지를 만듭니다.

① 'I. 내가 사는 세계' 대단원 가지를 선택하고 스페이스바를 눌러 중단원 '1. 지도를 통해 본 세상'을 입력하고 엔터를 눌러 가지를 만듭니다. '2. 위치에 따른 주민생활'과 '3. 지리정보 와 지리 정보 기술'도 추가로 가지를 만듭니다.

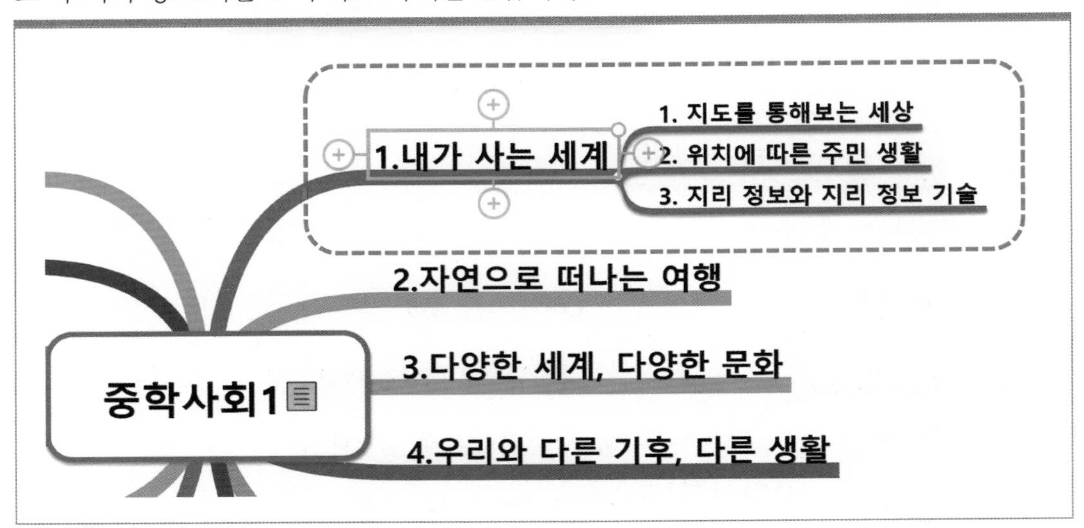

② 대단원에 속한 중단원을 입력하고 서로의 관계성을 생각하며, 나머지 중단원의 가지를 계속해서 추가하여 전체 흐름을 파악합니다.

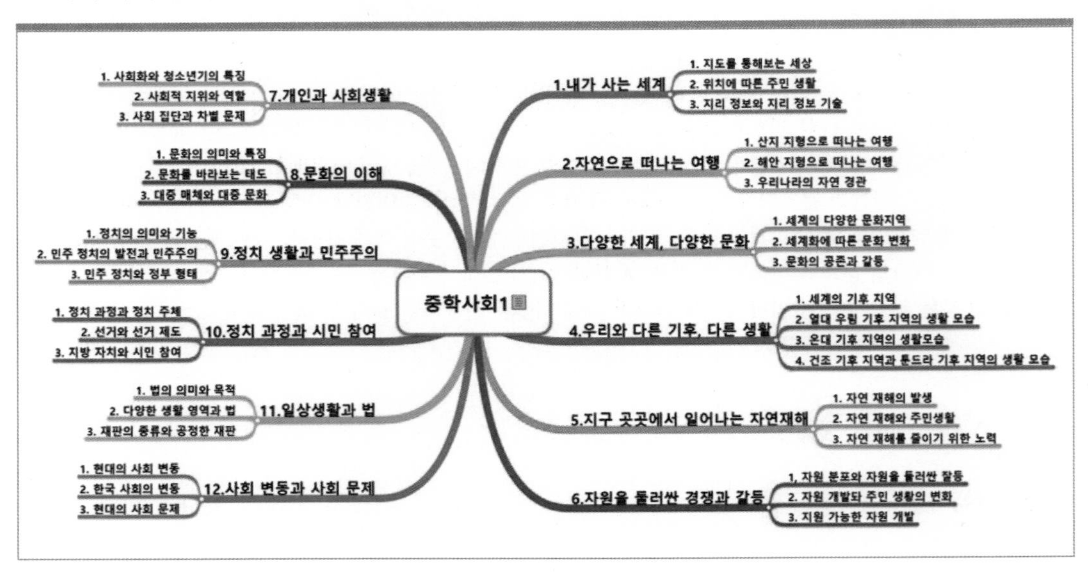

8) 저장하기

중단원 가지를 모두 만들었나요? ThinkWise 웹으로 작성한 문서는 ThinkWise 웹 서버에 자동으로 저장되므로 저장하기를 누르지 않아도 됩니다. 다만, 저장 위치를 구글 드라이브로 지정한 경우에는 반드시 저장을 눌러야만 문서가 저장됩니다.

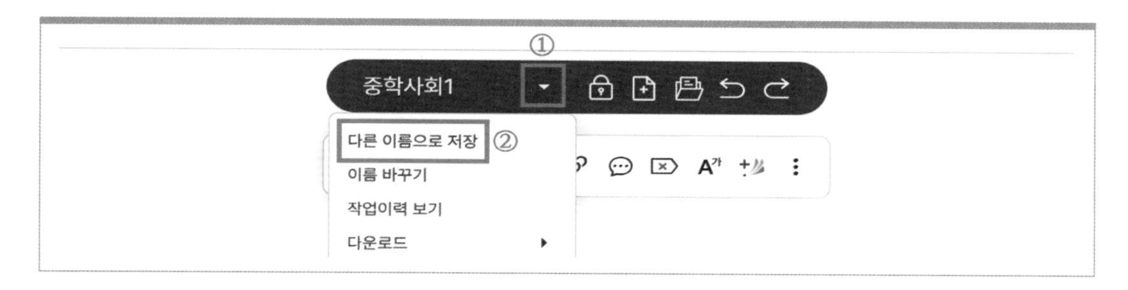

9) 맵 방향 바꾸기

ThinkWise의 장점 중 하나가 다양하게 맵 방향을 바꿀 수 있다는 것입니다. 여러분이 지금 작성한 맵은 방사형입니다. 이 맵의 방향을 오른쪽 진행트리로 바꾸려고 합니다. 맵 방향의 특징은 Tip에서 확인할 수 있습니다.

① 제목을 선택합니다.

② 오른쪽 메뉴에서 [진행방향]을 클릭합니다.

③ 오른쪽 창 이 열리면 진행트리B를 선택합니다.

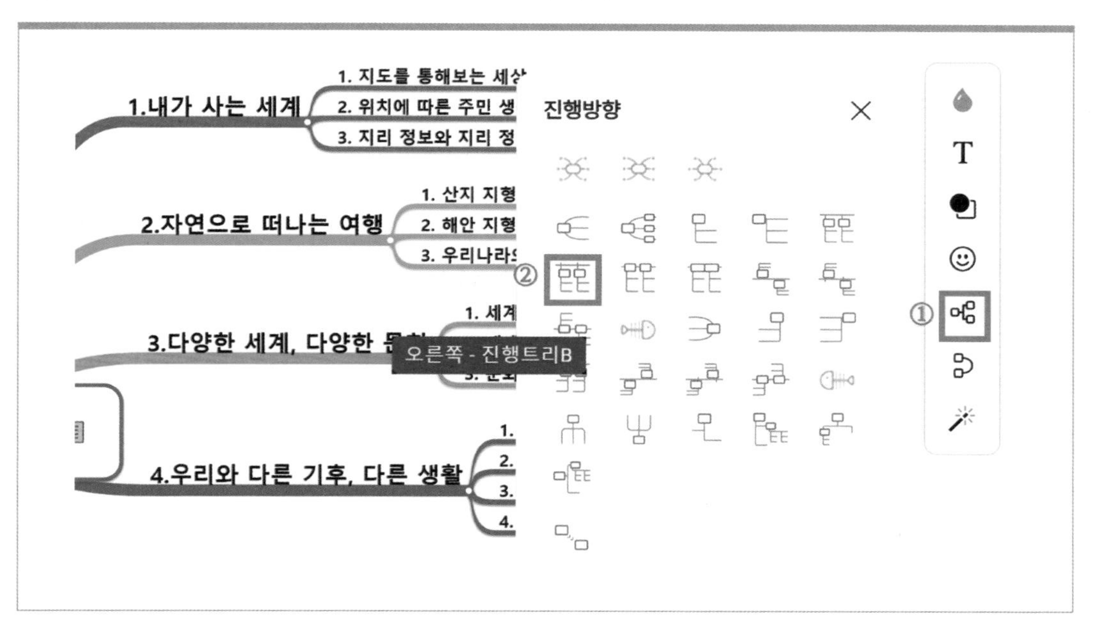

맵의 방향이 바뀝니다.

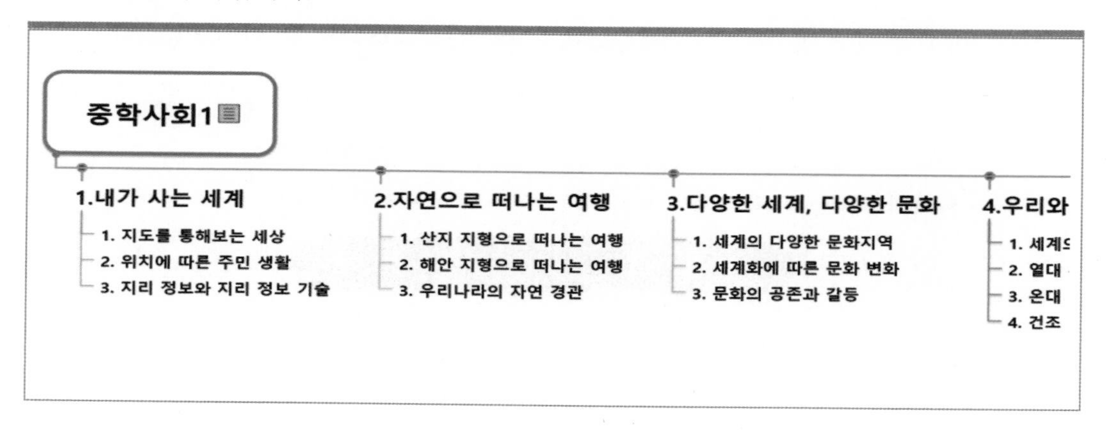

3. TIP – 맵 진행 방향

맵은 핵심어의 관계를 시각적으로 표현합니다. 처음 시작할 때와 시간이 지난 후 맵의 내용과 목적에 따라 맵의 진행 방향을 다양하게 변경할 수 있습니다. 맵의 진행 방향의 특징에 대해 간단히 알아볼까요?

방사형

확산형 사고에 유리합니다. 확산형 사고란 중심주제에서 밖으로 사고를 확장해 나가는 형태와 사고법입니다. 브레인스토밍과 같이 아이디어를 도출할 때 도움이 됩니다.

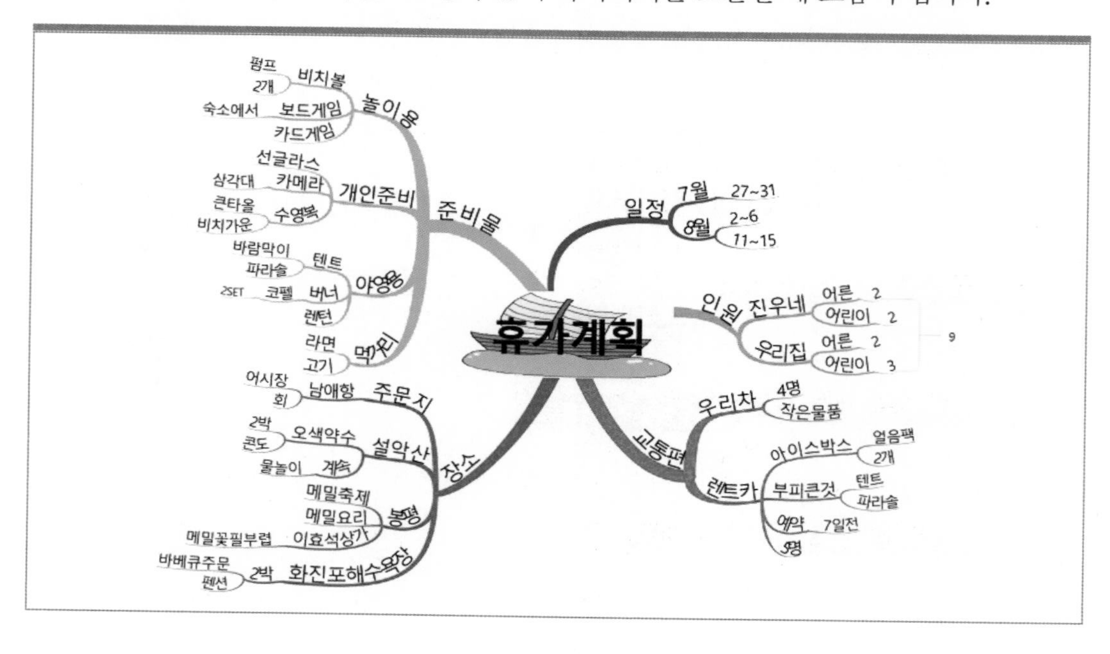

진행 트리

시계열적 사고에 적합합니다. 시계열적 사고는 중심주제를 구성하고 있는 세부 항목을 진행 순서대로 일목요연하게 프로세스 스토리로 나열하며 사고하는 방법입니다. 프로젝트처럼 시간이나 일의 진행을 한눈에 파악할 수 있습니다.

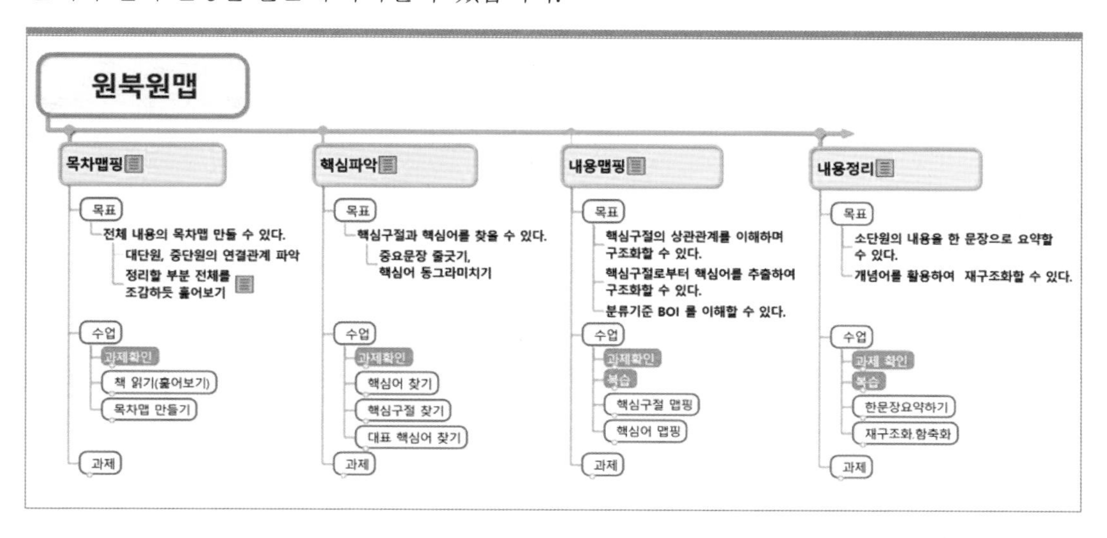

구조도

단체의 조직과 구성 등을 파악할 수 있습니다. 문학 작품 속 등장인물의 관계도를 정리할 수 있습니다.

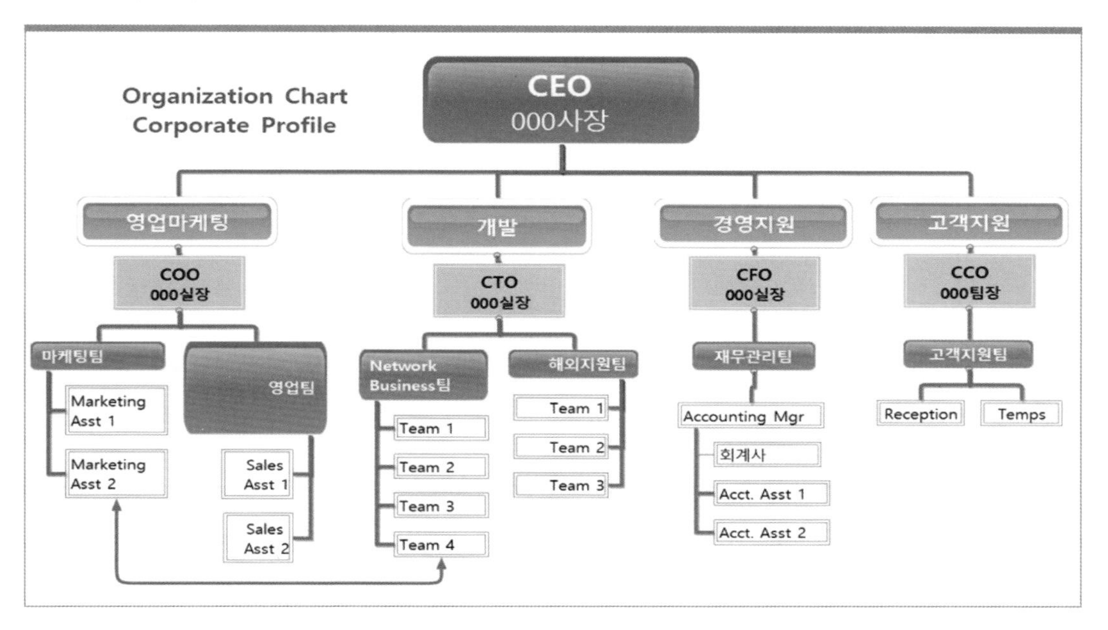

쉬어가기 1 공부 잘하는 사람은 숲을 본다

공부를 잘한다는 것은 과연 어떤 의미일까요? 물론 성적이 잘 나오는 것이 최종 목표겠지만, 그런 단편적인 것을 떠나 좀 더 넓은 의미로 공부를 정의해 볼 필요가 있습니다.

공부의 최종 목표는 성과 즉 원하는 성적을 낼 수 있는 능력을 강화하는 것이고, 그러기 위해서는 본인 스스로 내용을 소화하는 학습 지능을 개발하는 것이 중요합니다. 또한, 최근에는 글로벌 경쟁력을 요구하는 교육의 흐름에 따라 자기주도적인 학습이 주목받고 있습니다.

디지털 마인드맵을 활용한 <원북원맵>이라는 공부법은 1997년 ThinkWise를 개발한 정영교 대표가 두뇌의 특성과 시각적 사고를 기반으로 완성한 학습법으로, 자기주도적인 학습을 구현하는 최적화된 방식을 지향하며, 자기가 체계화시킨 지식을 누구와도 공유할 수 있는 새로운 지식 공유 방식이기도 합니다.

또한 디지털 마인드맵을 활용하는 공부법을 익히면 단순히 공부에 도움이 되는 것뿐만이 아니라 다양한 분야에서 활용할 수 있습니다. 기업에서는 프로젝트 관리를 위해 사용하기도 하고, 행정에서는 다양한 관리 항목의 점검 및 루틴한 업무 관리에도 활용이 가능합니다. 또한 정치 분야에서는 선거관리 및 이슈 관리에 효과적인 도구로 활용되고 있습니다.

시대의 지성이라고 불렸던 이어령 선생님은 책을 집필하는 도구로 디지털 마인드맵 씽크와이즈를 유용하게 활용했습니다. 쓰려고 하는 내용을 디지털 마인드맵에 정리하다 보면 목차와 내용이 한눈에 정리가 되고, 목차를 변경하거나 내용을 수정할 때도 쉽고 간결하게 수정할 수 있는 장점이 있습니다. 또한 책을 구성하는 다양한 콘텐츠의 얼개를 풀어가면서 책을 좀 더 충실하고 빠르게 집필할 수 있다는 것이 이유 중 하나라고 강조할 수 있습니다.

이것이 바로 전체를 조망하는 사람이 무엇이든 잘한다는 기본 원리의 핵심 내용입니다. 디지털 마인드맵을 활용한 <원북원맵>은 공부하는 사람의 머릿속에 거대한 정보의 이미지맵을 구축하게 만들어 줍니다. 바로 나무만 보는 것이 아닌 숲을 보는 공부가 되는 것입니다.

숲을 보는 기적의 공부법 <원북원맵>에 도전해 자신의 학습능력을 한층 강화할 수 있기를 바랍니다.

| 3장 |

2단계 핵심 파악하기

목차 맵핑하기를 통해 〈원북원맵〉의 뼈대를 만들었습니다. 이제부터 뼈대에 살을 붙여야 합니다. 뼈대에 붙일 살은 핵심어이고, 교과서에서 쉽게 찾아낼 수 있습니다. 교과서의 내용을 읽으면서 이 단원에서 배워야 하는 중요 내용의 핵심어를 찾아내는 것입니다. 이 과정은 문해력과 관련이 있으며 모든 학습과정 중에 기초가 되는 과정이라 할 수 있습니다.

지금부터 우리는 소단원 핵심을 파악하기 위해 교과서를 세 번 읽을 것입니다. 처음 읽으며 핵심 단어를 찾아 동그라미를 하고, 다음 읽으며 핵심구절에 줄을 긋고, 세 번째 읽으며 핵심어의 상관관계를 이해하여 네모로 표시할 것입니다. 표시된 동그라미, 줄, 네모를 보면 소단원의 내용이 어떤 구성으로 무엇을 말하고자 하는지 알 수 있습니다.

1. 핵심어 찾기

교과서를 읽으며 핵심어가 될 수 있는 단어를 찾아 동그라미 표시를 할 연필과 지우개를 준비해 주세요. 교과서를 준비합니다. 종이 교과서를 준비하지 못했다면 디지털교과서를 이용해도 좋습니다.

핵심어를 찾고자 하는 소단원을 찾아 펼칩니다. 교과서가 준비되지 않은 분은 다음 교과서로 따라서 해 보세요.

지도를 통해 보는 세상

주제 열기 옛날 미지의 세계를 찾아 떠났던 탐험가들의 손에는 지도가 들려 있었다. 오늘날에는 휴대 전화의 지도 서비스를 통해 내가 사는 동네의 지도는 물론 세계 지도도 볼 수 있다. 지도는 늘 우리 곁에 있고, 우리에게 필요한 정보를 제공한다.

⊙ 등·하굣길에서 어떤 지도들을 볼 수 있을까?

오늘 배울 주요 개념을 찾아 써 보세요.

1 지도에서 위치를 확인해 볼까?

이 단원을 배우면 다양한 매체에 표현된 지도에서 위치 정보를 파악할 수 있다.

위치를 표현하는 다양한 지도 위치는 일정한 장소에서 차지하고 있는 자리를 말한다. 위치는 자연환경, 정치, 경제, 문화 등에 영향을 미치기 때문에 위치를 정확하게 알고 표현하는 것은 지역이나 국가를 이해하는 밑바탕이 된다. 5

우리는 지도를 통해 위치를 파악할 수 있다. 지도는 옛날 사람들에게는 다른 세계로 나아가는 발판이었고, 오늘날에는 우리의 일상을 편리하게 해 주는 도구로 활용되고 있다. 우리는 일상생활에서 책, 신문, 텔레비전, 인터넷, 누리 소통망(SNS) 등 여러 매체를 통해 다양한 형태의 지도를 볼 수 있다. 지하철 및 버스 노선도, 관광 안내도, 약도, 일기 예보 지도, 인터넷 지도 등은 우리가 일상생활에서 쉽게 접할 수 있는 지도이다. 10

*** 지도**
지구 표면의 전체 또는 일부를 일정한 비율로 줄여 이를 약속된 기호로 평면 위에 나타낸 것이다.

중학 사회1 미래엔

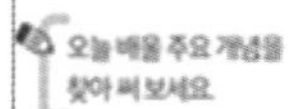

2 지도를 통해 우리는 어떤 세상을 볼 수 있을까?

이 단원을 배우면 다양한 지도에 나타난 자연환경과 인문 환경의 특징을 읽을 수 있다.

지도에 표현된 자연환경과 인문 환경 지도에는 여러 가지 정보가 담겨 있다. 산과 산맥, 강과 호수, 사막, 평야, 바다 등의 지형을 비롯하여 기후, 식생과 같은 **자연환경**과 인구, 도시, 산업, 교통, 문화 등의 **인문 환경**이 지도에 표현된다. 5

우리는 지도에 표현된 지역 및 국가의 위치, 지형, 인구, 경제 활동의 차이 등을 확인함으로써 여러 지역에 관한 정보를 얻을 수 있다. 그리고 이러한 정보들을 통해 세계의 각 지역을 이해할 수 있고, 세상을 바라보는 폭넓은 시각을 가질 수 있다.

이제부터 교과서를 읽으며 연필로 핵심어를 찾아 동그라미 표시를 합니다. 어떤 단어가 핵심어가 될 수 있을까요? 핵심어가 될 수 있는 경우는 다음의 3가지입니다. 첫 번째, 소단원명에 포함된 단어나 구절입니다. 소단원 '1. 지도에서 위치를 확인해 볼까?'에서는 '지도', '위치'가 이에 해당합니다. '지도', '위치'가 보이면 모두 동그라미를 합니다.

두 번째, 반복해서 나오는 단어입니다. 첫 문장에서 나온 단어가 다음 문장에서 나온다면 동그라미를 합니다. '일상생활', '일상'이 반복적으로 보입니다. 모두 동그라미를 합니다. 세 번째, 다른 색이나 진하게 강조된 단어입니다. 교과서는 다른 색이나 진하게 강조하여 핵심어라는 것을 표시하여 알려줍니다. 이 세 가지를 기억하며 동그라미 표시를 합니다. 책의 내용을 이해하는 것이 아니라 숨은그림찾기처럼 핵심어가 될 수 있는 단어들을 찾아내는 것입니다.

다시 정리하면 핵심어는 다음과 같습니다.

- 소단원 제목에 나오는 단어나 구절
- 문장과 문장 속에 반복해서 나오는 단어
- 다른 색이나 진하게 강조된 단어

동그라미를 다했다면 아래와 비교해 보세요.

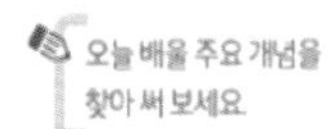

지도에서 위치를 확인해 볼까?

이 단원을 배우면 다양한 매체에 표현된 지도에서 위치 정보를 파악할 수 있다.

위치를 표현하는 다양한 지도 위치는 일정한 장소에서 차지하고 있는 자리를 말한다. 위치는 자연환경, 정치, 경제, 문화 등에 영향을 미치기 때문에 위치를 정확하게 알고 표현하는 것은 지역이나 국가를 이해하는 밑바탕이 된다. 5

우리는 **지도***를 통해 위치를 파악할 수 있다. 지도는 옛날 사람들에게는 다른 세계로 나아가는 발판이었고, 오늘날에는 우리의 일상을 편리하게 해 주는 도구로 활용되고 있다. 우리는 일상생활에서 책, 신문, 텔레비전, 인터넷, 누리 소통망(SNS) 등 여러 매체를 통해 다양한 형태의 지도를 볼 수 있다. 지하철 및 버스 노선도, 관광 안내도, 약도, 일기 예보 지도, 인터넷 지도 등은 우리가 일상생활에서 쉽게 접할 수 있는 지도이다. 10

*** 지도**
지구 표면의 전체 또는 일부를 일정한 비율로 줄여 이를 약속된 기호로 평면 위에 나타낸 것이다.

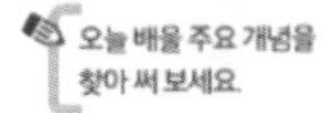
오늘 배울 주요 개념을
찾아 써 보세요.

지도를 통해 우리는 어떤 세상을 볼 수 있을까?

이 단원을 배우면 다양한 지도에 나타난 자연환경과 인문 환경의 특징을 읽을 수 있다.

지도에 표현된 자연환경과 인문 환경 지도에는 여러 가지 정보가 담겨 있다. 산과 산맥, 강과 호수, 사막, 평야, 바다 등의 지형을 비롯하여 기후, 식생과 같은 자연환경과 인구, 도시, 산업, 교통, 문화 등의 인문 환경이 지도에 표현된다.

우리는 지도에 표현된 지역 및 국가의 위치, 지형, 인구, 경제 활동의 차이 등을 확인함으로써 여러 지역에 관한 정보를 얻을 수 있다. 그리고 이러한 정보들을 통해 세계의 각 지역을 이해할 수 있고, 세상을 바라보는 폭넓은 시각을 가질 수 있다.

2. 핵심구절 찾기

핵심어 찾아 동그라미 표시를 다 했다면 교과서를 다시 읽습니다. 두 번째 책을 읽을 때 비로소 내용에 집중하게 됩니다. 내가 친 동그라미가 포함된 문장을 읽으며 핵심구절 부분에 연필로 줄을 긋습니다. 핵심구절을 찾아 줄을 치며 소단원의 내용을 파악할 수 있습니다. 핵심구절은 다음과 같습니다.

- 핵심어에 대한 뜻이나 개념을 설명한 부분
- 핵심어의 특징, 종류 등을 서술한 부분
- 핵심어의 원인과 결과 이유 등을 설명한 부분
- 핵심어가 포함되어 있어도 줄을 긋는 부분이 없을 수도 있음

첫 번째 문장 '위치는 일정한 장소에서 차지하고 있는 자리를 말한다'에서 '일정한 장소에서 차지하고 있는 자리'는 '위치'의 뜻을 설명하는 부분이므로 줄을 그을 수 있습니다.

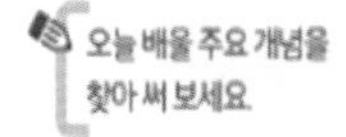
오늘 배울 주요 개념을
찾아 써 보세요.

지도에서 위치를 확인해 볼까?

이 단원을 배우면 다양한 매체에 표현된 지도에서 위치 정보를 파악할 수 있다.

위치를 표현하는 다양한 지도 위치는 일정한 장소에서 차지하고 있는 자리를 말한다. 위치는 자연환경, 정치, 경제, 문화 등에 영향을 미치기 때문에 위치를 정확하게 알고 표현하는 것은 지역이나 국가를 이해하는 밑바탕이 된다.

다음 문장도 핵심구절에 해당하는지 생각하며 줄을 그어봅니다.

핵심구절을 모두 찾아 줄을 그었다면 확인해 볼까요?

오늘 배울 주요 개념을 찾아 써 보세요.

1 지도에서 위치를 확인해 볼까?

이 단원을 배우면 다양한 매체에 표현된 지도에서 위치 정보를 파악할 수 있다.

위치를 표현하는 다양한 지도 위치는 일정한 장소에서 차지하고 있는 자리를 말한다. 위치는 자연환경, 정치, 경제, 문화 등에 영향을 미치기 때문에 위치를 정확하게 알고 표현하는 것은 지역이나 국가를 이해하는 밑바탕이 된다. 5

우리는 지도*를 통해 위치를 파악할 수 있다. 지도는 옛날 사람들에게는 다른 세계로 나아가는 발판이었고, 오늘날에는 우리의 일상을 편리하게 해 주는 도구로 활용되고 있다. 우리는 일상생활에서 책, 신문, 텔레비전, 인터넷, 누리 소통망(SNS) 등 여러 매체를 통해 다양한 형태의 지도를 볼 수 있다. 지하철 및 버스 노선도, 관광 안내도, 약도, 일기 예보 지도, 인터넷 지도 등은 우리가 일상생활에서 쉽게 접할 수 있는 지도이다. 10

*** 지도**
지구 표면의 전체 또는 일부를 일정한 비율로 줄여 이를 약속된 기호로 평면 위에 나타낸 것이다.

오늘 배울 주요 개념을 찾아 써 보세요.

2 지도를 통해 우리는 어떤 세상을 볼 수 있을까?

이 단원을 배우면 다양한 지도에 나타난 자연환경과 인문 환경의 특징을 읽을 수 있다.

지도에 표현된 자연환경과 인문 환경 지도에는 여러 가지 정보가 담겨 있다. 산과 산맥, 강과 호수, 사막, 평야, 바다 등의 지형을 비롯하여 기후, 식생과 같은 **자연환경**과 인구, 도시, 산업, 교통, 문화 등의 **인문 환경**이 지도에 표현된다. 5

우리는 지도에 표현된 지역 및 국가의 위치, 지형, 인구, 경제 활동의 차이 등을 확인함으로써 여러 지역에 관한 정보를 얻을 수 있다. 그리고 이러한 정보들을 통해 세계의 각 지역을 이해할 수 있고, 세상을 바라보는 폭넓은 시각을 가질 수 있다.

3. 핵심어 상관관계 찾기

1) 핵심구절을 찾으면서 소단원의 내용을 이해할 수 있을 겁니다. 세 번째 교과서를 읽으며 동그라미가 표시된 핵심어들 사이의 상관관계에 대해 생각해 봅니다.

2) 여러 동그라미를 묶어 카테고리를 만들 수도 있습니다. 핵심어가 다른 핵심어의 상위 부모-자식 개념이 될 수도 있습니다.

3) 반복되는 핵심어 중 뜻과 개념을 설명하는 구절 속 핵심어를 찾아 네모 표시를 합니다. 이때 제목에는 표시하지 말고 본문 안에서 처음 나오는 동그라미에 네모를 합니다.

4) 네모 표시된 핵심어가 여러 개일 때 그들을 묶을 수 있는 상위 핵심어를 찾아 네모 표시를 한 번 더 하거나 두껍게 표시합니다.

① '위치'. '지도'가 계속 반복되며 설명되고 있습니다 : 네모 표시

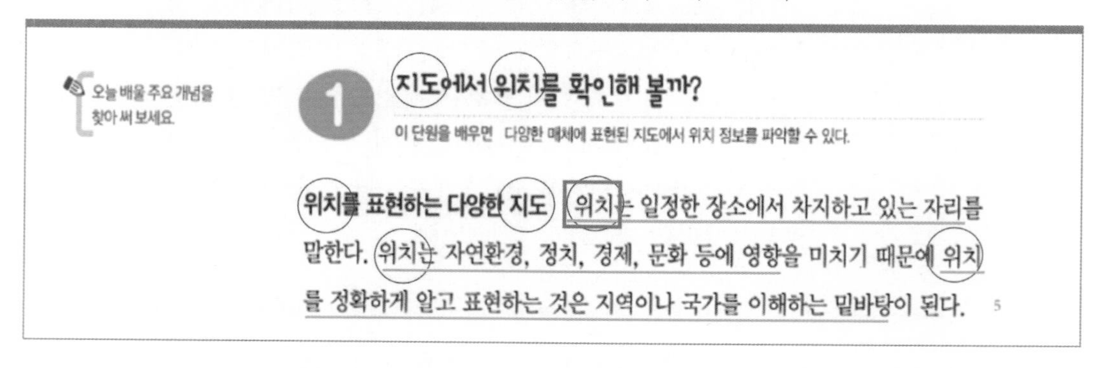
오늘 배울 주요 개념을 찾아 써 보세요.

1 지도에서 위치를 확인해 볼까?

이 단원을 배우면 다양한 매체에 표현된 지도에서 위치 정보를 파악할 수 있다.

위치를 표현하는 다양한 지도 위치는 일정한 장소에서 차지하고 있는 자리를 말한다. 위치는 자연환경, 정치, 경제, 문화 등에 영향을 미치기 때문에 위치를 정확하게 알고 표현하는 것은 지역이나 국가를 이해하는 밑바탕이 된다. 5

② 자연환경, 인문환경이 반복되며 설명되고 있습니다 : 네모 표시

③ '자연환경'과 '인문환경'은 지도에 나타난 정보이므로 '정보'는 상위 핵심어 : 네모 두 번 표시

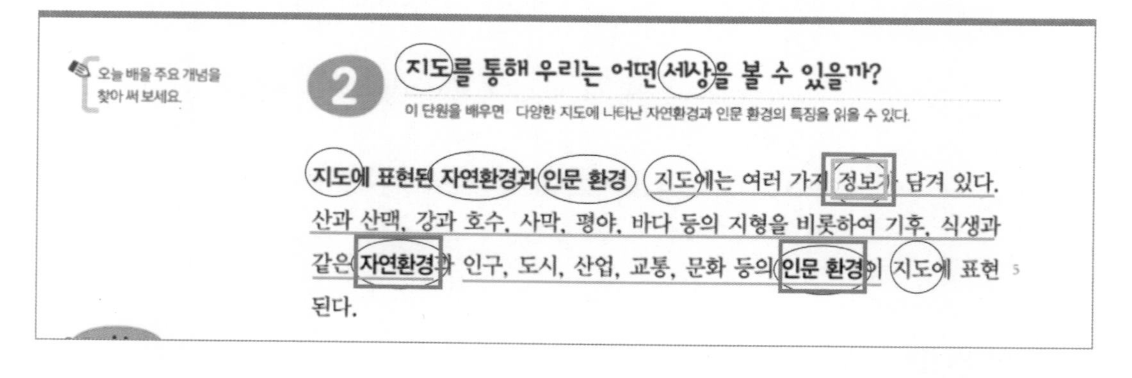
오늘 배울 주요 개념을 찾아 써 보세요.

2 지도를 통해 우리는 어떤 세상을 볼 수 있을까?

이 단원을 배우면 다양한 지도에 나타난 자연환경과 인문 환경의 특징을 읽을 수 있다.

지도에 표현된 자연환경과 인문 환경 지도에는 여러 가지 정보가 담겨 있다. 산과 산맥, 강과 호수, 사막, 평야, 바다 등의 지형을 비롯하여 기후, 식생과 같은 자연환경과 인구, 도시, 산업, 교통, 문화 등의 인문 환경이 지도에 표현된다. 5

④ 상위 핵심어가 교과서 내용 중에 포함되지 않을 때도 있습니다. 그때는 적절한 단어를 찾아 교과서 여백에 적고 네모 표시를 할 수 있습니다.

4. TIP – 디지털교과서 활용

교육부에서 새롭게 보급할 예정인 디지털교과서는 기존에 책으로 된 책자형 교과서의 내용에 용어사전, 멀티미디어 자료, 실감형 콘텐츠, 평가문항, 보충심화학습 등 풍부한 학습자료와 학습 지원 및 관리 기능을 제공합니다. 또한, 다양한 외부 자료와 연계가 가능합니다. 먼저 디지털교과서를 활용하기 위해서는 기본적으로 회원가입을 해야 하며, 자신이 가지고 있는 디바이스에 따라 앱뷰어 혹은 웹뷰어를 다운로드해 준비해야 합니다.

현재의 서비스 대상은 초등 / 중등 / 고등학생 및 교사를 대상으로 합니다. 앞에서처럼 에듀넷, 티클리어 회원으로 가입해야 하며, 만 14세 미만 학생은 회원가입을 위해 보호자의 동의가 필요합니다.

1) 뷰어 설치

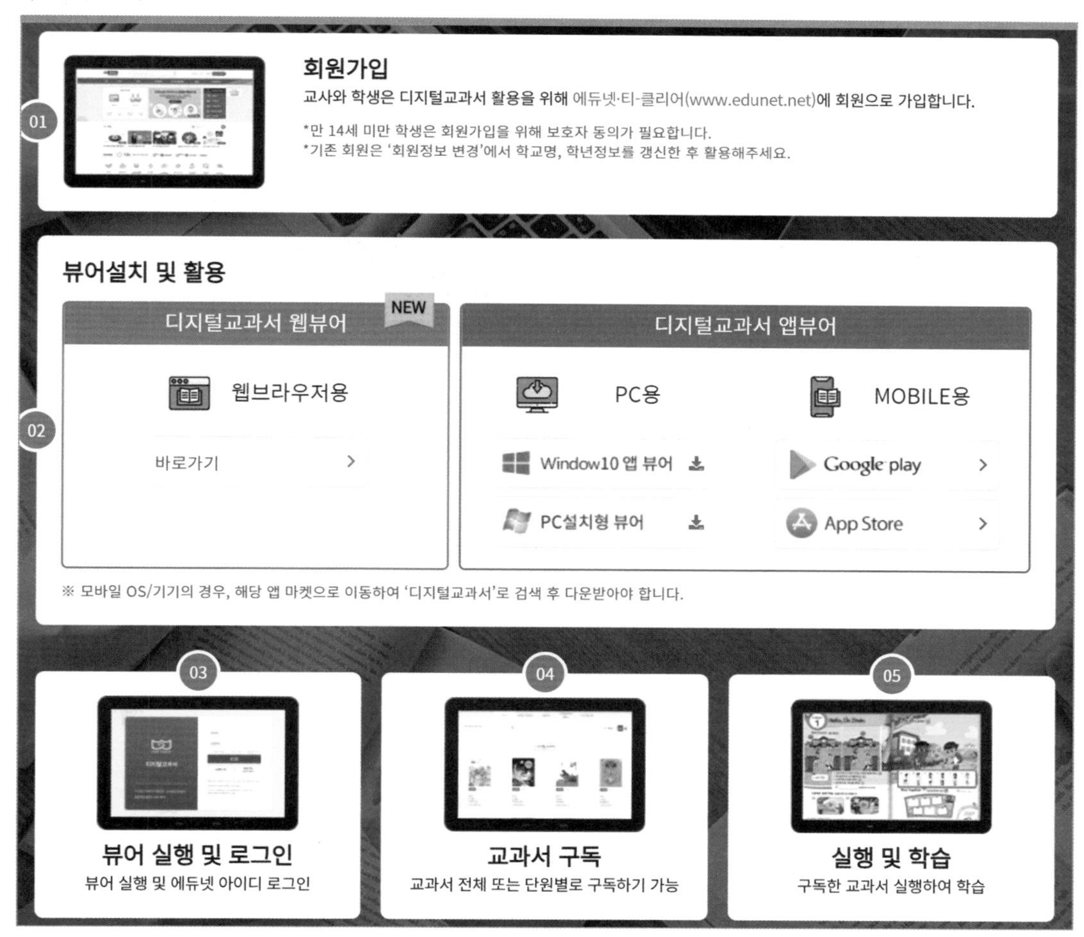

현재 서비스 과목은 일단 초등학생 3~6학년 사회, 과학, 영어과목 그리고 중학생은 사회, 과학, 영어 과목입니다. 고등학교는 영어, 영어I, 영어회화, 영어 독해와 작문 교과가 먼저 디지털교과서로 제공됩니다.

뷰어를 통해 디지털교과서에 접속하면 교과서 전체 또는 단원별로 내려받기를 통해 디바이스에 저장 후 실행해 디지털교과서를 활용할 수 있습니다.

2) 뷰어 이용하기

디지털교과서 뷰어는 노트, 펜쓰기, 하이라이트와 같은 교수, 학습 기능부터 학습커뮤니티 등에 있는 외부 자료와 연계가 가능합니다.

과학, 사회, 영어 과목에 한해 디지털교과서를 활용할 수 있도록 e-book을 제공하고 있습니다. '디지털교과서'를 검색한 후 회원 가입하면 여러분이 배우고 있는 교과서를 디지털로 볼 수 있습니다.

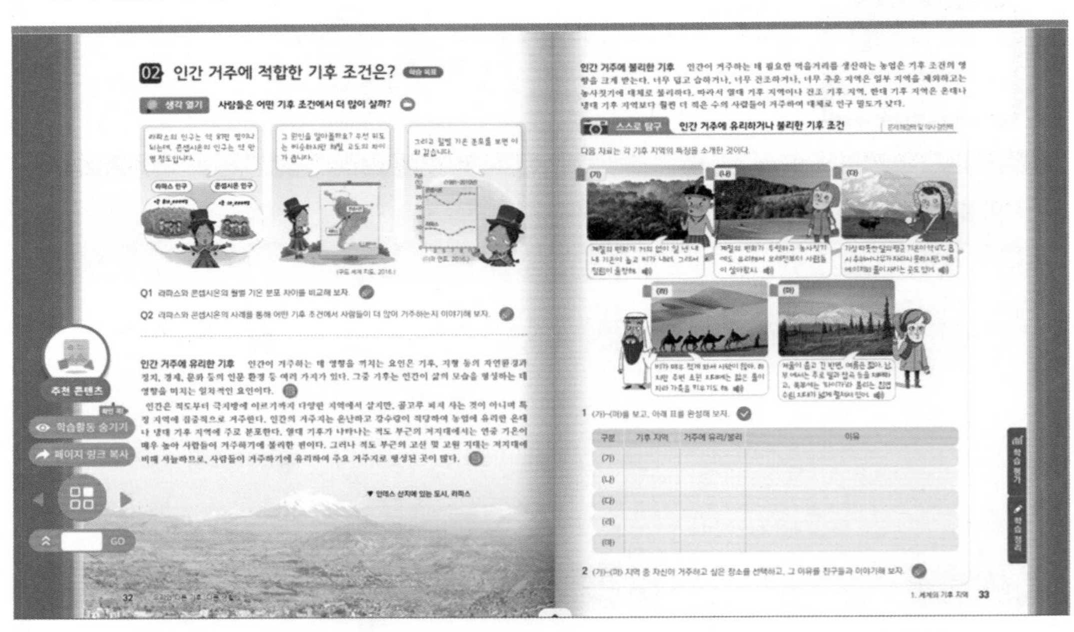

쉬어가기 2 학습을 위한 시각화

천재들의 노트시각화

'창의적인 생각'과 '시각적인 필기'를 좌뇌와 우뇌의 특성과 연관 지어서 살펴봅시다. 두 뇌는 독서와 대화, 발표, 회의 등의 일상 업무를 하면서 외부로부터 들어오는 다양한 정보를 처리하고 반응하는 과정을 소리 없이 진행해 나갑니다. 이때 좌뇌와 우뇌는 각자 맡은 기능을 수행하면서 동시에 뇌량이라는 신경섬유다발을 통해 서로 정보를 교환하고 최적의 반응을 만들기 위해 협력합니다.

리듬과 박자가 제대로 어우러져야 가장 듣기 좋은 노래가 되듯이, 좌뇌와 우뇌를 동시에 활용할 때 비로소 창의적인 사고가 가능합니다. 따라서 좌우뇌의 균형 있는 사용 능력 개발은 창의적 사고를 위한 전제 조건이라 할 수 있습니다.

현대의 사회생활은 그 속성상 논리적이며 분석적인 사고와 표현을 요구합니다. 이러한 환경 속에서 사람들은 자연스럽게 언어적, 논리적, 순차적, 수렴적, 비판적인 특성을 가지는 좌뇌 위주의 생활에 익숙해지고 길들어 갑니다. 반면에 회화적, 종합적, 직관적, 병렬적, 확산적, 창의적인 특성을 갖는 우뇌의 활용 능력은 상대적으로 떨어질 수밖에 없습니다.

좌뇌와 우뇌의 특성은 창의적인 생각을 하는 단계뿐만 아니라 표현의 단계에서도 매우 중요한 의미를 가집니다. 위 학교와 일상생활에서 접해 온 방식 즉, 언어와 기호, 논리, 선 등으로 구성된 필기법은 논리적이며 직선적인 좌뇌의 특성에 맞는 서술 형태입니다. 이러한 좌뇌적 서술의 문제점은 핵심어가 숨어 있어서 전체 내용을 한눈에 파악하기 어렵고, 이해와 기억도 어렵다는 것입니다. 게다가 검은색 글자와 흰색 종이라는 단조로움은 두뇌를 쉽게 지치게 합니다.

이 때문에 좌뇌적 사고와 필기에 익숙해질수록 우뇌의 창의적 능력을 발휘할 기회를 스스로 제한하고, 생각을 직선적인 형태의 글로 옮기는 과정 역시 즐거움이 아니라 스트레스가 됩니다. 그뿐만 아니라 좌우의 뇌를 균형 있게 사용할 때 발생하는 창의적 시너지 효과는 더욱더 기대하기 어려워집니다.

에버린 우드 박사의 슬래시 맵핑

생각을 구조적으로 서술하는 필기법의 하나로, 미국의 에버린 우드 박사가 1950년대에 창안한 '슬래시 회상법Slash Recall'이 있습니다.

슬래시 필기법은 다음 그림에서 보는 바와 같이 떠오르는 생각을 아래에서 위로, 대각선 방향으로 비스듬히 선을 그으면서 핵심어를 적어 나가는 방법입니다. 슬래시 필기법은 크게 두 가지 특징을 가지고 있습니다.

첫째, 떠오르는 생각들을 핵심어 위주로 필기해 나가면서 핵심어들의 상하 계층적인 단계를 구조적으로 시각화할 수 있습니다.

둘째, 시간상의 전후 관계를 구조적으로 시각화할 수 있습니다. 즉, 왼쪽의 하단에서 시작해 오른쪽 상단으로 핵심어를 서술해 나가면서 가운데의 큰 대각선이 시간의 축 역할을 하게 됩니다.

이렇게 슬래시 필기법으로 작성된 내용은 마치 높은 곳에서 내려다본 마을의 길처럼 느껴집니다.

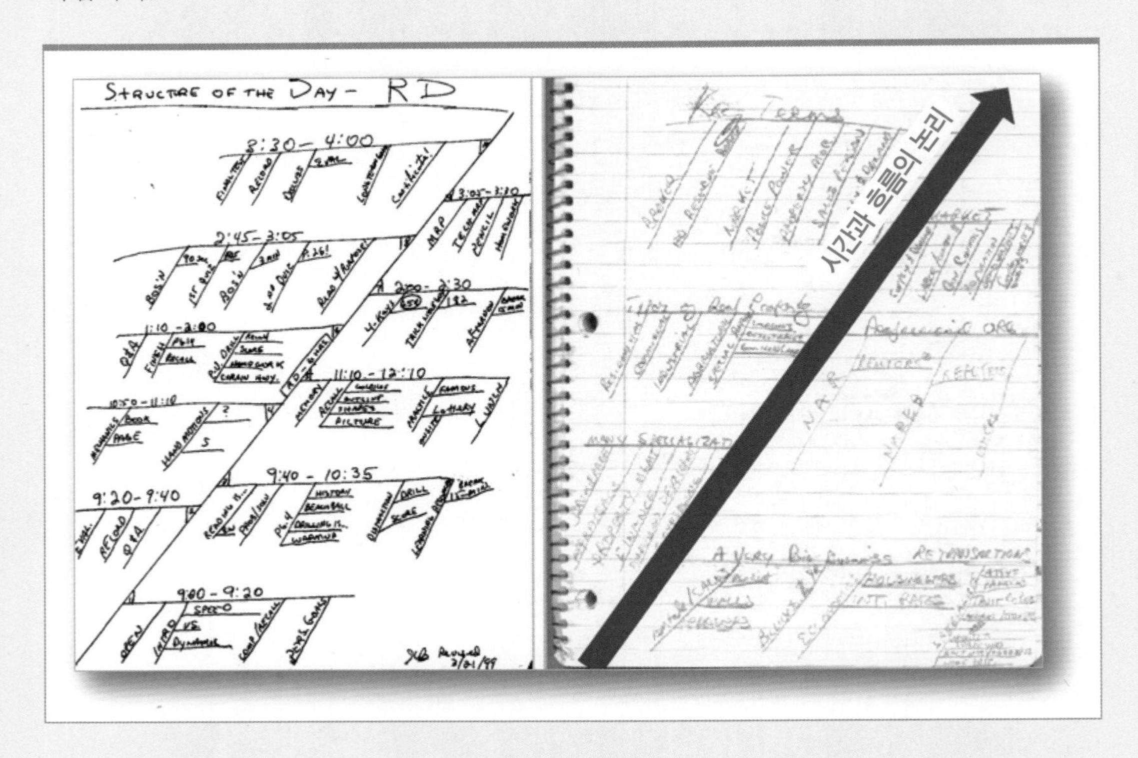

생각의 거미줄, 마인드 웨빙

아래 그림은 미국의 어느 초등학교 학생이 '마인드 웨빙Mind Webbing'이라는 필기법을 활용하여 작성한 숙제입니다. 여기서 마인드 웨빙이란 글자 그대로 떠오르는 생각을 거미줄처럼 펼쳐 나가면서 핵심어를 적는 방법입니다.

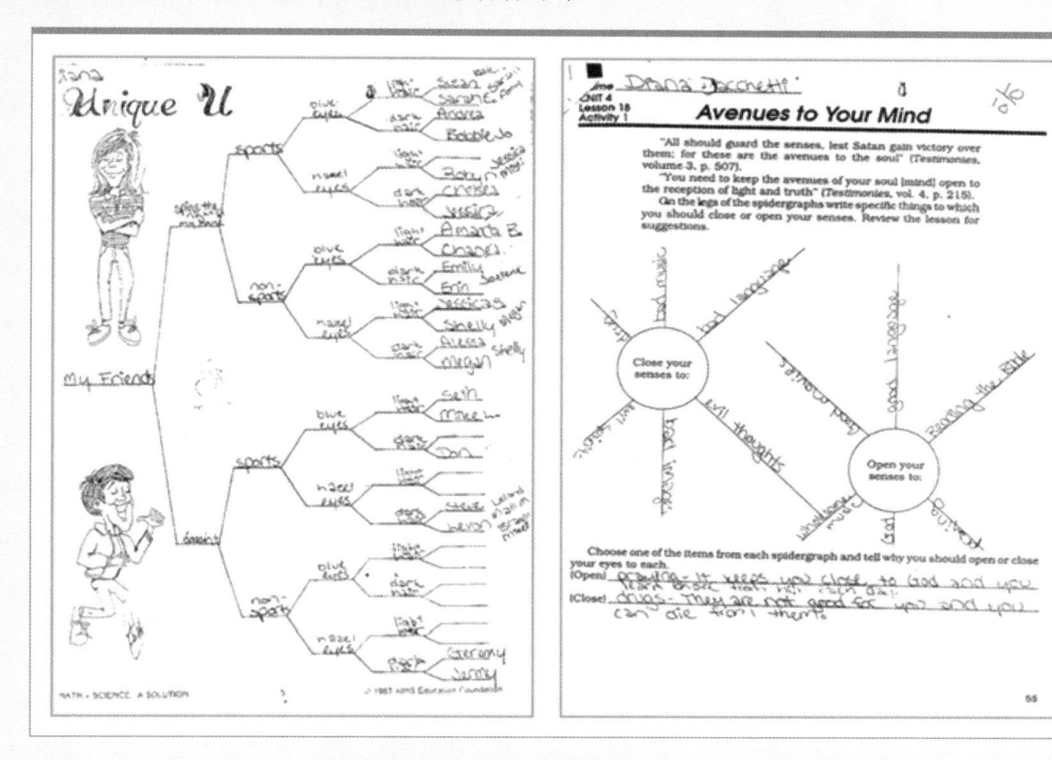

또한 마인드 웨빙은 연상되어 떠오르는 생각을 계층에 따라 구조적으로 쉽게 시각화하는 방법으로써, 두뇌가 가지고 있는 확산적인 사고속성과 논리적인 분류 능력을 향상하기 위한 필기법이라 할 수 있습니다.

특히 왼편의 그림처럼 오른쪽으로 생각을 펼쳐 나가는 방식은 개념을 분류하고 구조화하는 능력을 향상하는 탁월한 효과가 있습니다. 개념을 세부적인 구성요소로 분류해 나가는 능력은 논리적인 사고의 매우 중요한 기초능력이 된다는 것도 잊지 말아야 합니다.

생각그물 펼치기

아래 화면은 우리나라에서 1990년 중반부터 '생각그물'이라는 이름으로 초등학교에서 소개하는 필기법입니다. "제목과 관련하여 떠오르는 생각을 적어 봅시다"라는 지문이 시사하

듯 주어진 주제에 대해 생각하면서 연상되어 떠오르는 생각을 핵심어로 적고 계속 직선으로 연결해 나가는 방법입니다.

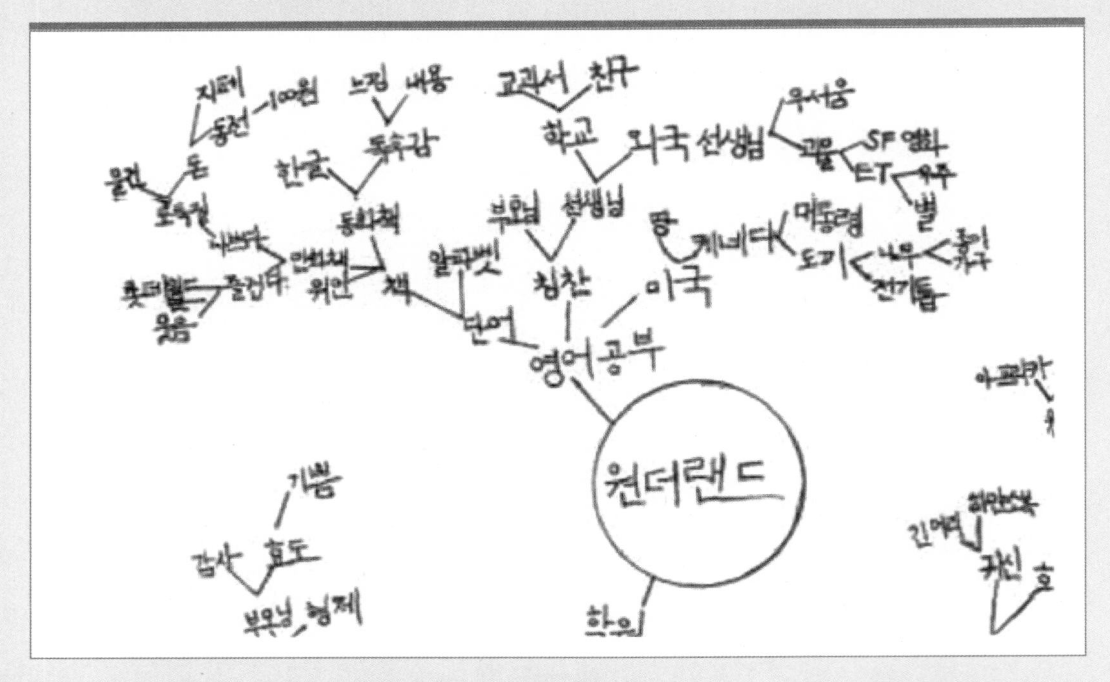

생각그물은 미국 초등학교에서 가르치는 마인드 웨빙Mind Webbing과 유사한 개념이면서도 방사형을 강조한 것이 특징입니다. 생각그물의 가장 큰 효과는 앞의 단어와 연상하여 떠오르는 생각을 확산적으로 전개해 나가는 능력을 개발하는 것입니다. 한국의 생각그물과 미국의 마인드 웨빙은 모두 기존의 직선적 필기와는 달리 떠오르는 생각을 비선형적이고 공간적으로 배치한다는 공통점을 가집니다.

그러나 두 가지 방법 모두 핵심어와 직선이라는 좌뇌적 요소가 강하고 우뇌적 흥미 요소가 부족하며, 이해와 암기의 효과가 떨어지는 것이 사실입니다. 초등학교 시절에 생각그물이라는 것을 배웠던 학생들은 훗날 생각그물을 배웠다는 사실을 기억할 것입니다. 하지만 사회에 나온 뒤 더 복잡한 내용을 요약하거나 암기하는 방법으로 확대하여 활용하지는 않습니다. 그 이유는 생각그물이 연상사고를 개발하는 것을 주목적으로 제시되었기 때문입니다.

중심 이미지 전략 – 마인드 스케이핑

떠오르는 생각의 핵심어를 중심의 제목이나 이미지로부터 확산적으로 펼쳐가지 않고, 아래 그림과 같이 중심 이미지의 특정 부분에 핵심어나 세부 이미지를 연결해 두면 색다른 기억과 회상 효과를 볼 수 있습니다. 이를 마인드 스케이핑이라고 합니다.

두 지역에 대한 시장조사 결과를 차의 헤드라이트와 연결함으로써 시장조사의 의미를 포지셔닝Positioning하였습니다. 이는 출시 준비 작업의 방향을 결정하는 역할을 한다는 의미를 부여한 것입니다.

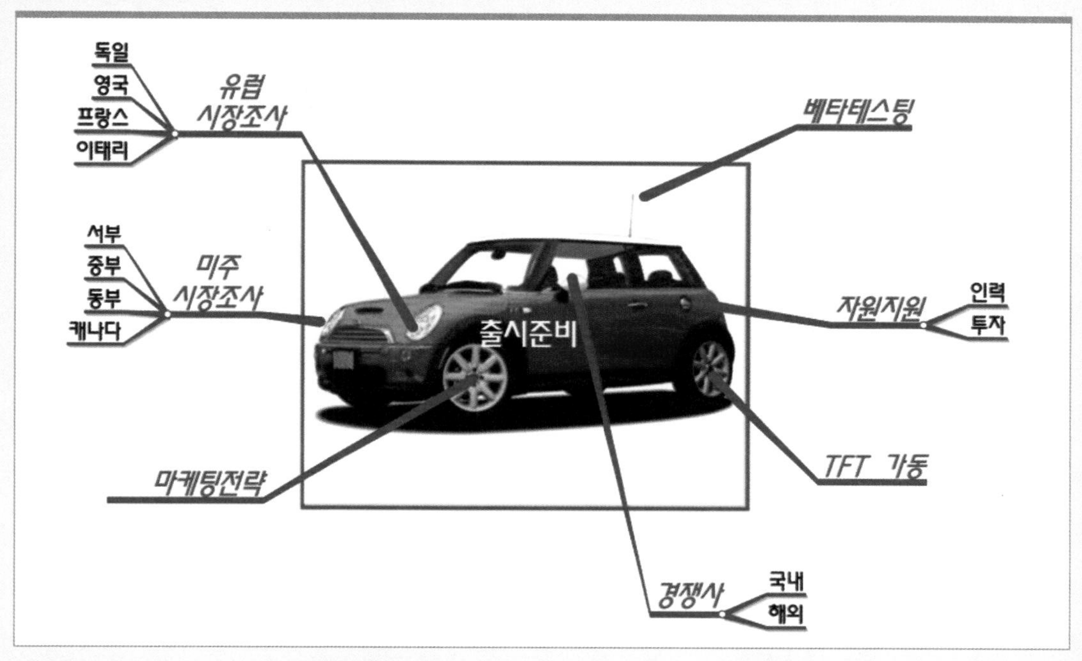

마케팅 전략과 TFT 가동은 '추진력'에 해당하는 앞뒤 바퀴에 연결했습니다. 제품의 출시에 앞서 실시하는 베타 테스팅은 안테나에 연결하여 베타 테스팅의 결과를 계속 모니터링할 것임을 알 수 있습니다.

마인드 스케이핑이라는 표현 방식은 중심 이미지의 특정 부분이 갖는 상징성을 생각을 정리하는 틀얼개로 활용하는 것입니다. 당연히 중심에 배치할 이미지를 결정하는 것이 매우 중요한 작업이 됩니다.

예를 들어 출장보고서를 작성할 때, 디지털카메라로 찍은 현장의 사진을 중심 이미지로 놓고 정리할 주제의 시작 위치를 자유롭게 지정하면 출장 결과를 복잡한 문장 대신 매우 효과적으로 시각화할 수 있습니다.

| 4장 |

3단계 내용 맵핑하기

교과서에서 핵심어, 핵심구절 등을 찾으며 상관관계를 파악하면서 교과서를 읽는 것만으로도 머릿속에 그림이 그려지는 느낌이 들 것입니다. 이제는 머릿속이 아니라 디지털 마인드맵 프로그램으로 시각적으로 맵핑하며 내 머릿속에 정리해 보겠습니다. 이는 교과서를 읽으며 찾은 핵심어를 중심으로 구조화하는 것을 목표로 합니다. 핵심어로 구조화하기에 익숙지 않은 학생들은 핵심구절 구조화를 통해 내용의 구성을 먼저 구조화해 보는 것을 추천합니다.

1. 소단원명 가지 만들기

먼저 핵심 파악이 완료된 교과서를 준비하고 ThinkWise 프로그램도 실행해 준비합니다. 그리고 1단계에서 만든 목차 파일을 열어 준비합니다.

1) 내문서를 클릭합니다. (p194 참조)

2) 파일 우측 끝 아이콘 클릭 후 [새탭으로 열기]를 클릭합니다.

3) 열린 목차맵 중에서 지금 정리할 교과서 소단원이 포함된 중단원 가지를 찾아 클릭합니다.

4) 스페이스 바를 누르고 소단원명 입력 후 엔터를 눌러 가지를 만듭니다

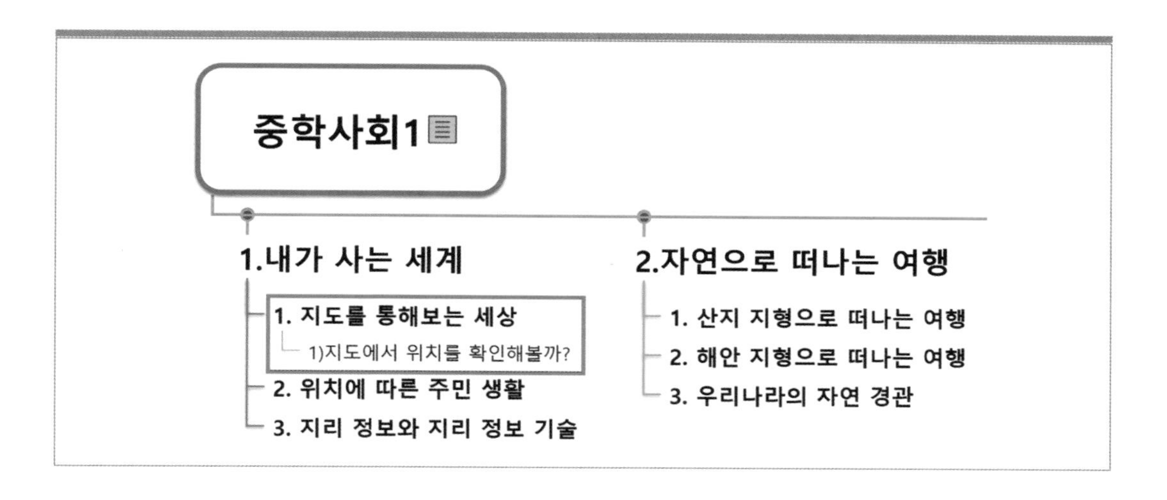

2. 핵심구절 맵핑하기

핵심구절 맵핑은 핵심어 찾기를 하며 상관관계를 파악하기 어려울 때,교과서의 내용을 다시 한번 정리하기 위해 필요한 단계입니다.

1) 목차 맵 파일을 열고 교과서를 준비합니다.
2) 소단원명 가지 만들기를 합니다.
3) 소단원명만 보이게 합니다.

소단원명 가지를 클릭, 선택가지 중심보기를 선택합니다Ctrl+Enter. 소단원의 내용에 집중하기 위해 나머지 목차를 보이지 않게 합니다.

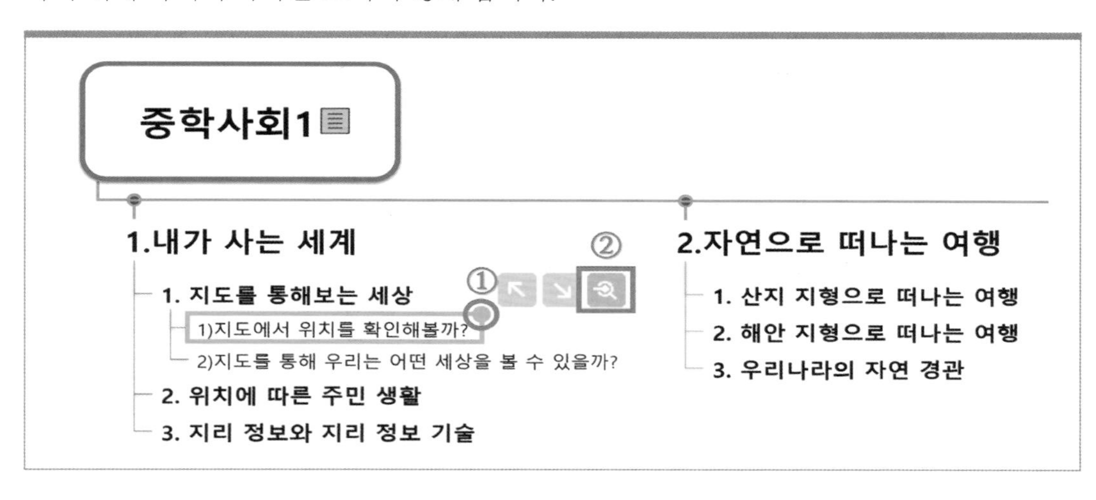

4) 핵심어 파악 단계에서 찾은 핵심구절을 빠짐없이 리스트 형태로 가지를 만듭니다. 가

지 속 핵심어를 다른 색으로 표시하여 상위 핵심어를 인지하게 합니다.

오늘 배울 주요 개념을 찾아 써 보세요.

지도에서 위치를 확인해 볼까?

이 단원을 배우면 다양한 매체에 표현된 지도에서 위치 정보를 파악할 수 있다.

위치를 표현하는 다양한 지도 위치는 일정한 장소에서 차지하고 있는 자리를 말한다. 위치는 자연환경, 정치, 경제, 문화 등에 영향을 미치기 때문에 위치를 정확하게 알고 표현하는 것은 지역이나 국가를 이해하는 밑바탕이 된다. 5

우리는 **지도***를 통해 위치를 파악할 수 있다. 지도는 옛날 사람들에게는 다른 세계로 나아가는 발판이었고, 오늘날에는 우리의 일상을 편리하게 해 주는 도구로 활용되고 있다. 우리는 일상생활에서 책, 신문, 텔레비전, 인터넷, 누리 소통망(SNS) 등 여러 매체를 통해 다양한 형태의 지도를 볼 수 있다. 지하철 및 버스 노선도, 관광 안내도, 약도, 일기 예보 지도, 인터넷 지도 등은 우리가 일상생활에서 쉽게 접할 수 있는 지도이다. 10

*** 지도**
지구 표면의 전체 또는 일부를 일정한 비율로 줄여 이를 약속된 기호로 평면 위에 나타낸 것이다.

5) 핵심구절을 리스트로 정리하고, 중심 문장과 뒷받침 문장을 나누며, 뒷받침 문장은 중심 문장의 자식가지로 이동합니다. 회색으로 표시한 가지는 자식가지로 이동한 뒷받침 문장추가 설명에 해당입니다.

1)지도에서 위치를 확인해볼까요?

- 위치는 일정한 장소에서 차지하고 있는 자리
- 위치는 정확하게 알고 표현하는 것은 지역이나 국가를 이해하는 밑바탕
- 위치는 자연환경, 정치, 경제, 문화 등에 영향
- 지도를 통해 위치를 파악
- 일생생활에서 책, 신문, 텔레비전, 인터넷, 누리소통망 등 여러 매체를 통해 다양한 형태의 지도
- 지하철 및 버스 노선도, 관광 안내도, 약도, 일기예보 지도, 인터넷 지도 등은 우리가 일상생활

1)지도에서 위치를 확인해볼까요?

- 위치는 일정한 장소에서 차지하고 있는 자리
- 위치는 자연환경, 정치, 경제, 문화 등에 영향
  - 위치는 정확하게 알고 표현하는 것은 지역이나 국가를 이해하는 밑바탕
- 지도를 통해 위치를 파악
- 일생생활에서 책, 신문, 텔레비전, 인터넷, 누리소통망 등 여러 매체를 통해 다양한 형태의 지도
  - 지하철 및 버스 노선도, 관광 안내도, 약도, 일기예보 지도, 인터넷 지도 등은 우리가 일상생활에서 쉽게 접할 수 있는 지도

3. 핵심어 맵핑하기

핵심구절을 맵핑하며 핵심어의 상관관계를 파악하기가 쉬워졌다면 이제 핵심어 맵핑으로 넘어갑니다. 2단계 핵심어 찾기가 어렵지 않다면 핵심어 맵핑으로 바로 진행해도 됩니다. 핵심어 파악 단계에서 표시한 동그라미와 네모 표시를 확인하며, 네모와 동그라미 순으로 상위와 하위관계로 구조화합니다.

1) 목차 맵 파일을 열고 교과서를 준비합니다.

2) 소단원명 가지 만들기를 합니다.

핵심구절 맵핑을 한 소단원을 다시 한번 핵심어로 맵핑하기 위해서는 소단원명 가지를 한 번 더 만듭니다.

3) 소단원명만 보이게 합니다.

소단원명 가지를 클릭, 선택가지 중심보기를 선택합니다Ctrl+Enter. 소단원의 내용에 집중하기 위해 나머지 목차를 보이지 않게 합니다.

4) 소단원명 가지를 선택하고 상위 핵심어부터 가지를 만듭니다.

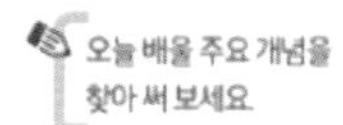

지도에서 위치를 확인해 볼까?

이 단원을 배우면 다양한 매체에 표현된 지도에서 위치 정보를 파악할 수 있다.

위치를 표현하는 다양한 지도 위치는 일정한 장소에서 차지하고 있는 자리를 말한다. 위치는 자연환경, 정치, 경제, 문화 등에 영향을 미치기 때문에 위치를 정확하게 알고 표현하는 것은 지역이나 국가를 이해하는 밑바탕이 된다. 5

우리는 **지도***를 통해 위치를 파악할 수 있다. 지도는 옛날 사람들에게는 다른 세계로 나아가는 발판이었고, 오늘날에는 우리의 일상을 편리하게 해 주는 도구로 활용되고 있다. 우리는 일상생활에서 책, 신문, 텔레비전, 인터넷, 누리 소통망(SNS) 등 여러 매체를 통해 다양한 형태의 지도를 볼 수 있다. 지하철 및 버스 노선도, 관광 안내도, 약도, 일기 예보 지도, 인터넷 지도 등은 우리가 일상생활에서 쉽게 접할 수 있는 지도이다. 10

＊지도
지구 표면의 전체 또는 일부를 일정한 비율로 줄여 이를 약속된 기호로 평면 위에 나타낸 것이다.

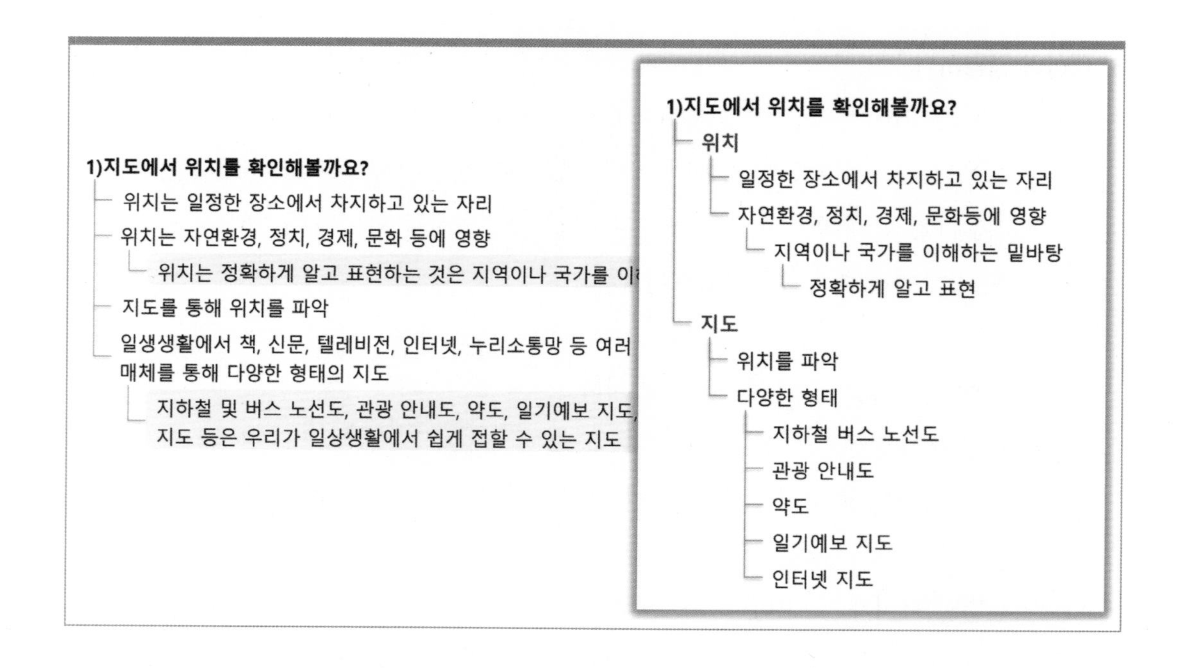

4. TIP - 가지전달

내가 작성한 맵문서의 일부 가지를 다른 사람에게 URL을 통해 전달하는 기능입니다. 해당 링크로 접속하면 받은 사람들은 ThinkWise가 없어도 바로 가지를 생성할 수 있습니다. ThinkWise가 없는 사람들의 의견을 간단하게 취합할 수 있습니다.

<원북원맵> 과정 중에서는 내가 정리한 내용을 반복적으로 확인하기 위한 용도로 활용할 수 있습니다. 스마트폰에서 전달된 URL를 확인하면 내가 작성한 내용을 볼 수 있으며 가지 접기와 펴기 기능을 이용하여 기억하는 것과 기억하지 못하는 것을 알 수 있습니다. 메타인지를 키우는 방법이기도 합니다.

1) 전달하고자 하는 가지를 선택합니다.
2) 제목 표시줄에서 메뉴를 클릭합니다.
3) 메뉴 중 공유항목 클릭합니다.
4) 가지전달 링크 전달을 클릭합니다.

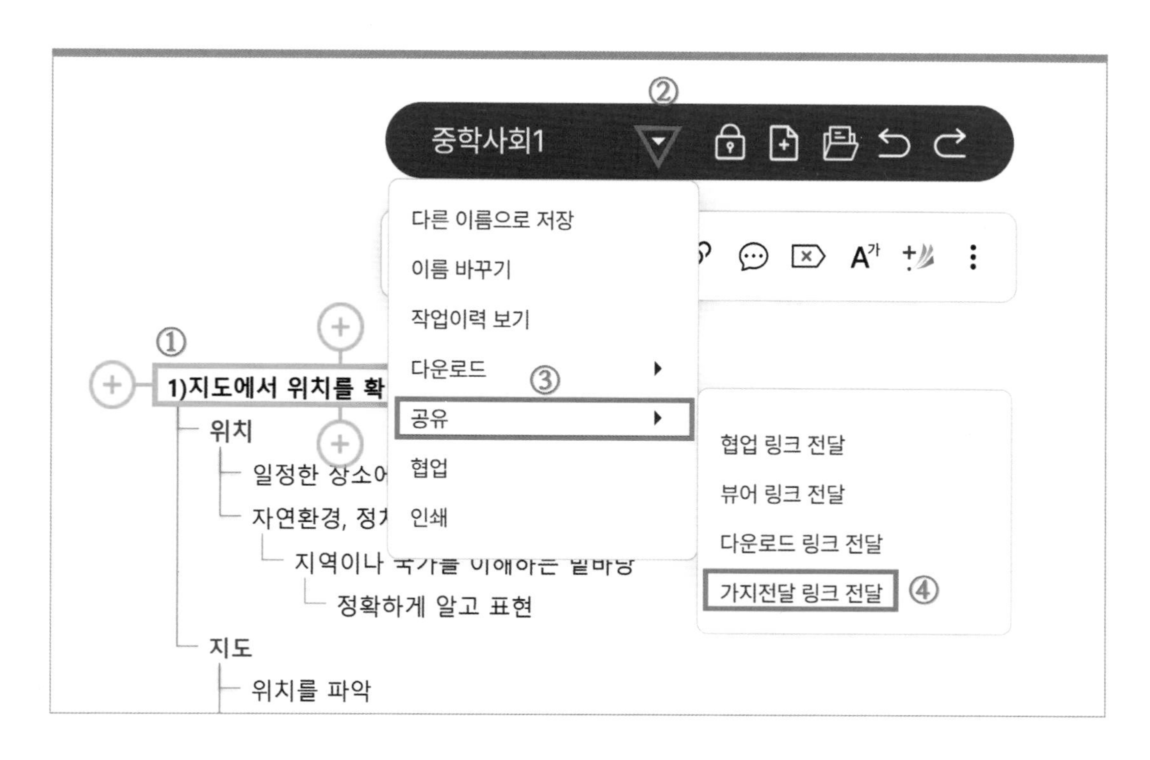

가지전달 링크 생성을 위한 창이 열립니다.

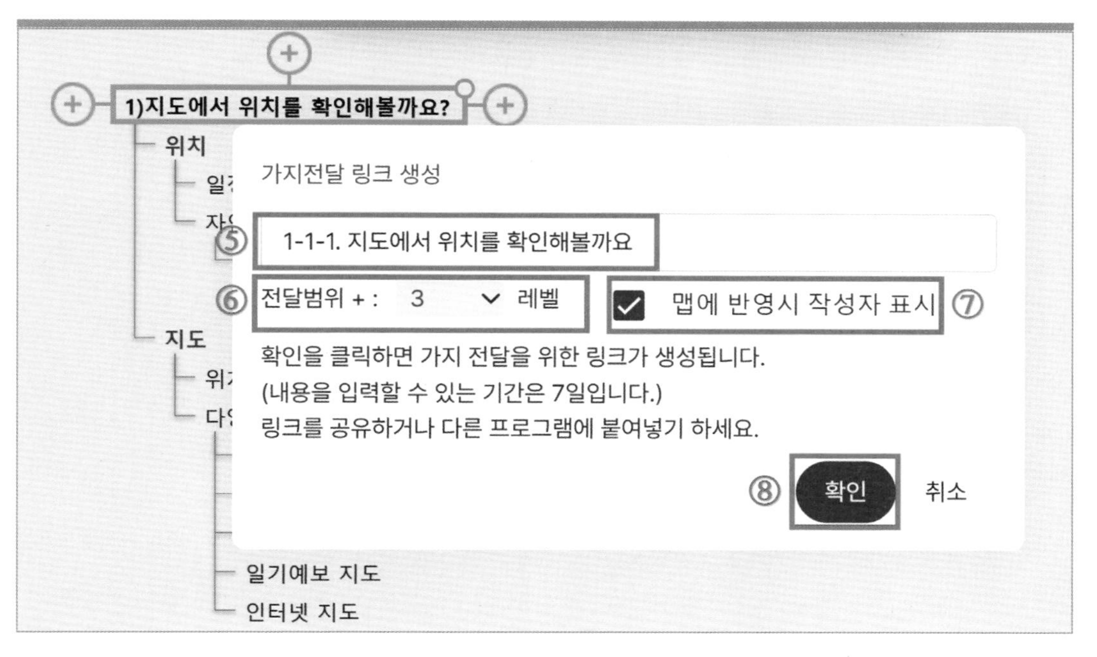

5) 메세지 제목을 입력합니다.

6) 가지의 전달 범위를 선택한 가지 아래 어디까지 할 것인지 정하고 선택합니다.

7) 맵에 반영할 때 작성자 표시 기능은 의견을 수집할 때 누가 작성했는지 알고자 할 때 필요한 기능입니다.

8) 확인 버튼을 클릭하면 창이 닫힙니다.

창이 닫히고 생성된 링크와 공유할 수 있는 프로그램이 보입니다.

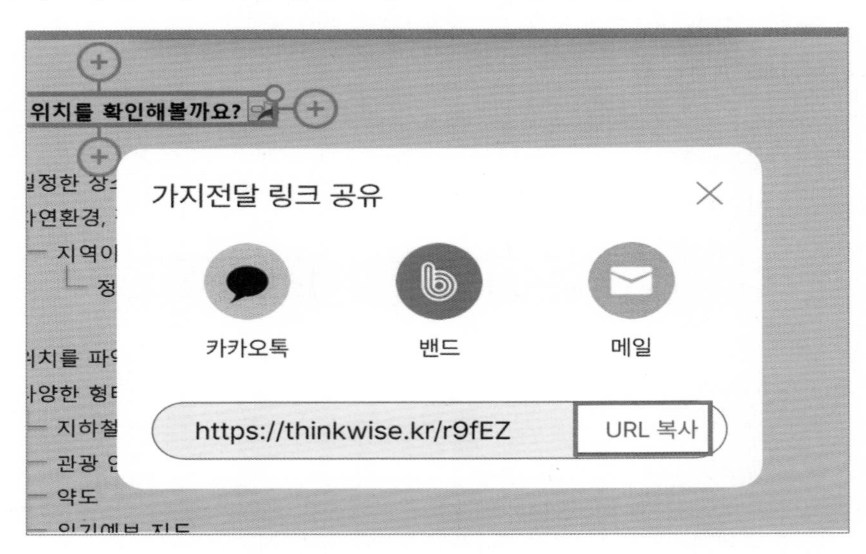

9) 링크를 공유하기 위해 편한 방법을 선택하면 연결된 창이 열립니다. 복사한 URL만 전달할 수도 있습니다.

쉬어가기 3 MECE와 '기타'의 마술

맵핑을 통해 얻어지는 가장 본질적인 효과 중의 하나는 복잡한 정보가 구조화되면서 처음에 상상하지 못했던 고차원적인 분석과 아이디어 도출이 가능해진다는 사실입니다. 이때 계층과 계열의 개념이 논리적으로 잘 정리된 맵과 그렇지 못한 맵의 결과는 천지 차이입니다.

예를 들어 내가 알고 있는 국가를 맵으로 정리해 봅시다. 일단 생각나는 12개의 국가 이름을 적었습니다. 그리고 대륙 이름을 기준으로 분류하려고 하는데, 아시아와 유럽밖에 생각이 나지 않습니다.

아래 왼쪽의 맵은 현재 내가 아는 데까지 분류한 맵이고, 오른쪽은 동일한 상황에서 현재 잘 모르는 대륙을 '기타'라고 분류했습니다.

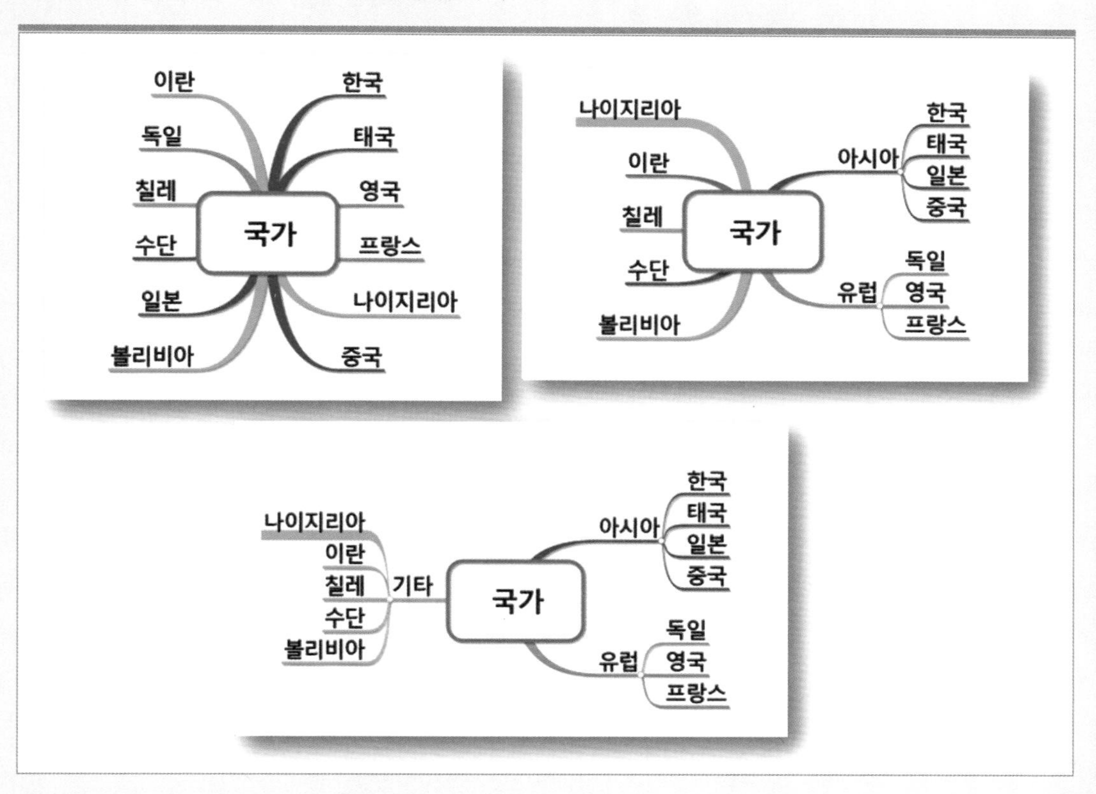

분류 기준을 찾을 때는 '항상!', '중복되는 것도 없고 빠진 것도 없이'라는 MECEMutually Exclusive and Completely Exhaustive 원칙을 적용해야 합니다. 즉, 모든 하위 가지의 내용이 논리

적으로 분류될 수 있는 기준의 집합을 찾아야 합니다. 그러나 처음부터 모든 분류 기준을 다 생각해 낼 수는 없습니다. 그래서 대부분 왼쪽 그림처럼 처음에는 기억나는 몇 개의 기준으로 시작해서 점차 기준을 추가해 나가는데, 여기서 잊지 말아야 할 것이 바로 오른쪽 그림처럼 '기타'라는 분류를 포함하는 것입니다.

'기타'는 글자 그대로 현재 알지 못하는 분류 기준을 총칭하는 임시 분류 기준입니다. 분류가 어려운 가지를 이곳에 일단 모아 두는 것입니다. '기타'가 있고 없고는 나중에 이 맵을 열고 작업을 할 때 다음과 같은 차이를 만듭니다.

1) 지금까지의 논리적 분류를 더 생각할 것이 남아있는 '미완성' 상태로 인식할 것인가, 아니면 논리적으로 뭔가 부족한 현재 상태를 최선을 다한 결과로 인식할 것인가 하는 미묘하지만 매우 중요한 차이를 만듭니다.

2) 내용을 분류하는 작업은 1레벨뿐만 아니라 그 하위 레벨에서도 발생할 수 있습니다. 1레벨에서의 분류가 논리적으로 맞지 않으면 하위 레벨에서 분류하는 것 자체가 어려워질 수 있습니다.

3) 맵핑의 백미는 시간이 흐르면서 새로운 분류 기준으로 맵을 재구성하는 것입니다. 일의 시작 단계에서 사용한 분류 기준이 일의 중간 단계에서는 맞지 않거나 새로운 분류 기준이 필요한 상황이 발생하기도 합니다.

이처럼 동일한 내용을 다른 관점에서 재구성하는 과정에서 전체 내용을 조감적으로 보면서 이해의 폭과 깊이가 달라집니다. 이것은 마치 설악산을 매번 같은 경로로만 다닌 사람과 여러 경로로 다녀온 사람이 설악산을 이해하는 깊이가 다를 수밖에 없는 것과 같습니다. 초기에 사용한 분류 기준이 비논리적일수록 새로운 관점으로 분류하는 것 자체가 어려워집니다.

따라서 맵의 내용을 확산적으로 펼쳐 나가는 것만이 능사가 아니라는 점과 맵핑을 하면서 목적에 부합하는 논리적 분류 기준을 찾아내는 것이 매우 중요한 능력이라는 것을 이해할 수 있어야 합니다. 분류 기준Basic Ordering Information의 논리성 여부는 고층빌딩의 기초에 해당합니다. 어떤 변수가 생겨도 흔들리지 않는 튼튼한 기초를 만드는 작업이 바로 '기타'를 활용하는 것이며, 이것을 '기타의 마술'이라고 부릅니다.

'기타의 마술'과 관련하여 떠오르는 사람이 한 명 있습니다. 독일 M사의 자동차 영업사원이었던 그는 M사의 자동차를 이렇게 소개했습니다.

"저는 세상의 자동차는 두 가지로 구분된다고 생각합니다. 그것은 저희 M사 자동차와 M사 이외의 자동차입니다."

얼마나 멋진 분류인가! 그 역시 '기타'의 마술을 아는 사람입니다. 사고구조가 행동을 지배하게 된다는 사실을 명심합시다.

| 5장 |

4단계 맵 다듬기

정보를 장기적으로 기억하기 위해서는 반복적인 학습이 필요합니다. 프린트해서 시간이 나는 대로 읽고, 수업 중에는 배운 내용을 프린트에 추가해서 적고 맵에 추가할 수 있습니다. 내가 얼마나 이해하고 기억하는지 셀프 테스팅새문서에 기억나는 대로 내용 정리을 통해 내가 알고 있는 것과 모르는 것을 구분하고, 내가 알고 있는 부분들은 노트 속에 넣거나 내용을 함축화합니다.

교과서에서 찾은 핵심어 조각들로 내용을 구조화하며 관계성을 익히면 소단원에서 말하고자 하는 내용이 무엇인지 한 문장으로 요약할 수 있습니다. 이제는 소단원의 내용을 한 문장으로 요약하여 떠올리고, 나만의 방식으로 함축화한 핵심어로 구조화하며, 최종적으로 장기기억 속에 넣을 준비를 합니다.

1. 소단원 한 문장 요약하기

교과서를 읽고 찾아낸 핵심어들을 구조화하고 나면 소단원의 주제가 무엇인지 한 문장으로 정리할 수 있습니다. 소단원 제목과 내용으로 찾아낸 핵심어의 조각들로 이제는 소단원의 주제를 알 수 있게 된 겁니다. 그 주제를 소단원명 아래 한 문장으로 요약해 봅니다. 핵심어 조각들이 의미하는 것이 무엇인지 정의하는 사고 방법을 귀납적 사고라고 합니다.

소단원마다 우리는 귀납적 사고 연습을 할 수 있으며, 내용을 다시 복습할 때는 반대로 소단원을 한 문장으로 요약한 문장가지 아래를 접어두고 어떤 내용들을 포함하고 있는지 정리할 수 있는데 이를 연역적 사고라고 합니다. 때로는 귀납적으로 때로는 연역적으로 사고를 유연하게 하는 연습을 할 수 있습니다.

1) 목차 파일(중학 사회1)을 열어 준비합니다.

목차 파일을 여는 방법은 다음과 같습니다.

① 대시보드 > 열기 > 목록에서 파일 선택

또 다른 방법으로 최근작업을 클릭하면 최근 문서와 최근 협업 목록을 함께 볼 수 있습니다.

② 대시보드 > 최근 작업 > 목록에서 파일 선택

2) 소단원 요약가지 만들기

소단원명 아래 '한 문장 요약하기' 가지를 만들기 위해서는 핵심어위치, 지도의 부모가 지를 만들어야 합니다.

① 소단원 제목 아래 맵핑한 핵심어위치, 지도 중 처음 가지위치를 선택합니다.

② '위치' 가지에서 부모가지 위치왼쪽의 '+'를 클릭합니다. 부모가지의 위치는 맵 방향에 따라 달라집니다. 대체로 제목이 중심방향일 경우가 많습니다.

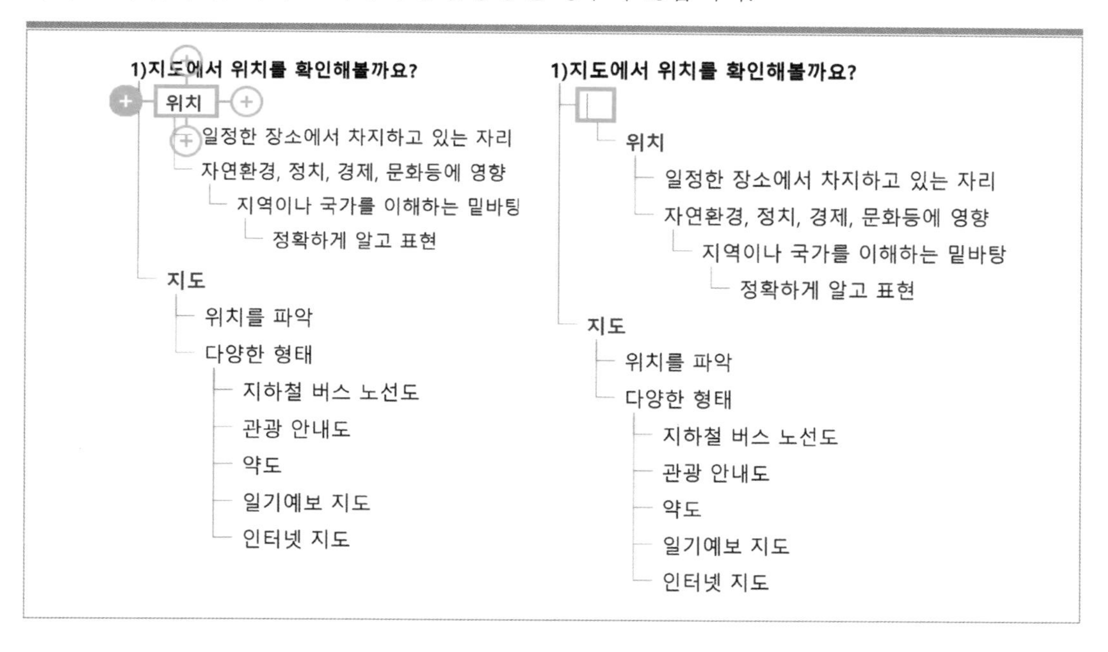

③ 소단원명과 핵심어 사이 가지가 만들어지며 커서가 깜빡이면 부모가지 라고 입력하여 가지를 생성합니다.

④ 두 번째 아래 핵심어들을 첫째 핵심어와 같은 레벨의 위치로 이동합니다. '지도' 가지

도 '위치' 가지와 같은 레벨로 이동합니다.

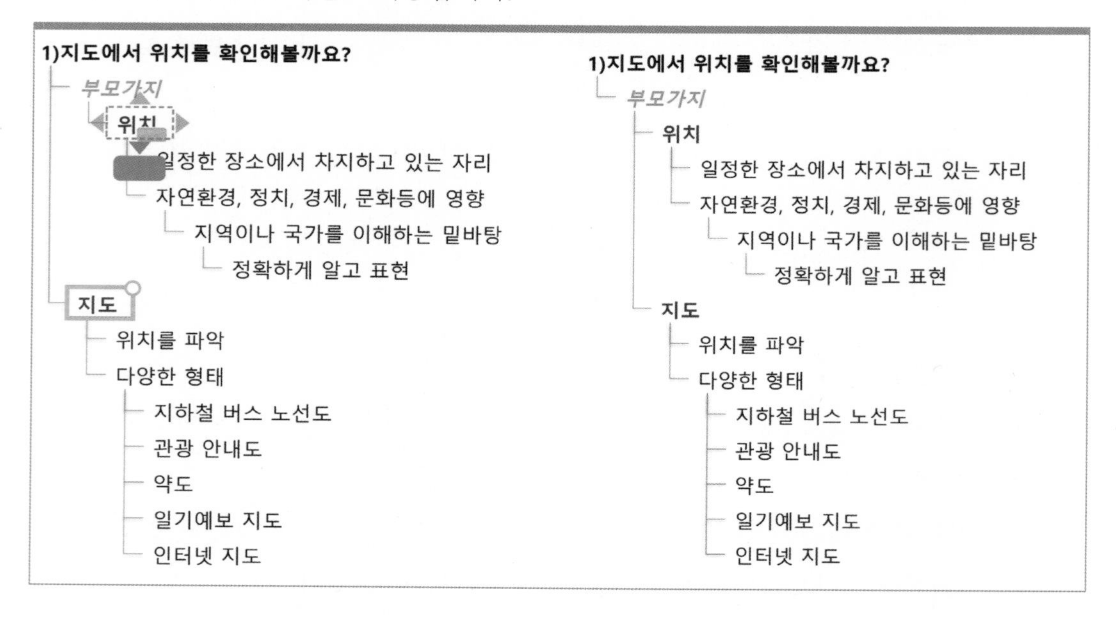

소단원의 내용을 한 문장으로 요약하여 입력합니다.

⑤ 한 문장을 요약하기 는 쉽지 않지만 소단원명을 질문이라고 생각하고 핵심 어들을 포함하여 답을 만들어 보세요. 한 문장으로 요약한 후 가지에 색 채우 기를 하여 시각적효과를 높입니다.

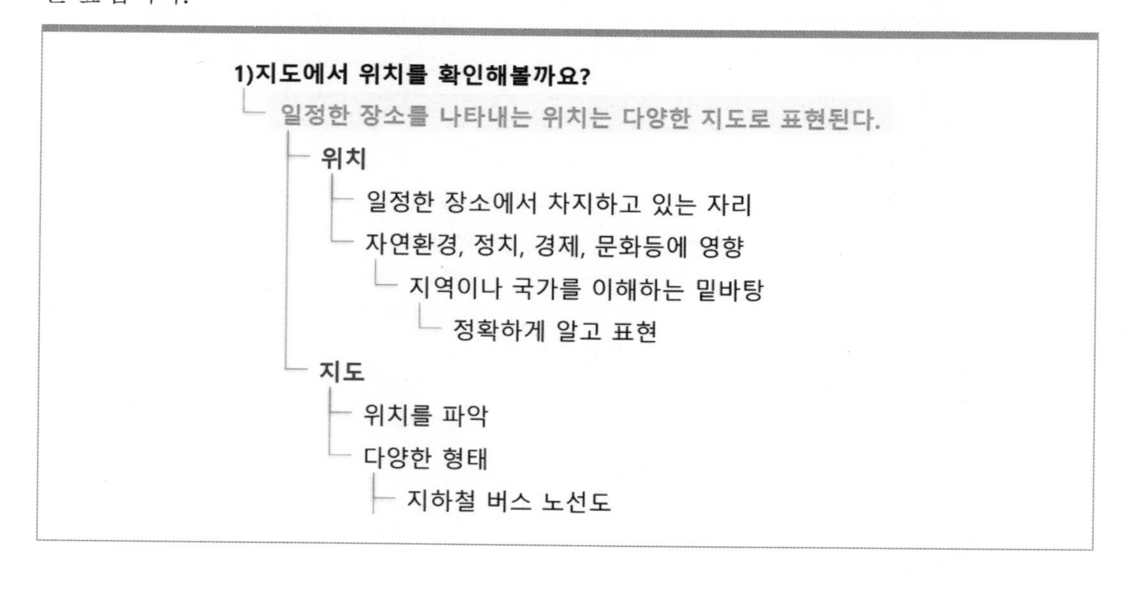

2. 함축화하기

핵심어를 맵핑한 내용은 반복적으로 복습해야 합니다. 반복적인 복습을 통해 내 머릿속에 정리되고 기억되는 과정을 확인할 수 있습니다. 여러 번 반복하여 내용을 복습하면서 내용은 저절로 정리되고 머릿속에 암기됩니다. 함축화를 하면서 처음 구조화했던 내용보다 가짓수 가 줄어들기도 하고 새로운 기준으로 분류할 수도 있습니다. 함축화 단계를 마 무리한 맵은 나만 알아볼 수 있는 암호일 수 있습니다. 시간이 지나면 처음의 내용이 생각나지 않는 부분이 있을 수 있습니다. 함축화까지 가기 전 내용들을 테두리에 보관하였다가 펼쳐 볼 수 있습니다. 처음 구조화된 내용을 테두리로 묶어준 뒤 함축화된 내용을 비교해 보면 기억의 과정을 한눈에 볼 수 있습니다.

1) 목차파일(중학사회1)을 열어 준비합니다.

2) 테두리 만들기

① 소단원 제목가지 (1)지도에서 위치를 확인해볼까요?)를 선택합니다.

② 오른쪽 메뉴에서 도형을 선택하면 도형/테두리 창이 열립니다.

③ 도형과 테두리 메뉴 중 테두리를 선택합니다.

④ 왼쪽 아래 사각형과 직선을 선택

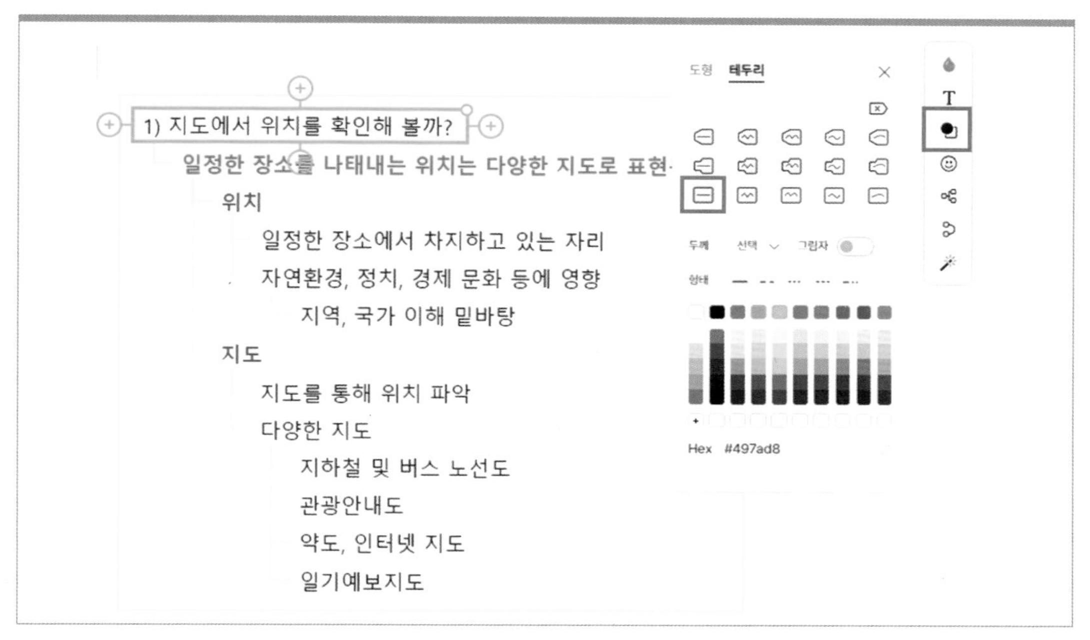

다음과 같이 테두리가 만들어집니다.

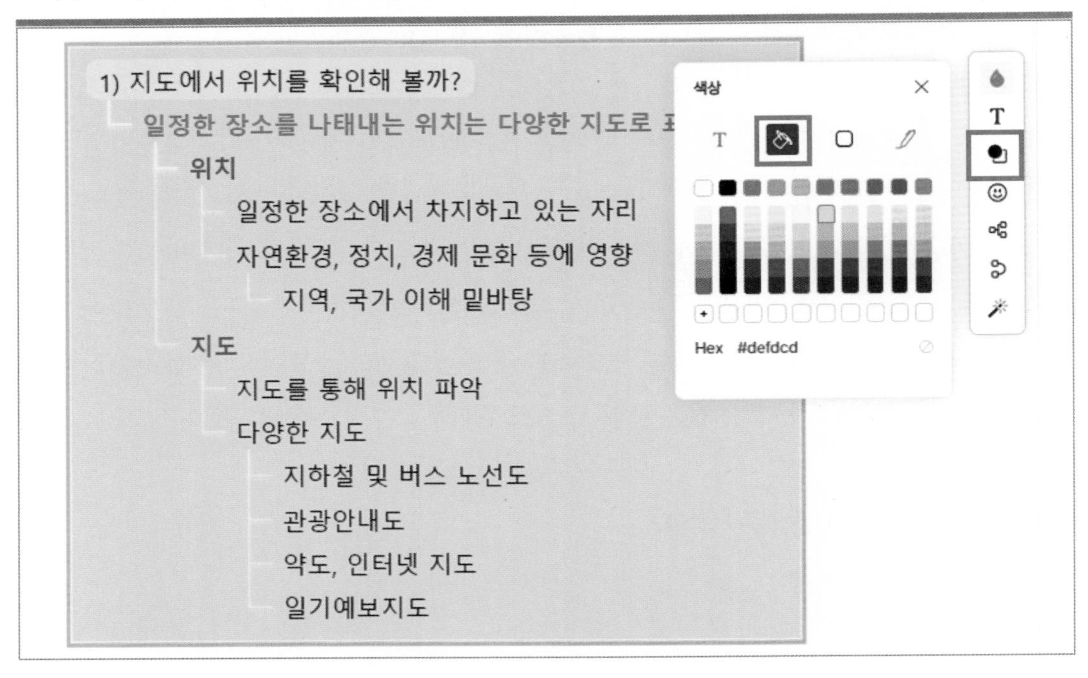

테두리의 배경과 선을 변경이 끝나면 색상 창 오른쪽 위 X 를 클릭하여 창을 닫습니다.

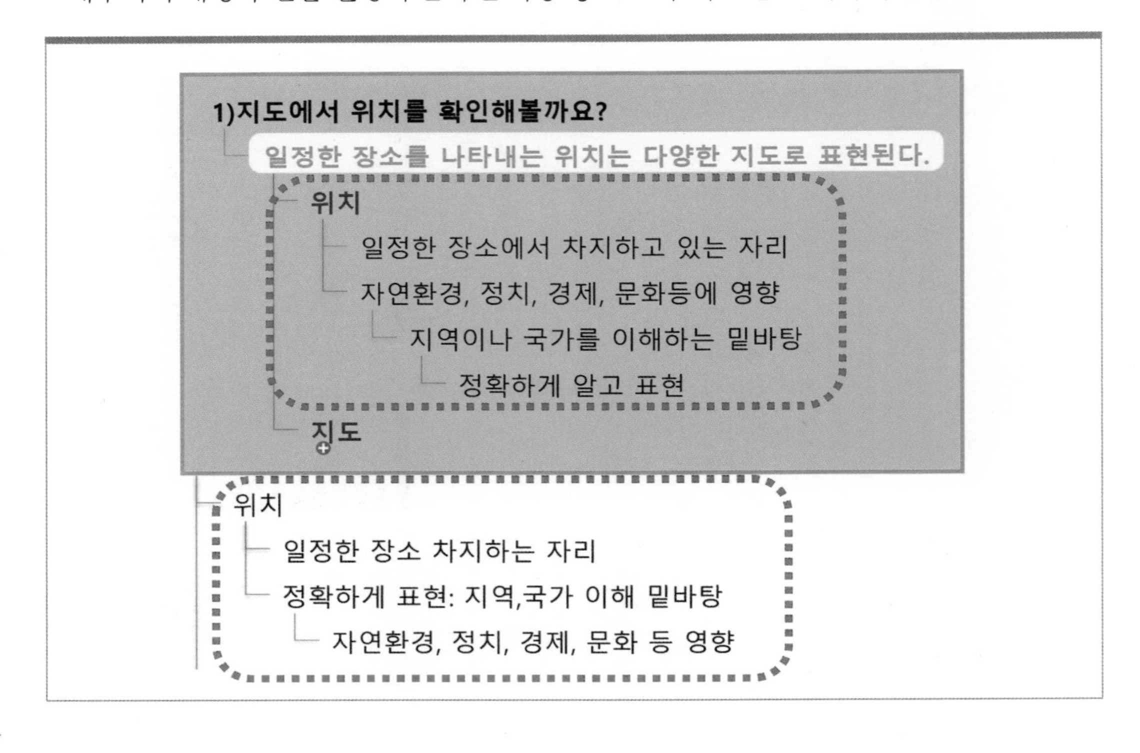

3) 함축화하기

① 테두리 아래 가지 만들기

② 테두리를 선택 후 스페이스바를 눌러 핵심어 가지를 만들고 인출한 단어들을 입력합니다.

인출한 단어를 남기기 위해서는 다음과 같은 방법을 적용합니다. 반복된 단어를 찾아 생략합니다. 단원명의 제목과 핵심어가 반복되면 하위가지의 단어를 생략합니다.

③ 계열과 계층에 맞도록 가지를 이동하거나 새로운 가지를 만듭니다.

④ 장기 기억할 수 있도록 가지의 갯수를 줄이며, 최종 인출한 단어만 남겨둡니다. 테두리 안 처음 구조화된 내용은 핵심어(위치, 지도)만 보이도록 가지접기를 합니다. 핵심 어로 내용을 기억해 내는 훈련을 계속 진행할 수 있습니다.

3. TIP - 노트기능

<ThinkWise>의 맵문서를 메모장 형태의 노트로 변환하는 방법과 노트를 다시 맵으로 변환하는 방법을 알아봅니다.

1) 노트전환

① [내문서]에서 노트기능 사용을 위해 자신이 작업한 파일 중 하나를 클릭합니다.

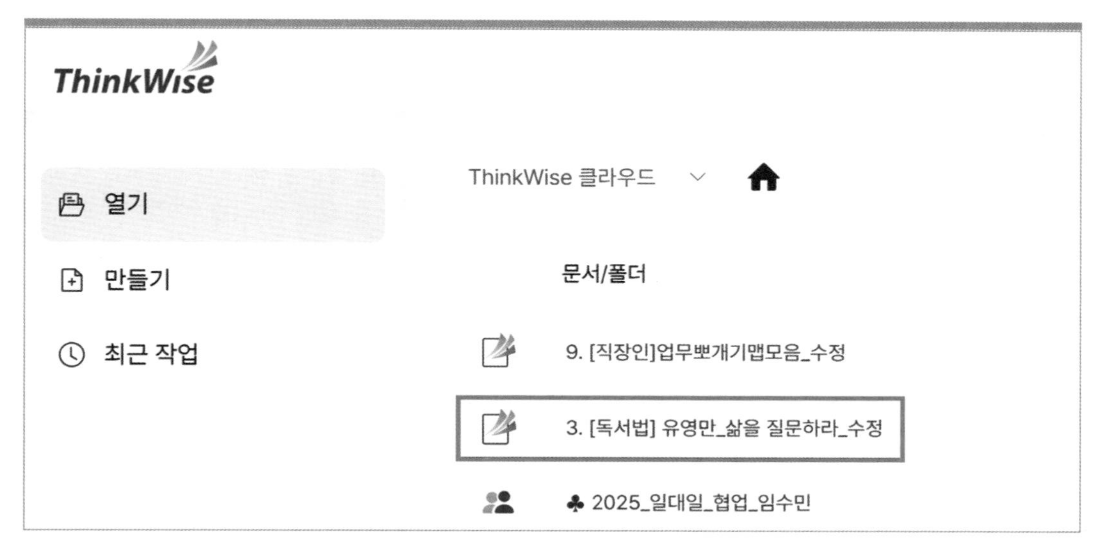

② 파일이 열리면 최하단 오른쪽 모서리의 ☰ 아이콘을 클릭합니다.

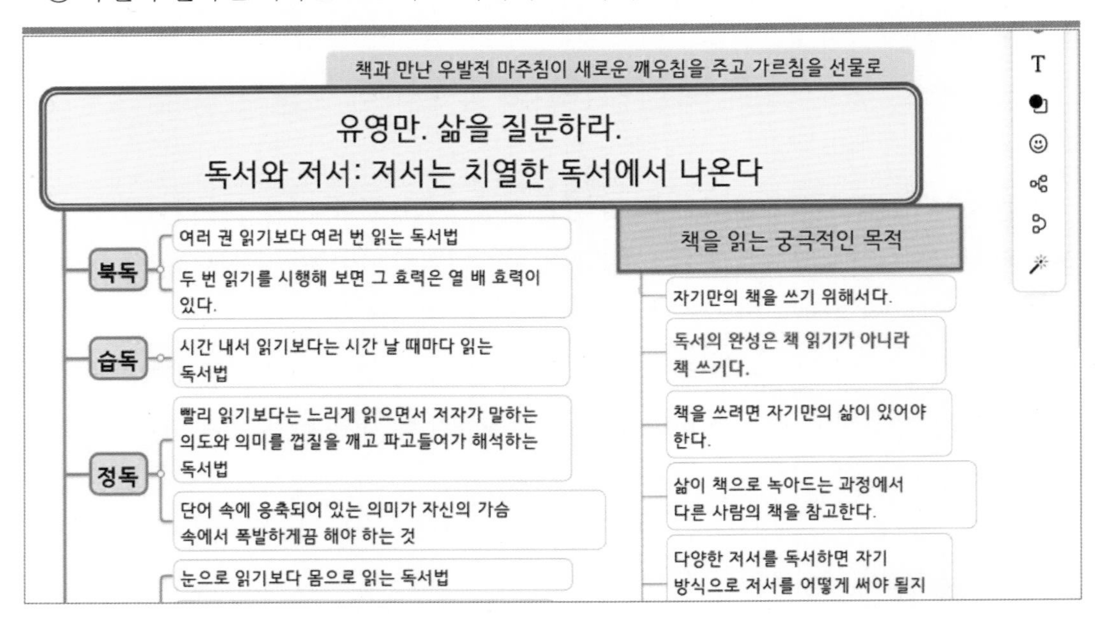

③ 노트로 전환이 된 화면을 확인합니다.

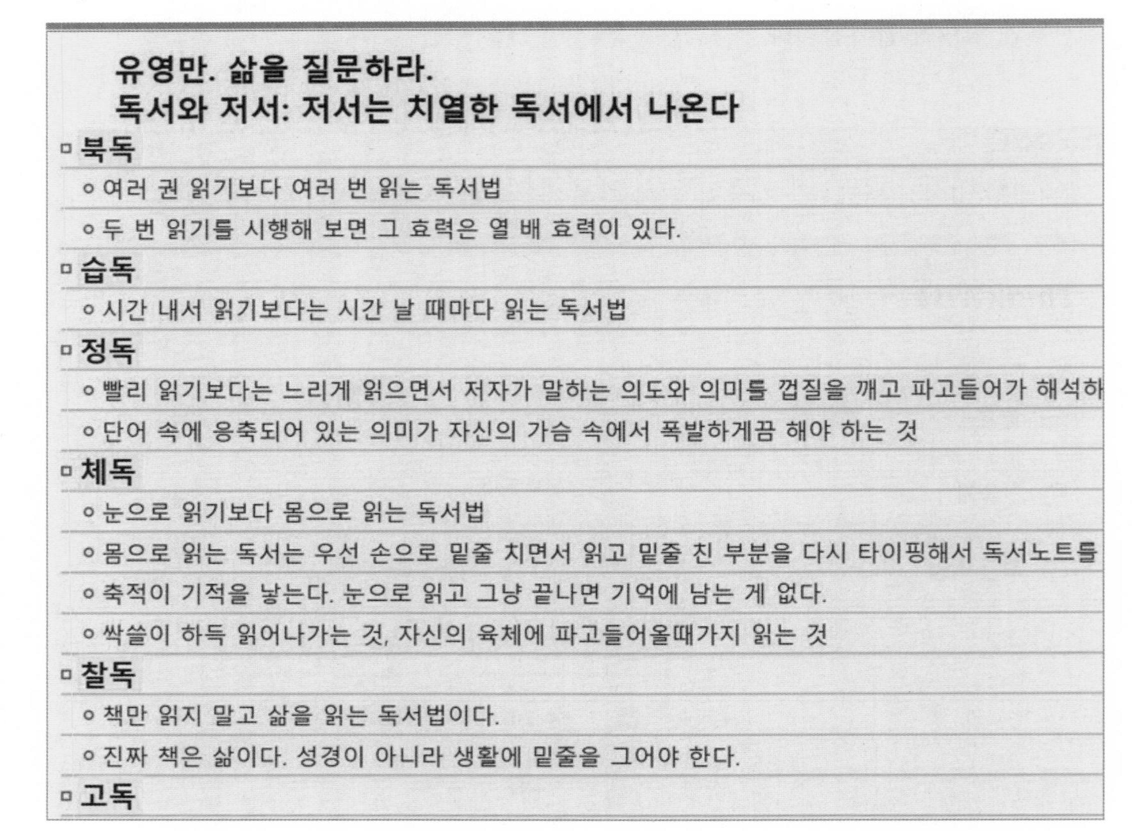

④ 노트를 다시 맵으로 변환하기 위해서는 최하단 오른쪽 모서리의 아이콘을 클릭합니다. 다시 맵 문서로 변환된 화면을 확인합니다.

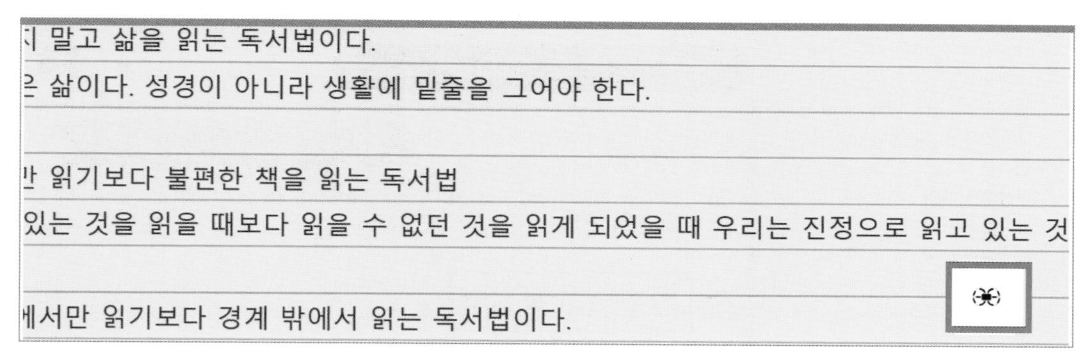

ㅣ 말고 삶을 읽는 독서법이다.
ㄹ 삶이다. 성경이 아니라 생활에 밑줄을 그어야 한다.
ㅏ 읽기보다 불편한 책을 읽는 독서법
있는 것을 읽을 때보다 읽을 수 없던 것을 읽게 되었을 때 우리는 진정으로 읽고 있는 것
ㅔ서만 읽기보다 경계 밖에서 읽는 독서법이다.

2) 노트에 문자 처음부터 입력하기

① 〈ThinkWise〉 대쉬보드에서 [새문서]를 클릭합니다.

② 〈ThinkWise〉 [새문서] 〉 [기본 스타일] 〉 [빈문서]를 클릭〉 [빈문서] 맵이 열리면 오른쪽 하단 모서리 [노트변환] 아이콘을 클릭합니다.

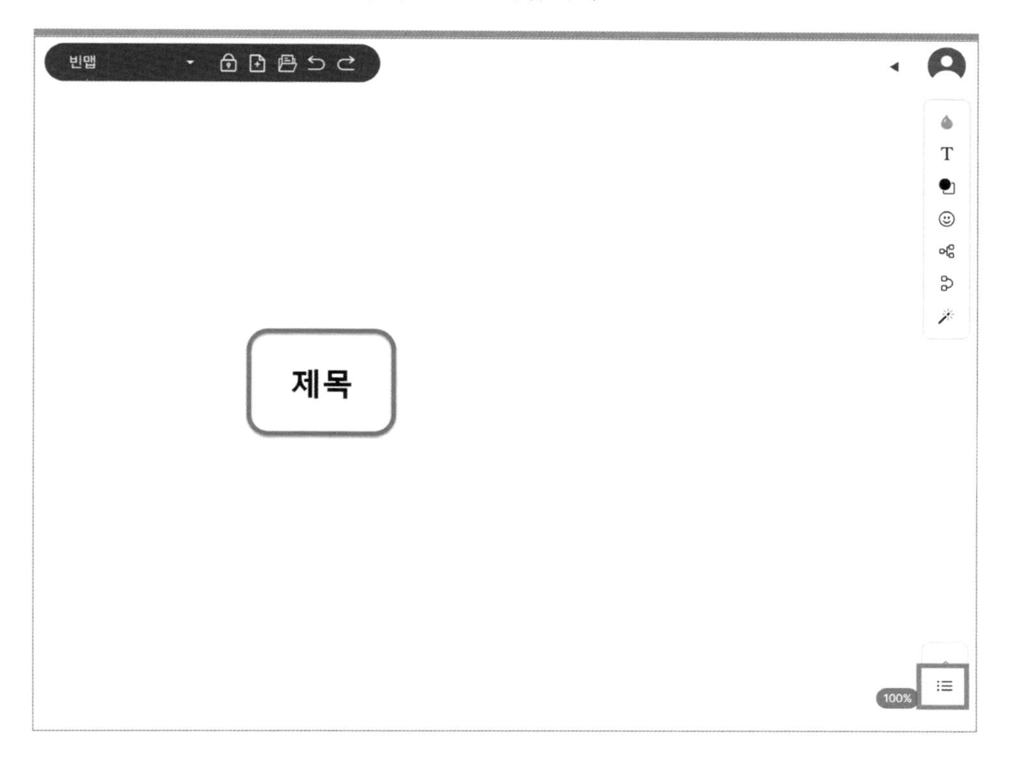

③ 노트화면이 열리고 제목을 클릭하면 커서가 깜박거립니다. 문자 입력을 시작합니다. 입력이 끝나면 엔터enter를 누릅니다.

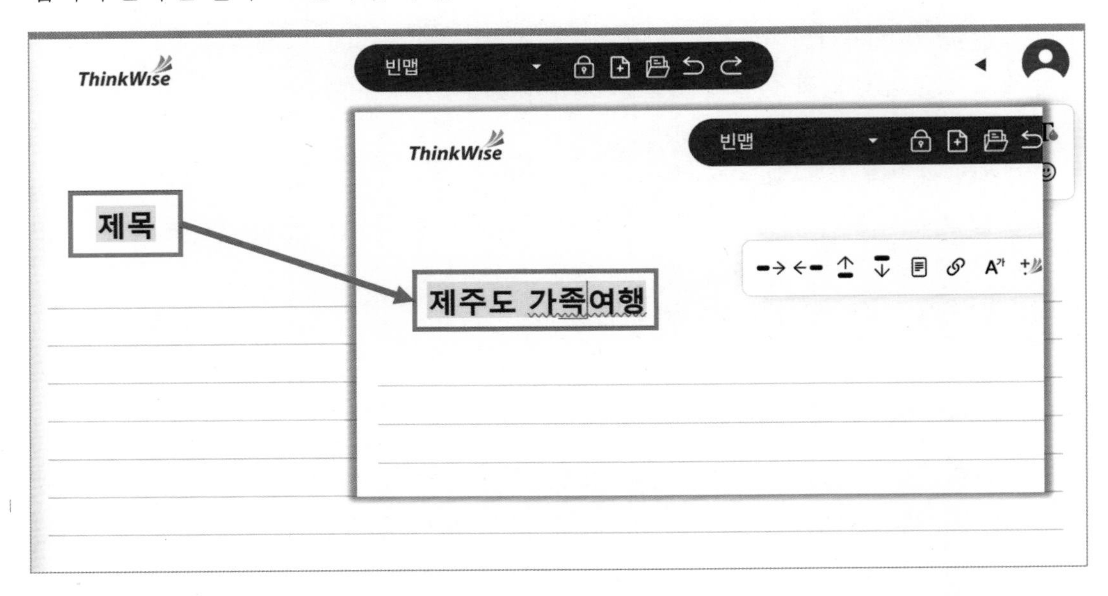

④ 문자 입력 후 엔터를 클릭하여 입력을 마무리하면 아래 줄아래 가지에 커서가 깜빡거리며 문자 입력이 가능합니다.

ThinkWise

빈맵

제주도 가족여행

3) 노트 레벨 변경 방법

<ThinkWise> 레벨 변경 방법은 [상단 바]의 [레벨다운], [레벨업] 클릭을 통한 변경 방법과 단축키를 이용한 변경 방법이 있습니다.

[상단 바] 클릭을 통한 레벨 변경

① 레벨다운 : 레벨 변경하고 싶은 가지를 클릭 > [레벨다운] 클릭 > 문구 앞머리 모양이 바뀌며 레벨다운 완료

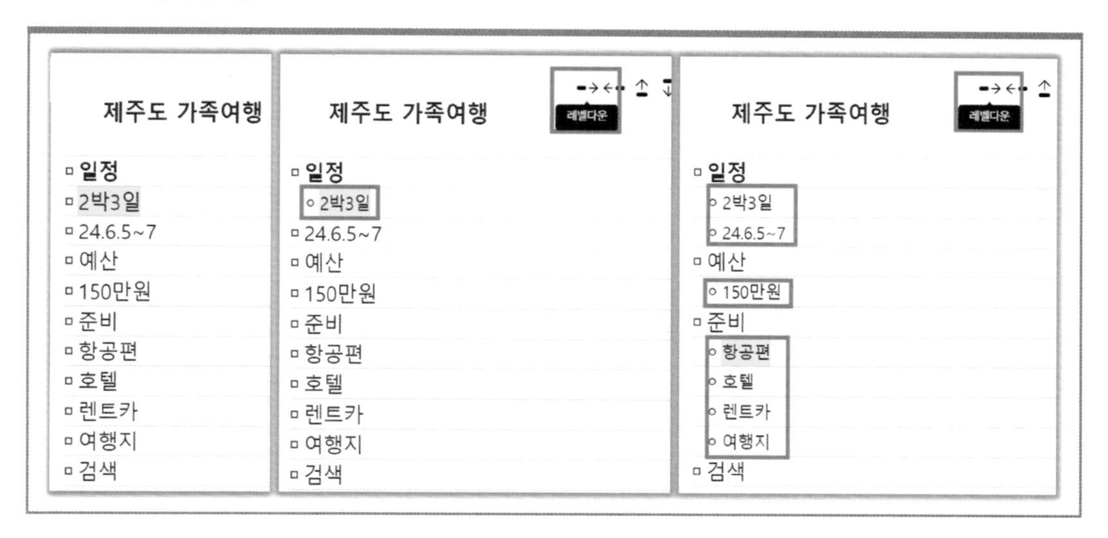

② 레벨업 : 레벨다운 변경과 같은 방식으로 레벨 변경하고 싶은 가지를 클릭 > [레벨업] 클릭 > 문구 앞머리 모양이 바뀌며 레벨업 완료

단축키를 이용한 레벨 변경

① 레벨다운 단축키 : [Tab]

다음 레벨에 문구 입력하기 전 단축키 [Tab]을 누르면 레벨다운 완료됩니다. 레벨다운 상태에서 문구 입력 후 엔터로 마무리합니다.

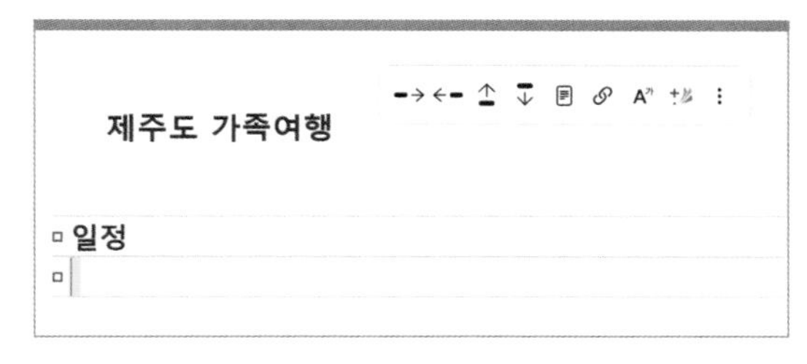

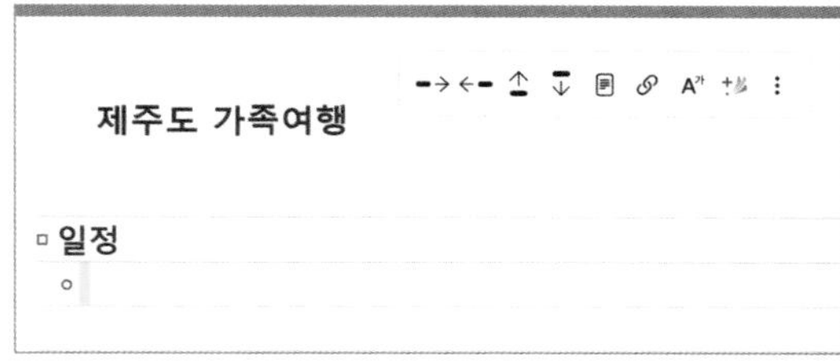

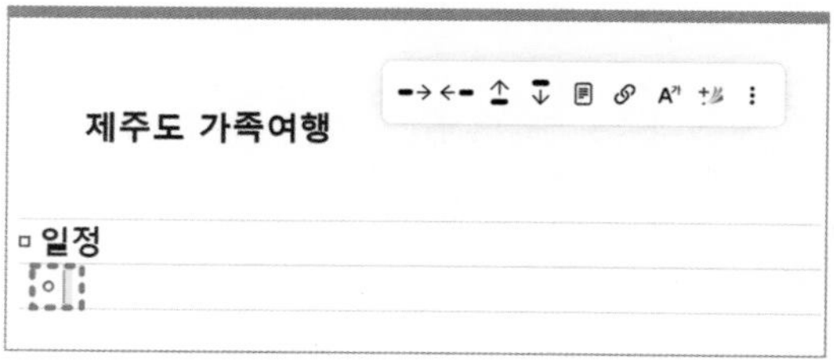

제주도 가족여행
일정

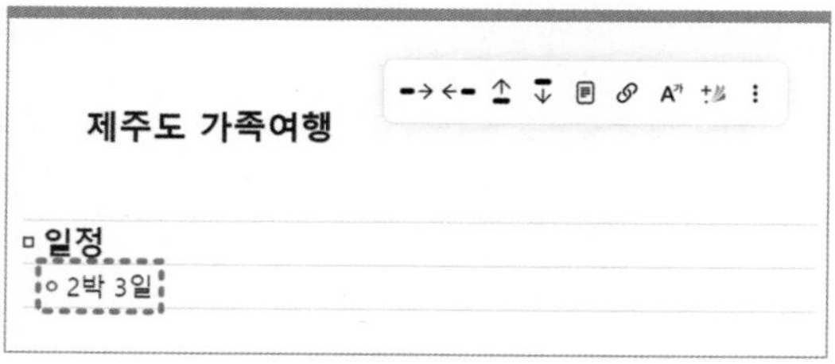

제주도 가족여행
일정
2박 3일

② 레벨업 단축키: [Shift] + [Tab]

③ 기존에 문자 입력이 되어 있는 가지도 선택 후 [상단 바]의 [레벨다운], [레벨업] 클릭을 통한 변경 방법과 단축키를 이용한 레벨 변경이 가능합니다.

노트 가지 추가하기 Mobile

모바일 ThinkWise 웹버전 노트 가지는 키보드 입력방식과 음성 입력방식이 있습니다.

① 키보드 입력방식: 가지를 선택하면 우측에 생기는 점 3개를 클릭합니다. 선택한 가지를 중심으로 같은 레벨 가지를 추가하거나 하위 레벨 가지를 선택하여 가지를 추가할 수 있습니다. 선택한 가지 중심으로 모두 하단에 가지가 생성됩니다.

② 같은 레벨 가지 추가 : 선택한 가지와 동일한 레벨의 가지가 하단에 생성됩니다.

③ 하위 레벨 가지 추가 : 선택한 가지에 소속되는 하위 가지가 하단에 생성됩니다.

쉬어가기 4 연역적 사고와 귀납적 사고

'연역'과 '귀납'의 뜻부터 다시 한번 정리해 보겠습니다. 먼저, '연역'과 '귀납' 두 사람에게 각각 거울에 비친 자기의 얼굴을 그리게 해 봅니다. 연역은 먼저 자신의 얼굴 윤곽을 전체적으로 스케치한 다음 조금씩 세부적으로 묘사해 나갑니다. 반면 귀납은 제일 먼저 눈에 띄는 부분 또는 중요하다고 생각되는 부분, 예를 들어 눈과 코를 상세히 그리고 점차 다른 부분을 채워 나갑니다.

쉽게 말해서 연역법은 전체적인 윤곽에서 세부적으로 접근해 나가는 방식이고, 귀납법은 부분에서 시작해 전체로 진행해 나가는 방식입니다. 그렇다면 언뜻 연역적 사고에는 〈ThinkWise〉가 맞는 것 같은데, 귀납적인 사고에는 어떻게 적용할 수 있을까요? 다시 '연역'과 '귀납' 두 사람을 통해 연역적 사고와 귀납적 사고의 차이를 살펴보겠습니다.

1) 연역과 귀납 두 사람이 태국 여행 계획을 세웁니다. 연역은 들르고 싶은 지역의 순서를 먼저 정하고, 지역별 구경거리를 검토합니다. 반면에 귀납은 태국에서 가장 유명한 것들을 먼저 조사하여 목록을 만든 뒤 지역별 이동 순서를 결정합니다.

2) 살 집을 설계합니다. 연역은 집의 전체적인 스타일과 주요 공간을 배치한 다음 세부적인 사항을 결정합니다. 반면에 귀납은 자신이 중요하게 생각하는 순서에 따라 주방을 먼저 설계한 다음 거실을 설계하고, 주방과 거실 사이를 설계하고 이렇게 점차 확대해 나가면서 전체를 완성합니다.

예를 들어 하와이 단체여행을 위한 기획회의를 한다고 합시다. 육하원칙처럼 이미 알고 있는 분류 기준을 사용하여 대분류부터 해놓고 탑다운Top Down 방식으로 세부 항목을 채워 나간다면, 이것은 연역적 접근입니다. 반대로 KJ법처럼 상상에서 시작해서 무조건 아이디어를 적고 대 / 중 / 소 분류를 찾아가는 접근을 한다면 귀납이 됩니다.

경력이 오래되었거나 여러 가지 경험이 있는 사람이라면 연역적인 접근을 우선적으로 할 것입니다. 하지만 이런 경우에는 새로운 아이디어를 떠올리기 어렵다는 것이 문제입니다. 반대로 어떤 일을 한 번도 해 본 적이 없는 사람 혹은 아무도 해 보지 않은 일을 하는 경우에는 오히려 상상력을 토대로 생각을 차츰 확장하면서 동시에 계층과 계열화를 완성하는 귀납적 방식으로 전체를 그려낼 수 있습니다.

이처럼 연역과 귀납은 상황에 따라 장단점이 있는데, 사람도 체질적으로 어느 한쪽 성향이 강합니다. 따라서 우뇌와 좌뇌처럼 상호 보완적인 연역과 귀납을 적절히 선택하고 조합하여 자유자재로 구사하는 방법을 훈련할 필요가 있습니다.

나이가 들면 자연적으로 부족한 부분이 보완되거나 강한 부분이 무뎌져 균형이 잡힙니다. 하지만 나이가 든 뒤에 좀 더 일찍 그렇게 되지 못한 것을 아쉬워해도 소용이 없습니다. 지금부터 조금씩 훈련해 나가면 연역과 귀납적 사고도 자유롭게 선택해 사용할 수 있게 될 겁니다.

| PART3 |

과목별 원북원맵

각 과목의 특성에 맞게 교과서를 읽고 요약 정리한 내용을 시각적 요소인 기호나 색으로 표시하여 집중도를 더 높일 수 있습니다. 과목별 특성을 반영하여 '자신만의 기호'로 정리한 다음 활용하면 더욱 효과적입니다.

| 들어가며 |

공통과목 적용 자신만의 기호체계 만들기

과목에 관계없이 맵핑을 하면서 자신만이 인지할 수 있는 기호나 그림 등을 이용하여 구조화하면 기억을 더 효율적으로 할 수 있습니다.

1. 특수문자

단원명은 교과서 목차의 특수문자와 같이 문자로 입력하여 목차맵을 작성하도록 합니다. 교과서의 목차와 목차맵의 단원명의 특수문자를 같게 하여 기억을 일치화할 수 있습니다.

1) 상단 메뉴에서 오른쪽 끝점 3개를 클릭 후 특수문자를 선택하면 문자표 창이 열립니다. 가지를 선택하고 문자 입력을 위해 커서가 가지 안에서 깜빡이면 메뉴에서 문자표가 활성화됩니다.

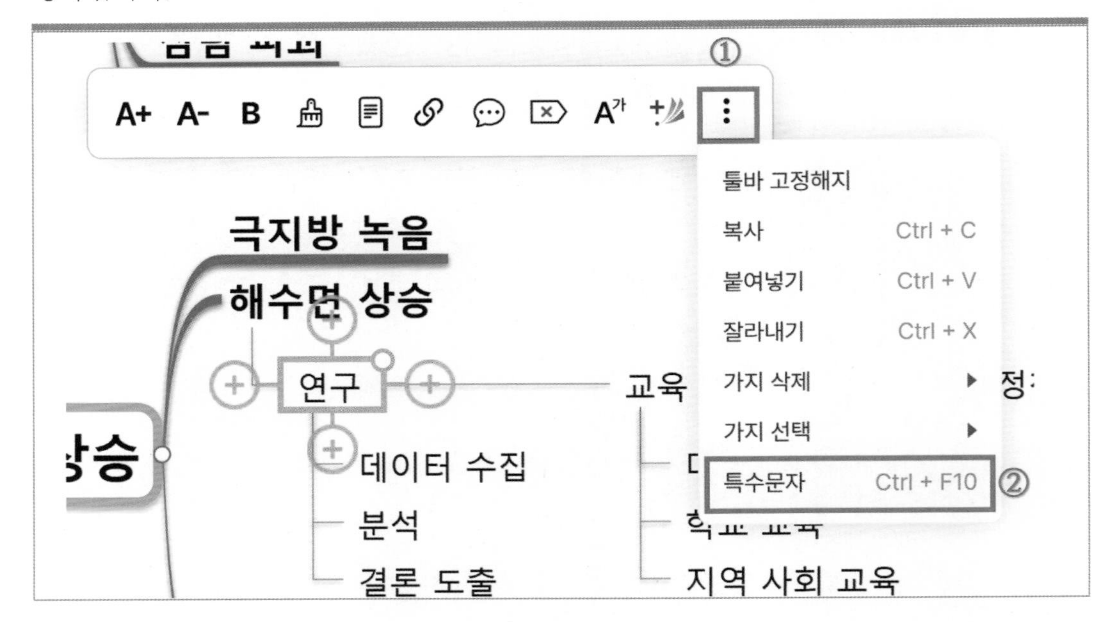

2) 문자표에서 원하는 기호를 선택 후 삽입을 클릭하면 가지에 특수문자가 표시되며, 문자표 창이 닫힙니다

대단원을 표시하거나 상승과 감소, 진행 방향 등 특수문자를 이용하여 내용을 표현하면 텍스트보다 더 직관적이고 시각적으로 표현하여 내용을 더 잘 기억할 수 있습니다.

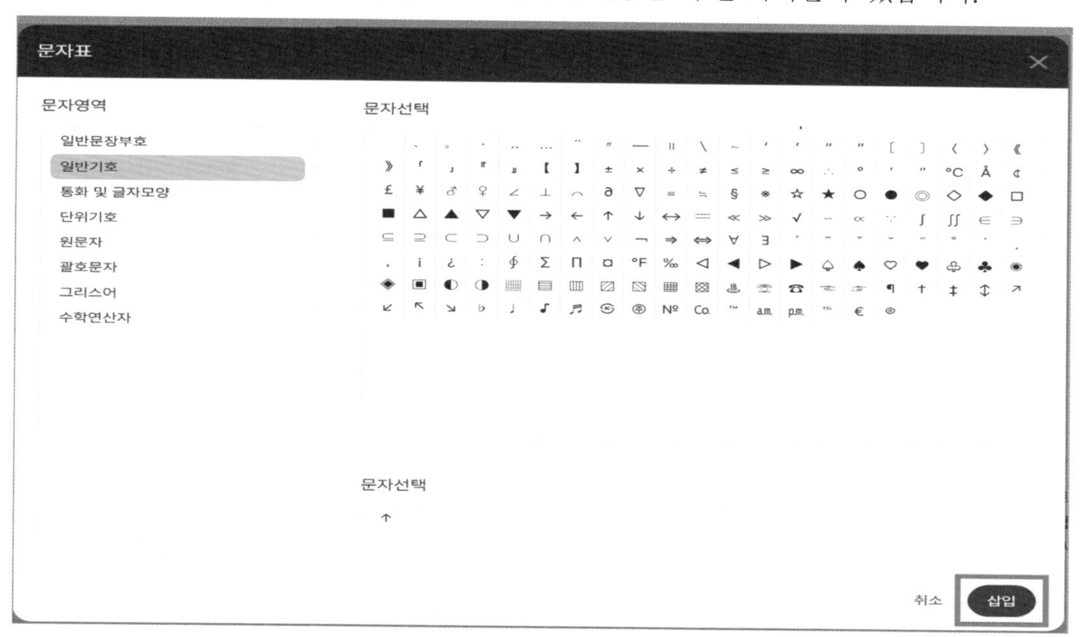

가) 대단원 표시

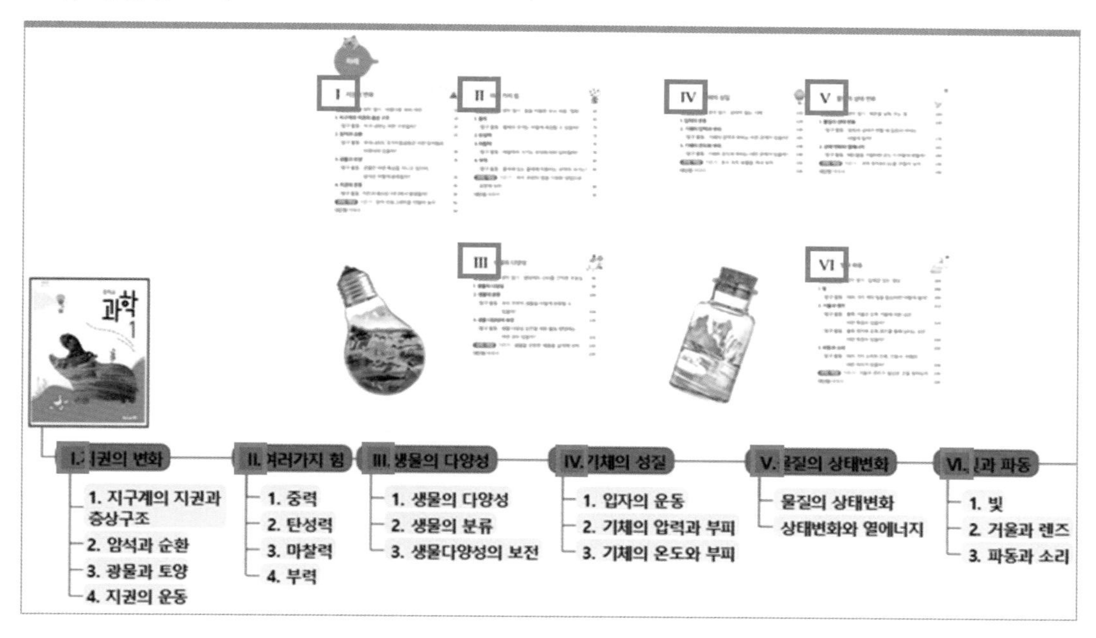

나) 상승, 증가, 커짐, 늘어남 = ↑ /하강, 축소, 작아짐, 줄어듬 = ↓

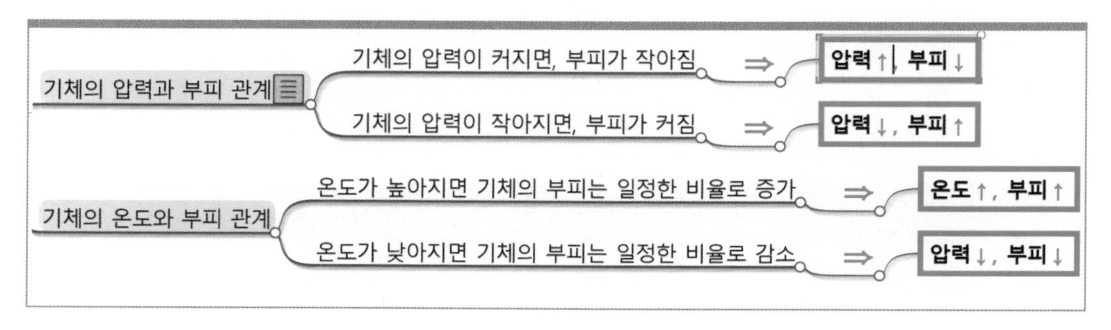

2. 기호 넣기

요약, 정리한 내용은 그 중요도에 따라 시각적 요소인 기호나 색으로 표시하여 집중도를 더 높일 수 있습니다. 반복하여 학습하면서 이해가 된 것과 되지 않은 것을 구분하여 표시하고, 반복적인 학습의 단계에서 이해나 암기가 되지 않은 부분을 좀 더 확인할 수 있도록 '자신만의 기호'를 정리한 다음 활용할 수 있습니다.

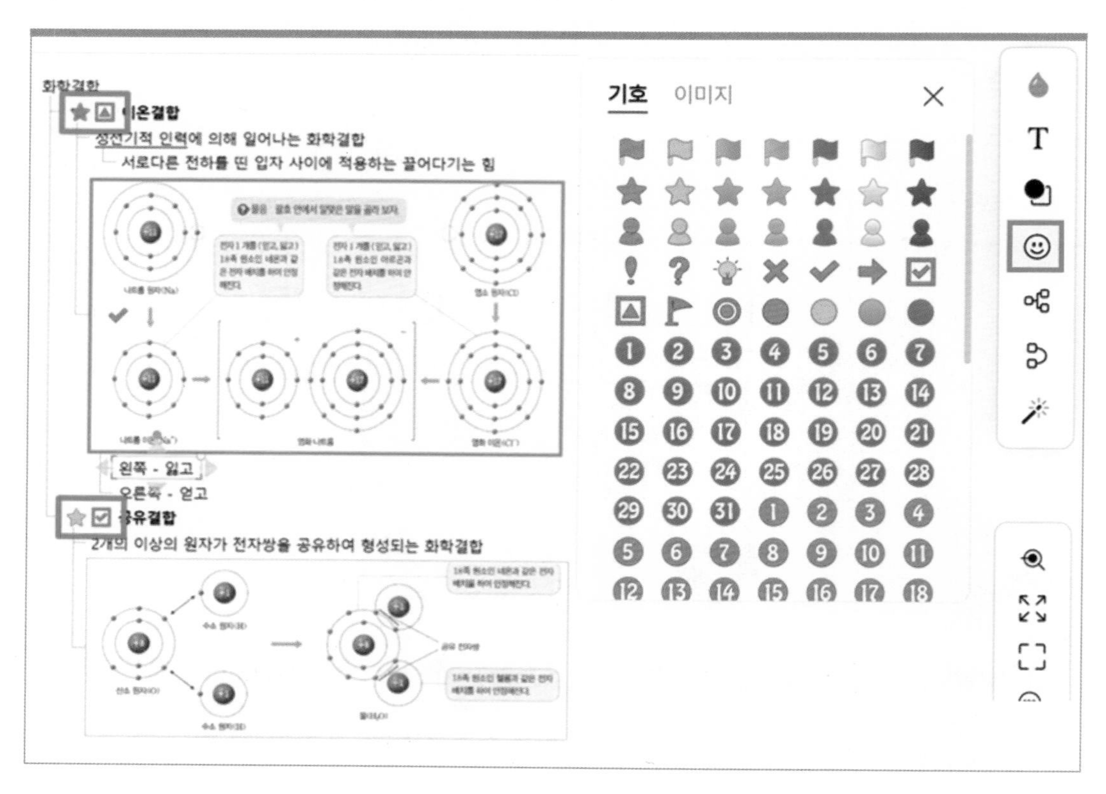

| 1장 |

국어

국어 과목은 '언어적 소통 능력'을 기르는 데 중점을 둔 교과목입니다. 듣기, 말하기, 읽기, 쓰기 활동을 통해 학생들은 자신의 생각을 명확하게 표현하고, 타인의 의견을 경청하며 소통하는 능력을 발전시킵니다. 이 과정에서 학생들은 논리적 사고와 비판적 사고를 기르고, 다양한 상황에서 적절한 의사소통 방법을 선택하는 능력을 함양합니다.

또한 국어는 '문화적 소양'을 쌓는 중요한 도구입니다. 문학 작품을 감상하고 해석하면서 인간의 삶과 감정을 이해하고, 사회적 맥락 속에서 다양한 문화적 가치를 배우게 됩니다. 이를 통해 학생들은 창의성과 상상력을 기르고, 자신만의 독창적인 사고를 발전시킬 수 있습니다. 문학을 통해 과거와 현재를 연결하며, 이를 통해 사회적·역사적 인식도 확장됩니다.

마지막으로, 국어 과목은 '자기주도적 학습과 성찰'을 강조합니다. 학생들이 스스로 학습 목표를 세우고, 그 목표를 달성하기 위한 계획을 실행하며 성찰하는 과정이 중요하게 다뤄집니다. 이를 통해 학생들은 학습 과정에서 자율성과 책임감을 키우며, 문제 해결 능력과 비판적 사고를 발전시킬 수 있습니다. 국어 학습은 학생들이 평생 학습자로서 성장하는 데 필요한 기초 역량을 길러줍니다.

2022 개정 교육과정에서 국어교과의 목표는 학생들이 국어 능력을 함양하여 일상생활 및 학업에서 효과적으로 의사소통할 수 있도록 하는 데 중점을 두고 있습니다. '디지털 매체'를 읽고 해석하는 영역과 역량이 생겼습니다. 정확히 '자료, 정보 활용 역량'이 '디지털, 미디어 역량'으로 바뀌었고, 영역에서는 '매체'라는 부분이 새로 생겼습니다.

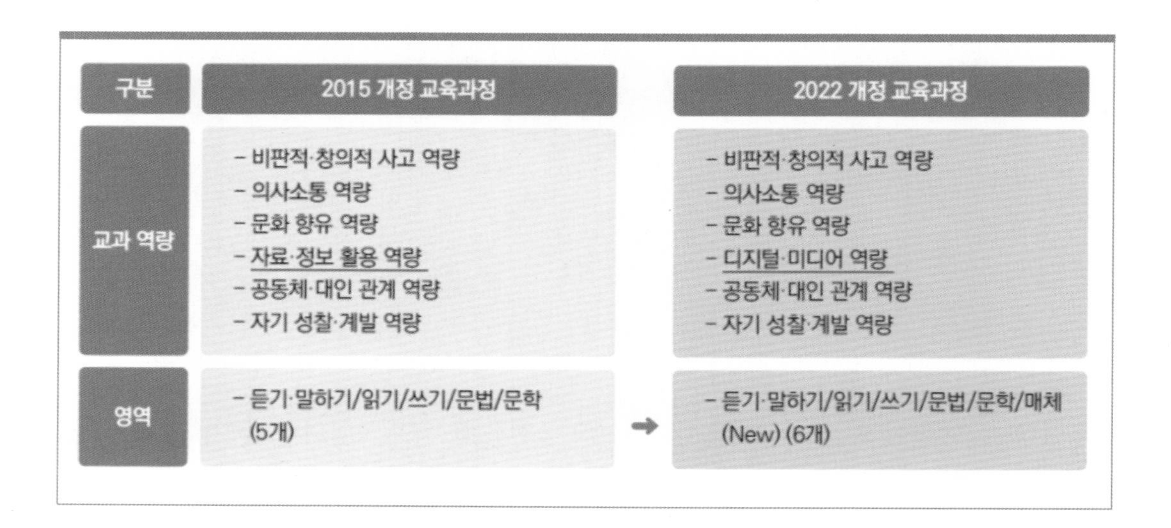

구분	2015 개정 교육과정		2022 개정 교육과정
교과 역량	- 비판적·창의적 사고 역량 - 의사소통 역량 - 문화 향유 역량 - 자료·정보 활용 역량 - 공동체·대인 관계 역량 - 자기 성찰·계발 역량		- 비판적·창의적 사고 역량 - 의사소통 역량 - 문화 향유 역량 - 디지털·미디어 역량 - 공동체·대인 관계 역량 - 자기 성찰·계발 역량
영역	- 듣기·말하기/읽기/쓰기/문법/문학 (5개)	➜	- 듣기·말하기/읽기/쓰기/문법/문학/매체 (New) (6개)

마인드맵은 정보를 시각적으로 정리하고 연결하는 도구로, 복잡한 내용을 한눈에 파악할 수 있게 도와줍니다. 디지털 마인드맵은 디지털 환경, 교육부의 목표에 효율적인 교수와 학습을 할 수 있게 합니다.

예를 들어, 문학 작품을 분석할 때 마인드맵을 활용하면 다음과 같이 정리할 수 있습니다. 문학 작품을 분석할 때 틀을 만들어 두어 활용합니다. 틀은 루틴과도 같아서 작품 분석을 할 때 항상 염두에 두어야 하는 내용으로 만듭니다. 내용을 모두 채운 후 추가 자료나 관련된 자료나 파일을 추가하며 확장해 나갈 수 있습니다.

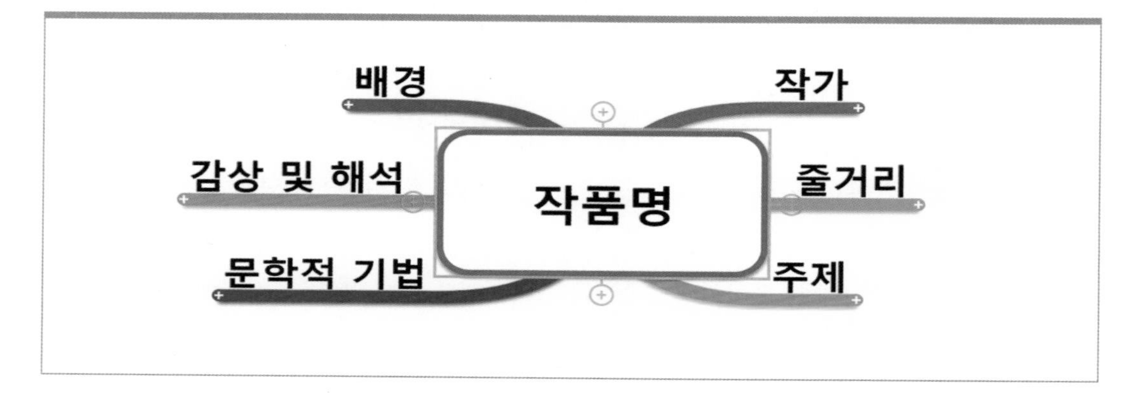

위의 마인드맵으로 만든 기본틀로 『홍길동전』을 체계적으로 정리할 수 있습니다. 각 가지별로 세부 내용을 추가하면서 작품의 다양한 기법을 깊이 있게 분석할 수 있습니다.

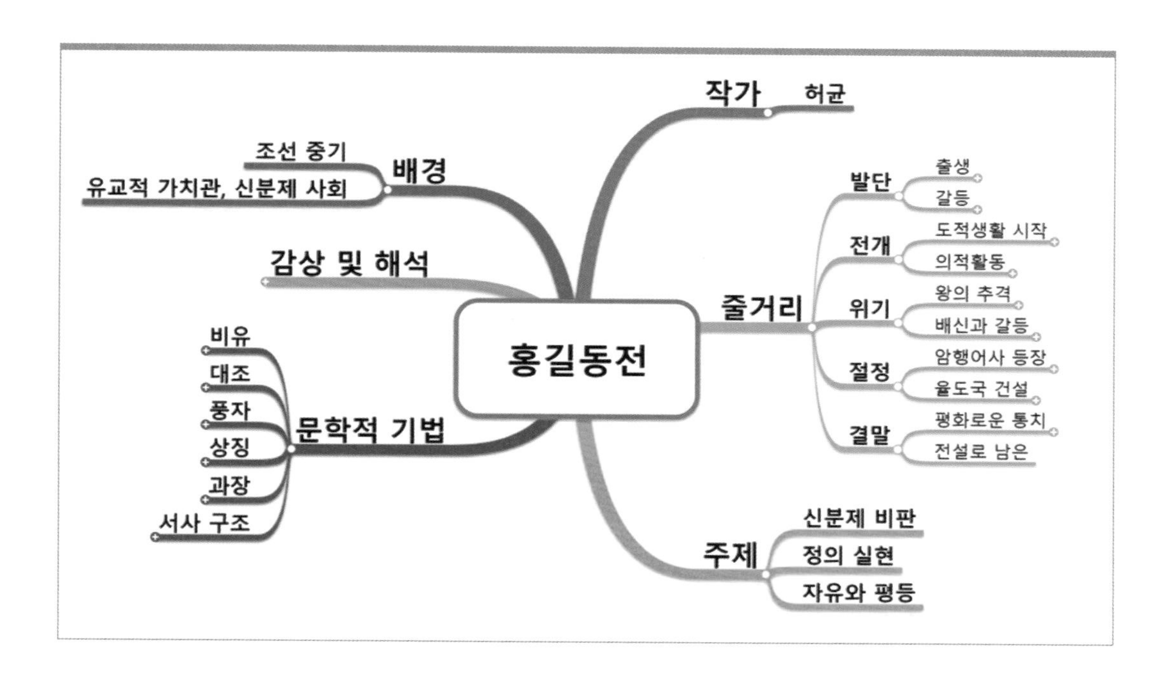

비문학에서는 글의 구조 분석, 내용 분석, 비평적 평가를 하거나 토론 준비를 할 때 찬성 의견, 반대 의견, 사례 및 증거, 결론의 항목으로 내용을 정리해 나갈 수 있습니다. 특히 사례나 증거 수집을 위한 인터넷 자동 검색 기능F9은 시간 단축의 효과뿐만 아니라 자료의 수집, 내용 요약에도 많은 도움이 됩니다.

〈세상을 살린 10명의 용기있는 과학자들〉 읽고
하나의 맵으로 정리.

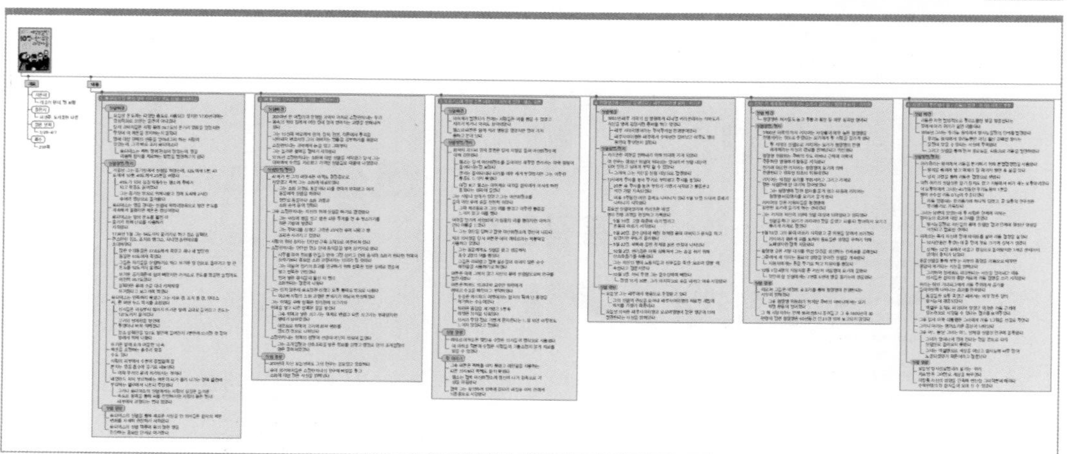

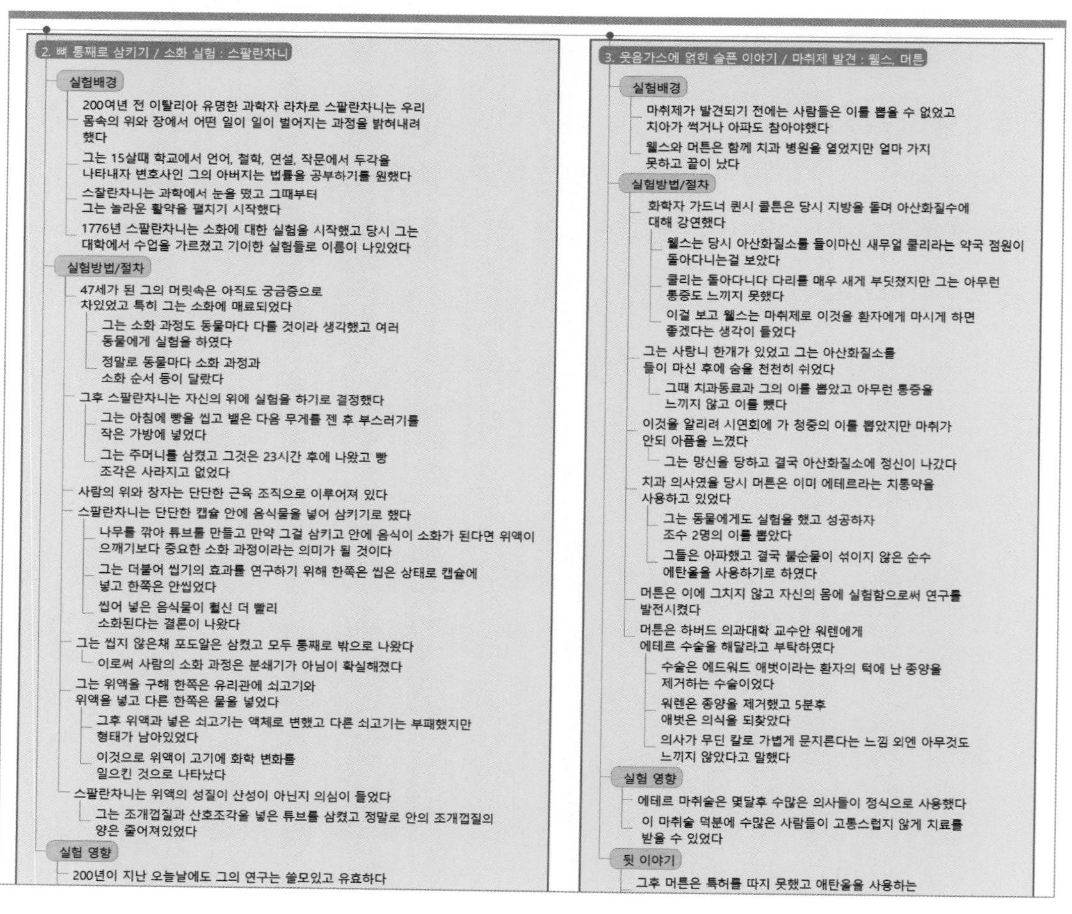

2. 뼈 통째로 삼키기 / 소화 실험 : 스팔란차니
실험배경
200여년 전 이탈리아 유명한 과학자 라차로 스팔란차니는 우리 몸속의 위와 장에서 어떤 일이 일이 벌어지는 과정을 밝혀내려 했다
그는 15살때 학교에서 언어, 철학, 연설, 작문에서 두각을 나타내자 변호사인 그의 아버지는 법률을 공부하기를 원했다
스찰란차니는 과학에서 눈을 떴고 그때부터 그는 놀라운 활약을 펼치기 시작했다
1776년 스팔란차니는 소화에 대한 실험을 시작했고 당시 그는 대학에서 수업을 가르쳤고 기이한 실험들로 이름이 나있었다
실험방법/절차
47세가 된 그의 머릿속은 아직도 궁금증으로 차있었고 특히 그는 소화에 매료되었다
그는 소화 과정도 동물마다 다를 것이라 생각했고 여러 동물에게 실험을 하였다
정말로 동물마다 소화 과정과 소화 순서 등이 달랐다
그후 스팔란차니는 자신의 위에 실험을 하기로 결정했다
그는 아침에 빵을 씹고 뱉은 다음 무게를 젠 후 부스러기를 작은 가방에 넣었다
그는 주머니를 삼켰고 그것은 23시간 후에 나왔고 빵 조각은 사라지고 없었다
사람의 위와 창자는 단단한 근육 조직으로 이루어져 있다
스팔란차니는 단단한 캡슐 안에 음식물을 넣어 삼키기로 했다
나무를 깎아 튜브를 만들고 만약 그걸 삼키고 안에 음식이 소화가 된다면 위액이 으깨기보다 중요한 소화 과정이라는 의미가 될 것이다
그는 더불어 씹기의 효과를 연구하기 위해 한쪽은 씹은 상태로 캡슐에 넣고 한쪽은 안씹었다
씹어 넣은 음식물이 훨신 더 빨리 소화된다는 결론이 나왔다
그는 씹지 않은채 포도알은 삼켰고 모두 통째로 밖으로 나왔다
이로써 사람의 소화 과정은 분쇄기가 아님이 확실해졌다
그는 위액을 구해 한쪽은 유리관에 쇠고기와 위액을 넣고 다른 한쪽은 물을 넣었다
그후 위액과 넣은 쇠고기는 액체로 변했고 다른 쇠고기는 부패했지만 형태가 남아있었다
이것으로 위액이 고기에 화학 변화를 일으킨 것으로 나타났다
스팔란차니는 위액의 성질이 산성이 아닌지 의심이 들었다
그는 조개껍질과 산호조각을 넣은 튜브를 삼켰고 정말로 안의 조개껍질의 양은 줄어져있었다
실험 영향
200년이 지난 오늘날에도 그의 연구는 쓸모있고 유효하다
3. 웃음가스에 얽힌 슬픈 이야기 / 마취제 발견 : 웰스, 머튼
실험배경
마취제가 발견되기 전에는 사람들은 이를 뽑을 수 없었고 치아가 썩거나 아파도 참아야했다
웰스와 머튼은 함께 치과 병원을 열었지만 얼마 가지 못하고 끝이 났다
실험방법/절차
화학자 가드너 퀸시 콜튼은 당시 지방을 돌며 아산화질수에 대해 강연했다
웰스는 당시 아산화질소를 들이마신 새무얼 쿨리라는 약국 점원이 돌아다니는걸 보았다
쿨리는 돌아다니다 다리를 매우 세게 부딪쳤지만 그는 아무런 통증도 느끼지 못했다
이걸 보고 웰스는 마취제로 이것을 환자에게 마시게 하면 좋겠다는 생각이 들었다
그는 사랑니 한개가 있었고 그는 아산화질소를 들이 마신 후에 숨을 천천히 쉬었다
그때 치과동료과 그의 이를 뽑았고 아무런 통증을 느끼지 않고 이를 뺐다
이것을 알리려 시연회에 가 청중의 이를 뽑았지만 마취가 안되 아픔을 느꼈다
그는 망신을 당하고 결국 아산화질소에 정신이 나갔다
치과 의사였을 당시 머튼은 이미 에테르라는 치통약을 사용하고 있었다
그는 동물에게도 실험을 했고 성공하자 조수 2명의 이를 뽑았다
그들은 아파했고 결국 불순물이 섞이지 않은 순수 에탄올을 사용하기로 하였다
머튼은 이에 그치지 않고 자신의 몸에 실험함으로써 연구를 발전시켰다
머튼은 하버드 의과대학 교수안 워렌에게 에테르 수술을 해달라고 부탁하였다
수술은 에드워드 애벗이라는 환자의 턱에 난 종양을 제거하는 수술이었다
워렌은 종양을 제거했고 5분후 애벗은 의식을 되찾았다
의사가 무딘 칼로 가볍게 문지른다는 느낌 외엔 아무것도 느끼지 않았다고 말했다
실험 영향
에테르 마취술은 몇달후 수많은 의사들이 정식으로 사용했다
이 마취술 덕분에 수많은 사람들이 고통스럽지 않게 치료를 받을 수 있었다
뒷 이야기
그후 머튼은 특허를 따지 못했고 애탄올을 사용하는

2. 3단원 - 실험배경/실험방법. 절차/실험영향/뒷 이야기기 등 가지를 지정해 주요 내용 정리

〈꿈, 지금 꼭 정해야 하나요?〉를 읽고
하나의 맵으로 정리.

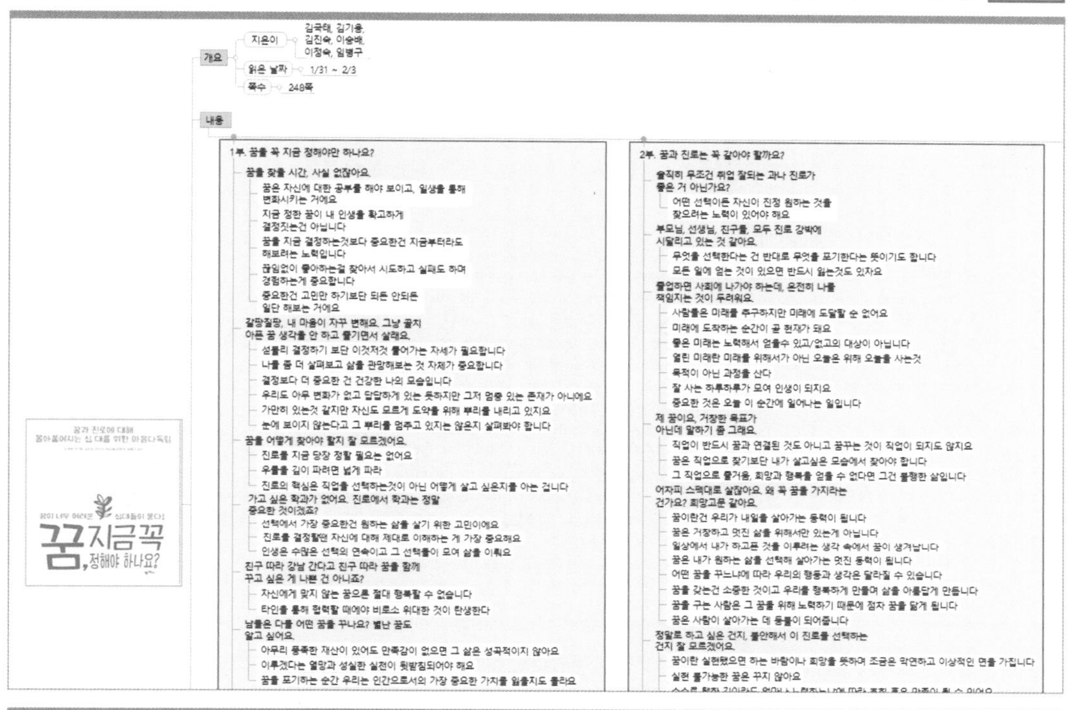

내용

1부. 꿈을 꼭 지금 정해야만 하나요?

- 꿈을 찾을 시간, 사실 없잖아요.
- 갈팡질팡, 내 마음이 자꾸 변해요. 그냥 골치 아픈 꿈 생각을 안 하고 즐기면서 살래요.
- 꿈을 어떻게 찾아야 할지 잘 모르겠어요.
- 가고 싶은 학과가 없어요. 진로에서 학과는 정말 중요한 것이겠죠?
- 친구 따라 강남 간다고 친구 따라 꿈을 함께 꾸고 싶은 게 나쁜 건 아니죠?
- 남들은 다들 어떤 꿈을 꾸나요? 별난 꿈도 알고 싶어요.
- 저에게 꿈을 향해 매진할 힘이 과연 있을까요?

꿈을 찾기 위해 노력하는 것

2부. 꿈과 진로는 꼭 같아야 할까요?

- 솔직히 무조건 취업 잘되는 과나 진로가 좋은 거 아닌가요?
- 부모님, 선생님, 친구들, 모두 진로 강박에 시달리고 있는 것 같아요.
- 졸업하면 사회에 나가야 하는데, 온전히 나를 책임지는 것이 두려워요.
- 제 꿈이요, 거창한 목표가 아닌데 말하기 좀 그래요.
- 어차피 스펙대로 살잖아요. 왜 꼭 꿈을 가지라는 건가요? 희망고문 같아요.
- 정말로 하고 싶은 건지, 불안해서 이 진로를 선택하는 건지 잘 모르겠어요.
- 구질구질하게 살기 싫어요. 돈을 많이 벌고 안정적인 진로를 택해야 후회 없겠죠?
- 우리나라에서 살기 싫어요. 다들 똑같은 인생만 살잖아요. 외국으로 가고 싶어요.

자신이 원하는 것을 목표로 잡아라

- 꿈: 자신이 좋아하는것, 원하는것
- 진로: 앞으로 이룰 직업

대단원 한 문장 요약하기 - 대단원의 내용이 전달하고자 하는 것이 무엇인지를 중단원의 내용을 바탕으로 한 문장으로 요약합니다.

〈그들은 왜 문화재를 돌려주지 않는가?〉를 읽고
하나이 맵으로 정리.

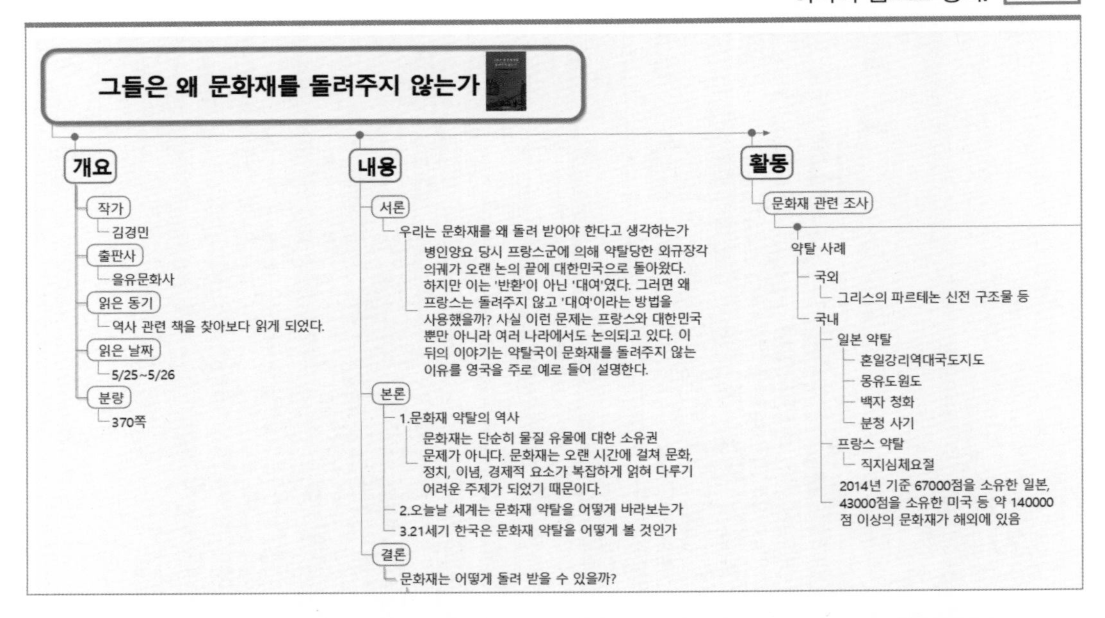

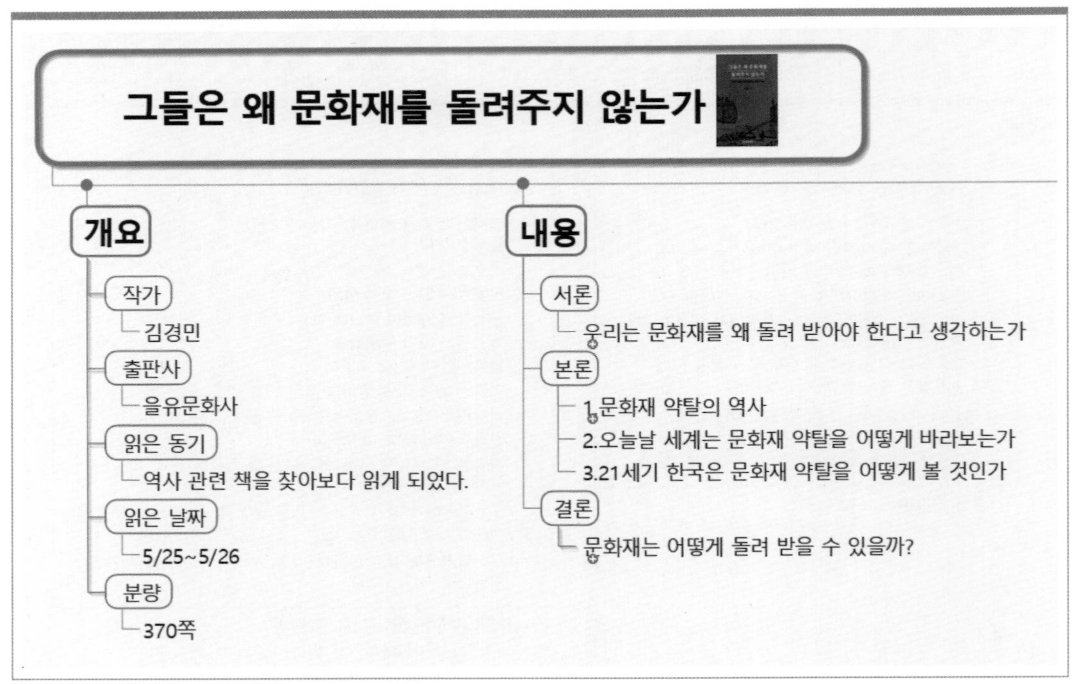

비문학의 내용을 서론/본론/결론으로 나눌 수 있습니다.

| 2장 |

과학

2022 개정 교육과정에서 과학은 '탐구 중심 학습'을 강조하는 것이 주요 특징입니다. 학생들이 과학적 사고를 바탕으로 스스로 질문을 만들고, 그 질문을 탐구하는 과정을 통해 과학적 지식을 습득하도록 유도합니다. 실험과 관찰, 자료 분석 등을 통해 문제를 해결하며, 과학적 방법론을 익히고, 이러한 탐구 과정을 통해 창의적 문제 해결 능력을 기르는 것이 목표입니다.

또한 '융합적 사고와 실생활 연계'가 중요한 특징입니다. 과학은 물리, 화학, 생명과학, 지구과학 등 다양한 분야로 나뉘어 있지만, 2022 개정 교육과정에서는 이러한 과목 간의 경계를 넘나드는 융합적 사고를 강조합니다. 학생들이 과학적 지식을 일상생활에 적용하여 실생활 문제를 해결할 수 있도록 하며, 환경 문제, 기술적 도전 과제 등 현대 사회의 복합적 문제를 다루는 활동이 포함됩니다. 이를 통해 과학을 실생활과 연계하여 학습의 흥미를 높이고, 실제적인 사고력을 기를 수 있습니다.

마지막으로, '책임감 있는 과학적 소양'을 함양하는 것이 중요한 목표입니다. 과학 기술의 발전이 사회와 환경에 미치는 영향을 고려하면서, 학생들이 윤리적 책임감을 갖고 과학을 활용할 수 있도록 교육합니다. 이를 위해 환경 보존, 생명윤리, 지속 가능한 발전 등의 주제가 포함되어 있으며, 학생들이 과학적 지식을 바탕으로 사회적 책임을 실천하는 방법을 고민하도록 합니다. 과학적 지식뿐만 아니라 그 지식이 사회에 어떻게 적용될지를 고려하는 균형 잡힌 과학 교육이 이루어집니다.

과학과 마인드맵은 학습에서 '핵심 개념을 시각화'하고, '개념 간의 관계를 구조적으로 이해'하는 데 매우 유용한 도구입니다. 과학은 복잡한 이론과 다양한 개념이 서로 연결되어 있는 학문이기 때문에, 마인드맵을 활용하면 학생들이 이러한 개념을 보다 명확하게 정리하고, 그 관계를 시각적으로 파악할 수 있습니다. 이는 과학적 사고력을 기르고 문제 해결 능력을 향상시키는 데 중요한 역할을 합니다.

첫째, 마인드맵은 '과학 개념을 체계적으로 정리'하는 데 유용합니다. 과학은 물리, 화학, 생명과학, 지구과학 등 다양한 분야로 나뉘어 있고, 각각의 분야는 여러 세부적인 개념으로 이루어져 있습니다. 마인드맵을 활용하면 학생들이 주요 개념을 중심으로 세부적인 개념을 분류하고, 그 관계를 한눈에 파악할 수 있습니다. 예를 들어, '물질'이라는 중심 개념을 설정한 후, 그 아래에 '원자', '분자', '화학 반응' 등의 하위 개념을 연결하여 체계적으로 정리할 수 있습니다. 이를 통해 복잡한 과학 개념이 어떻게 서로 연결되어 있는지 쉽게 이해할 수 있습니다.

둘째, 마인드맵은 '과학적 문제 해결 과정에서 창의적 사고'를 도와줍니다. 과학적 탐구는 여러 변수와 조건을 고려하면서 문제를 해결하는 과정이기 때문에, 다양한 가능성을 열어두고 생각하는 능력이 중요합니다. 마인드맵을 활용하면 하나의 문제를 다양한 각도에서 접근할 수 있으며, 해결 방안을 여러 갈래로 확장해 나갈 수 있습니다. 예를 들어, '환경 오염'이라는 문제를 마인드맵으로 펼치면 원인, 영향, 해결 방안 등을 다양한 관점에서 구조적으로 분석할 수 있습니다. 이는 과학적 사고를 더 유연하고 창의적으로 만들어 줍니다.

셋째, 마인드맵은 '과학 학습에서 복습과 자기주도 학습'에 유익합니다. 과학은 여러 이론과 개념을 장기적으로 기억하고 이를 응용해야 하는 과목이기 때문에, 마인드맵을 통해 자신이 배운 내용을 요약하고 다시 떠올리는 데 도움이 됩니다. 마인드맵을 만들면서 개념을 정리하고, 새로운 정보가 들어올 때 기존의 마인드맵에 추가하거나 수정하는 방식으로 학습을 지속적으로 보완할 수 있습니다. 이는 자기주도 학습을 촉진하고, 과학적 개념을 체계적으로 학습하는 데 큰 도움을 줍니다.

이처럼 과학과 마인드맵은 학습의 구조화와 문제 해결, 창의적 사고를 촉진하는 데 있어 상호 보완적인 역할을 합니다.

과학은 학생들이 알아야 하는 개념이나 실험내용 등을 이미지로 표현하는 경우가 많습니다. 원소기호, 화학식, 물리 공식 등이 이에 해당합니다. 학생들이 교과서의 내용을 요약 정리. 함축화하더라도 이미지보다 더 복잡하고 길어지는 경우가 많습니다, 이럴 때는 이미지로 전체 내용을 보여주고 꼭 기억해야 하는 내용을 추가적으로 작성하면 개념 이해와 전체 내용을 조감적으로 이해하는 데 도움이 많이 됩니다.

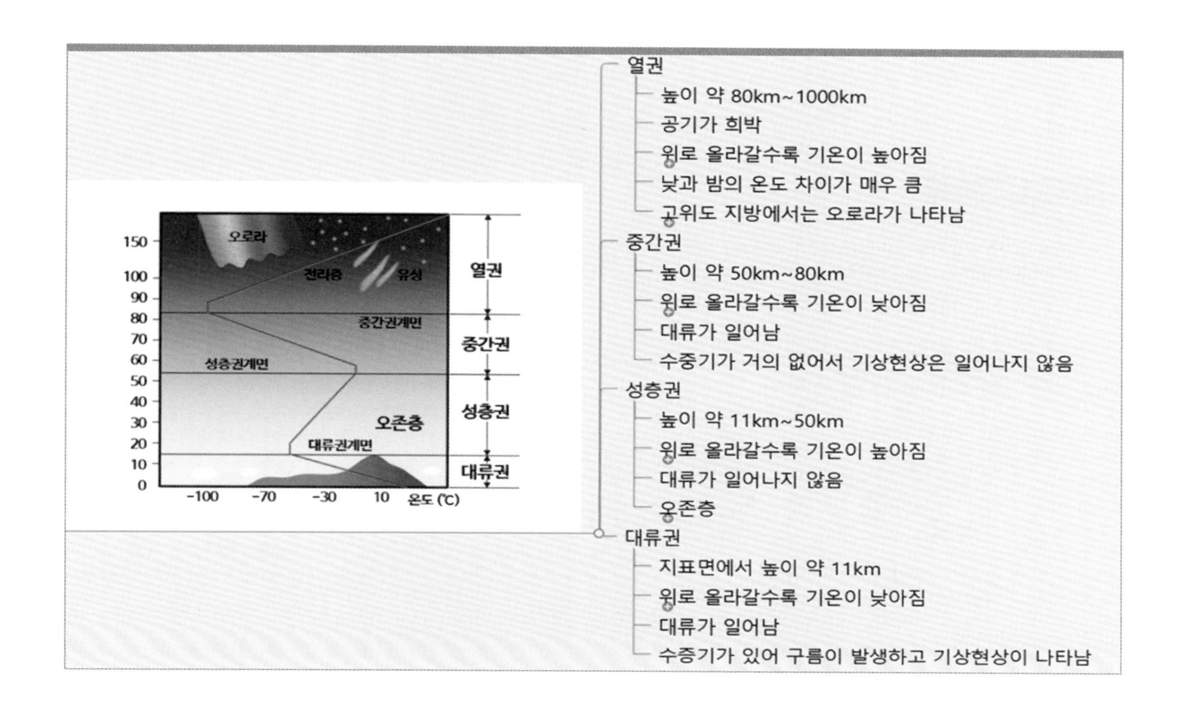

내용의 순서대로 하자면 위에서부터 대류권, 성층권의 순서대로 핵심어 가지를 만들어 정리하게 됩니다. 하지만 실제 층상구조를 보여주는 이미지와 같이 핵심어를 배열하여 이미지와 핵심어의 일치성으로 인지와 기억력에 도움을 줄 수 있습니다.

소단원을 읽고 핵심어를 파악하여 구조화합니다. 핵심어들 간의 상관관계를 이해하고 소단원의 내용을 한 문장으로 요약하여 소단원의 주제를 정리합니다. 소단원 단위의 한 문장 요약이 익숙해지면 중단원과 대단원 단위로 확장하여 한 문장으로 요약하며 단원 사이의 관계를 이해할 수 있습니다. 책 한 권을 읽고 '이 책을 한 문장으로 요약하자면~' 이라고 말할 수 있게 됩니다.

한 문장 요약은 각 단원명 아래에 위치하도록 하여 단원명과 요약된 한 문장만 보면서 전체 내용을 기억해낼 수 있도록 반복적으로 복습하며 장기기억으로 만듭니다. 접기/펴기 기능으로 핵심어 구조화 내용을 숨길 수 있습니다.

중등 과학1 교과서 - 소단원 한문장 요약하기를 통해 단원들간의 관계성을 이 해합니다. 중단원, 대단원 한문장 요약하기로 확장할 수 있습니다.

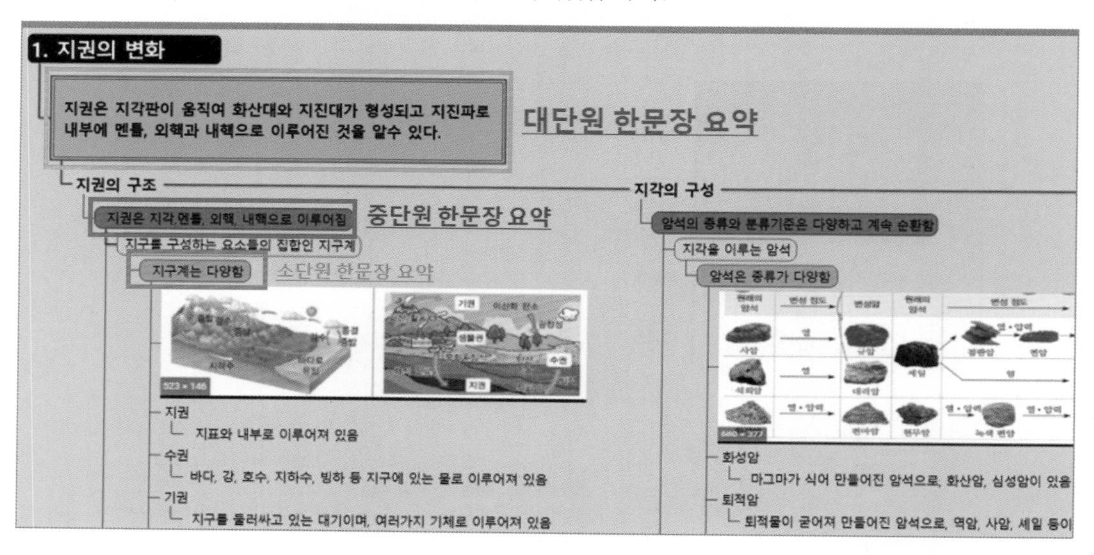

중등 과학1 교과서 1단원- 한문장 요약하기가 끝난 후 가지접기를 통해 하위가지를 숨깁니다. 단원명과 한 문장요약하기로 하위가지들을 떠올려 봅니다.

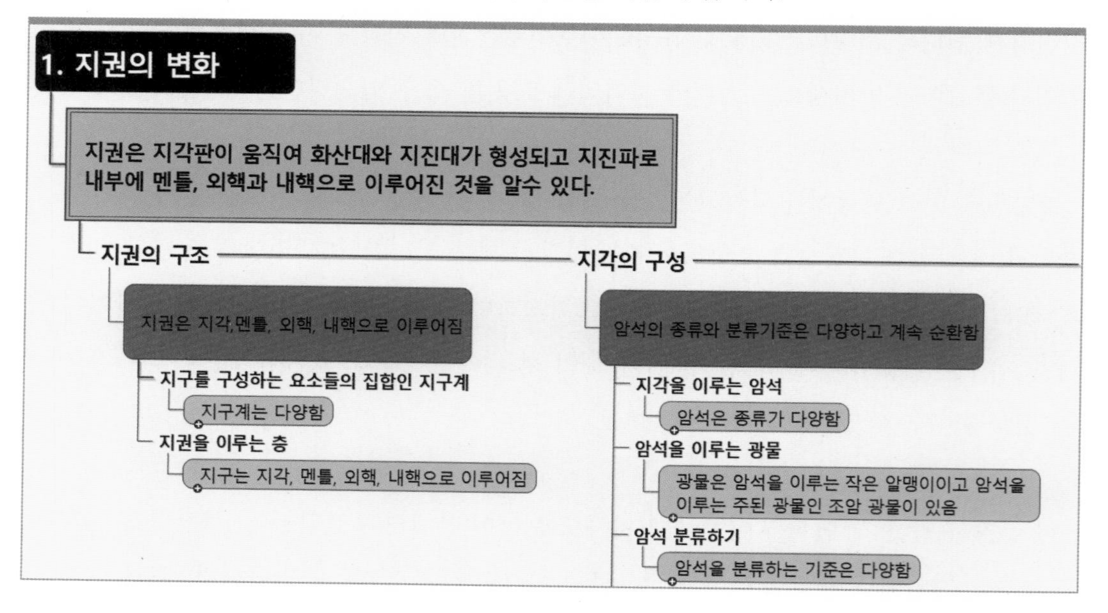

새 학기가 시작하기 전 교과서 훑어보기를 하면서 체크한 새로운 용어나 개념 등을 검색하여 내용을 맵으로 정리하도록 합니다. 이렇게 나의 배경지식으로 만들면 수업 중 선생님이 설명해 준 단어들에 연결고리가 생겨나 내가 알고 있는 것과 그물이 만들어집니다.

중등 과학2 교과서 - 예습하기

교과서 훑어보기를 하며 새로운 개념이나 용어 또는 더 알아보고 싶은 내용을 검색, 정리를 통해 수업 전에 이해하는 과정입니다.

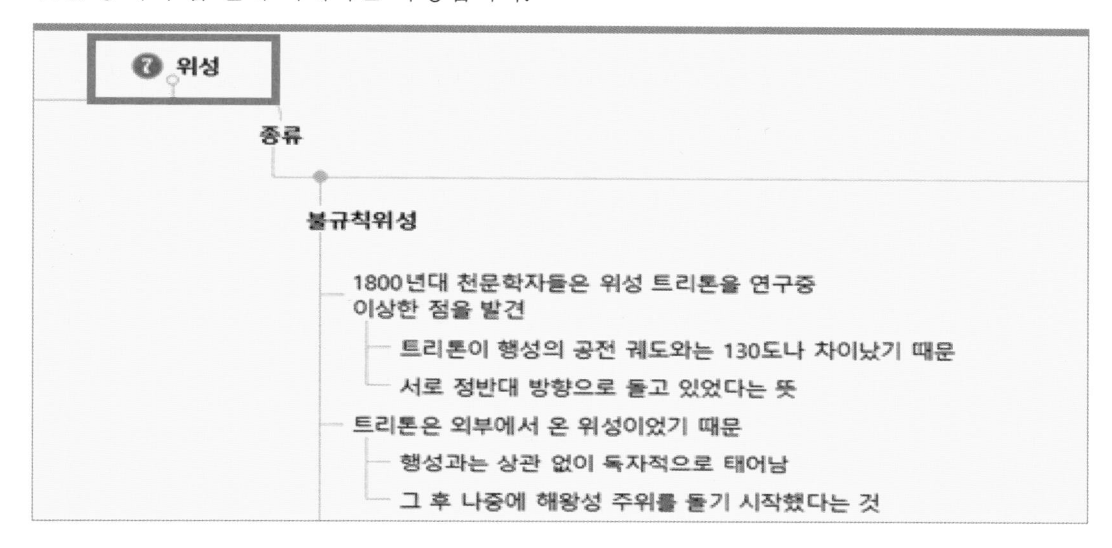

중등 과학 2교과서 - 예습하기

대단원별로 용어를 정리해 나가고 있습니다

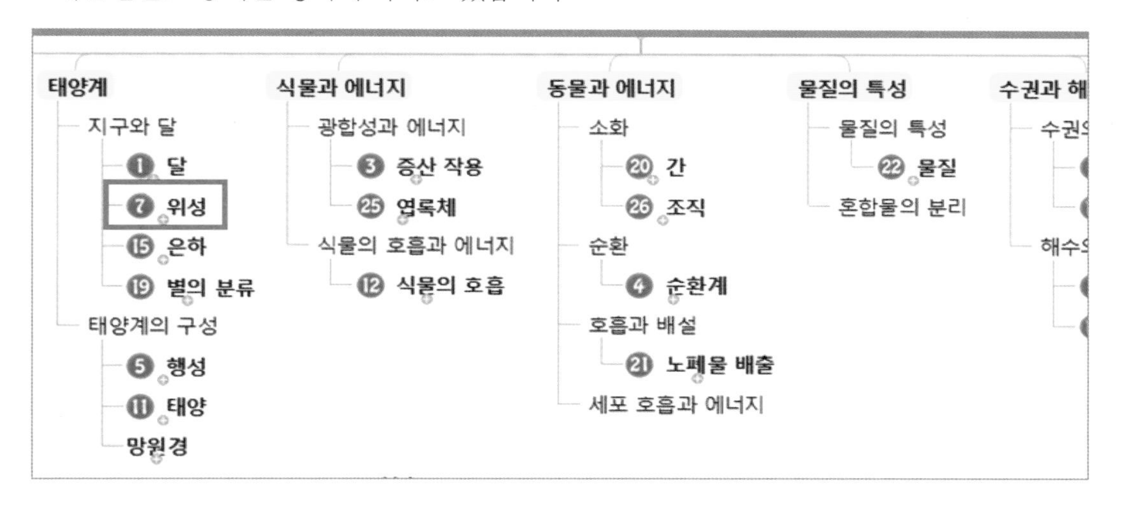

교과서의 목차대로 목차맵을 작성하고 내용을 단원별로 요약하여 정리를 먼저 하였습니다. 대단원별로 내용을 이해하면서 다른 단원과의 관계성을 알게 되고 확장성까지 생각하게 됩니다. 서로 관련이 있는 단원들끼리 묶어 자신만의 카테고리를 만듭니다. 자신만의 카테고리로 분류한다는 것은 전체 내용을 구조화하여 내용을 기억하는 좋은 방법입니다.

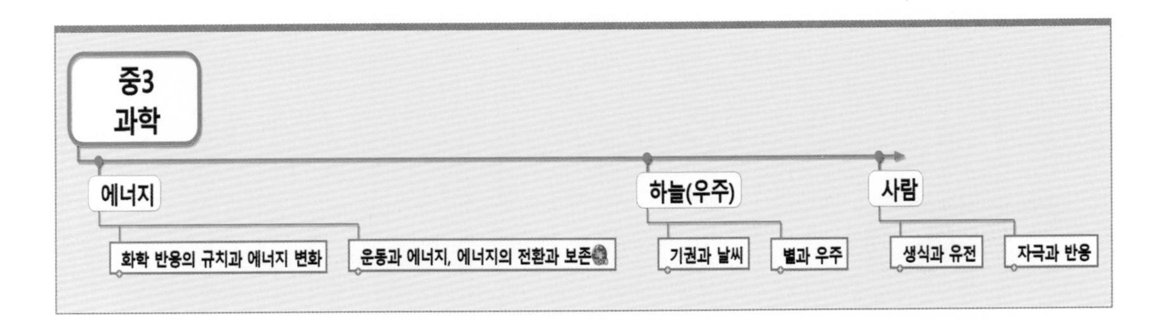

중등 과학1 교과서 - 소단원 한 문장 요약하기를 통해 단원들 간의 관계성을 이해합니다. 중단원, 대단원 한 문장 요약하기로 확장할 수 있습니다.

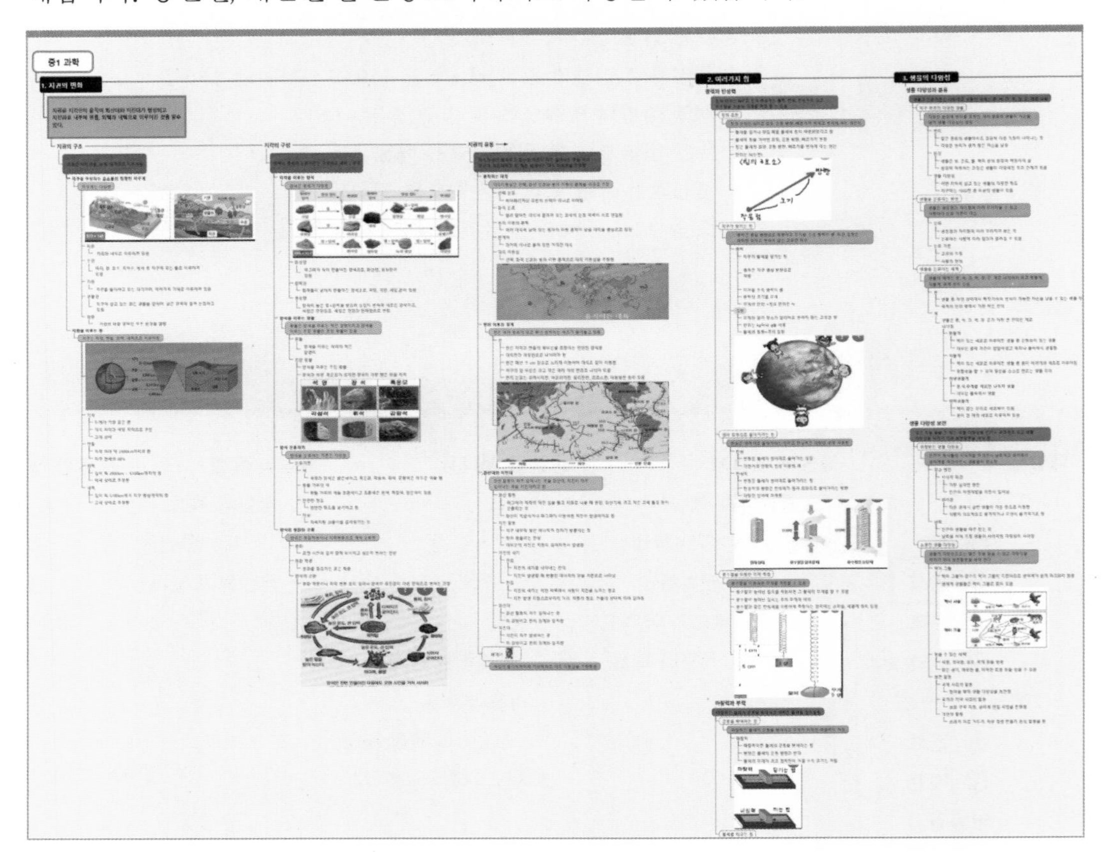

중등 과학1 교과서 - 이미지를 먼저 배치하여 시각적으로 내용을 이해할 수 있도록 하였습니다.

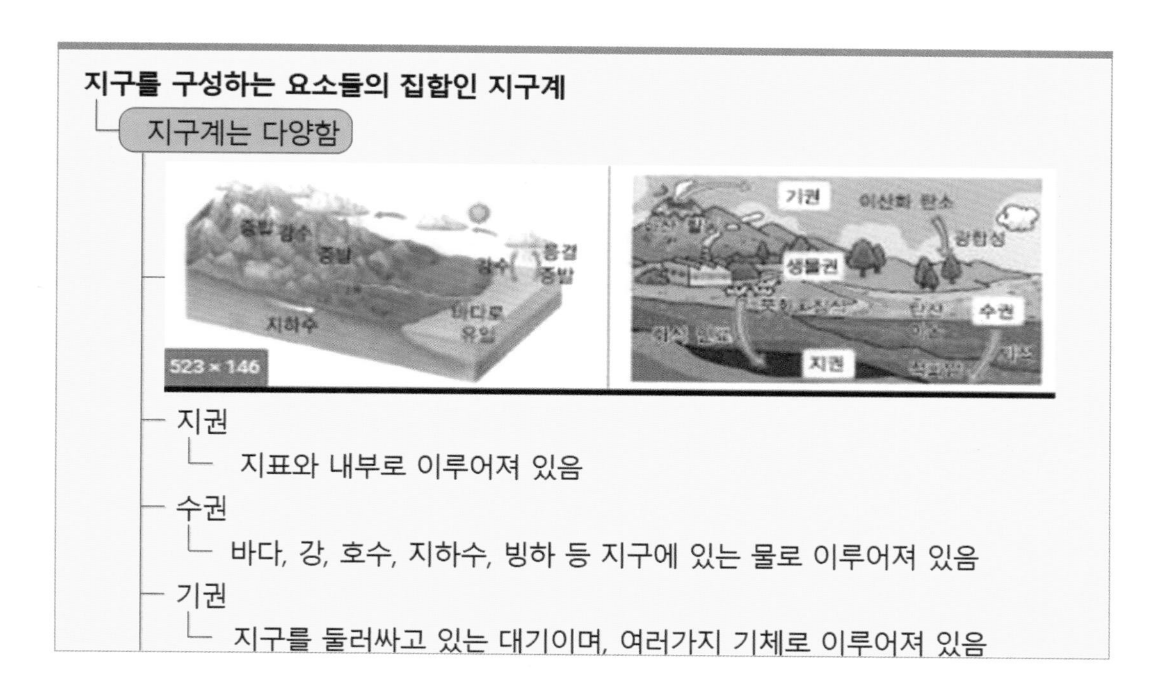
지구를 구성하는 요소들의 집합인 지구계

지구계는 다양함

- 지권
  - 지표와 내부로 이루어져 있음
- 수권
  - 바다, 강, 호수, 지하수, 빙하 등 지구에 있는 물로 이루어져 있음
- 기권
  - 지구를 둘러싸고 있는 대기이며, 여러가지 기체로 이루어져 있음

중2 과학교과서 - 예습하기

교과서 훑어보기를 하며 새로운 개념이나 용어 또는 더 알아보고 싶은 내용의 검색, 정리를 하면서 수업 전에 이해하는 과정입니다.

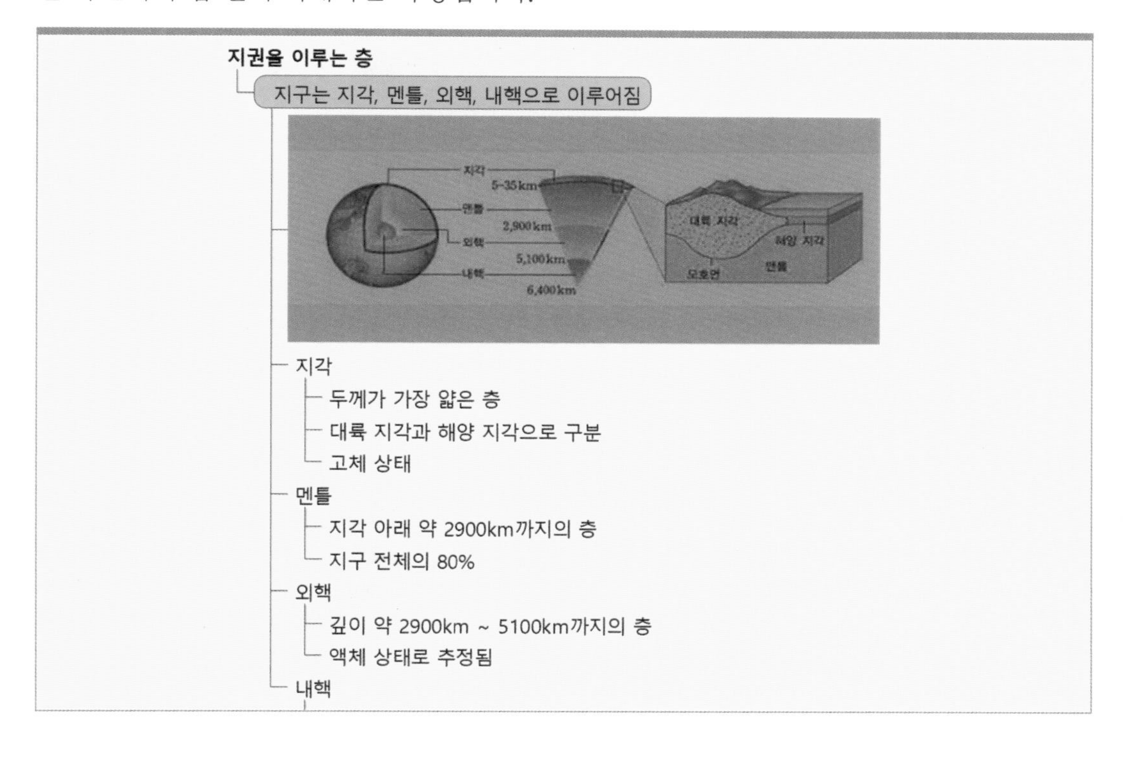
지권을 이루는 층

지구는 지각, 멘틀, 외핵, 내핵으로 이루어짐

- 지각
  - 두께가 가장 얇은 층
  - 대륙 지각과 해양 지각으로 구분
  - 고체 상태
- 멘틀
  - 지각 아래 약 2900km까지의 층
  - 지구 전체의 80%
- 외핵
  - 깊이 약 2900km ~ 5100km까지의 층
  - 액체 상태로 추정됨
- 내핵

중등 과학 2교과서 - 예습하기

대단원별로 용어를 정리해 나가고 있습니다.

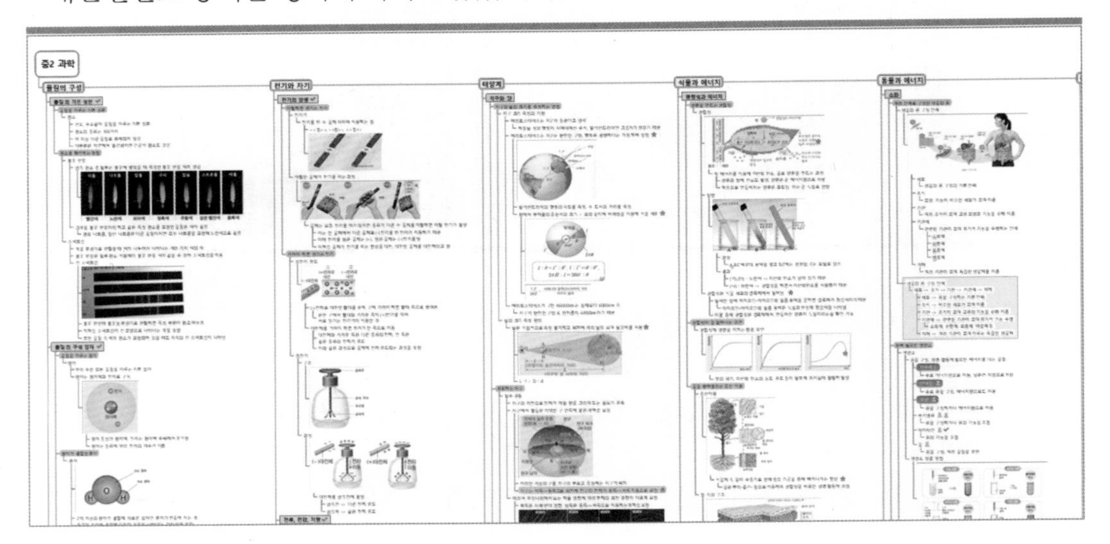

중등 과학2 교과서 - 함축화하기

핵심어구조화된 내용을 반복학습하여 기억을 위한 인출단어로 함축화 한 것을 볼 수 있습니다.

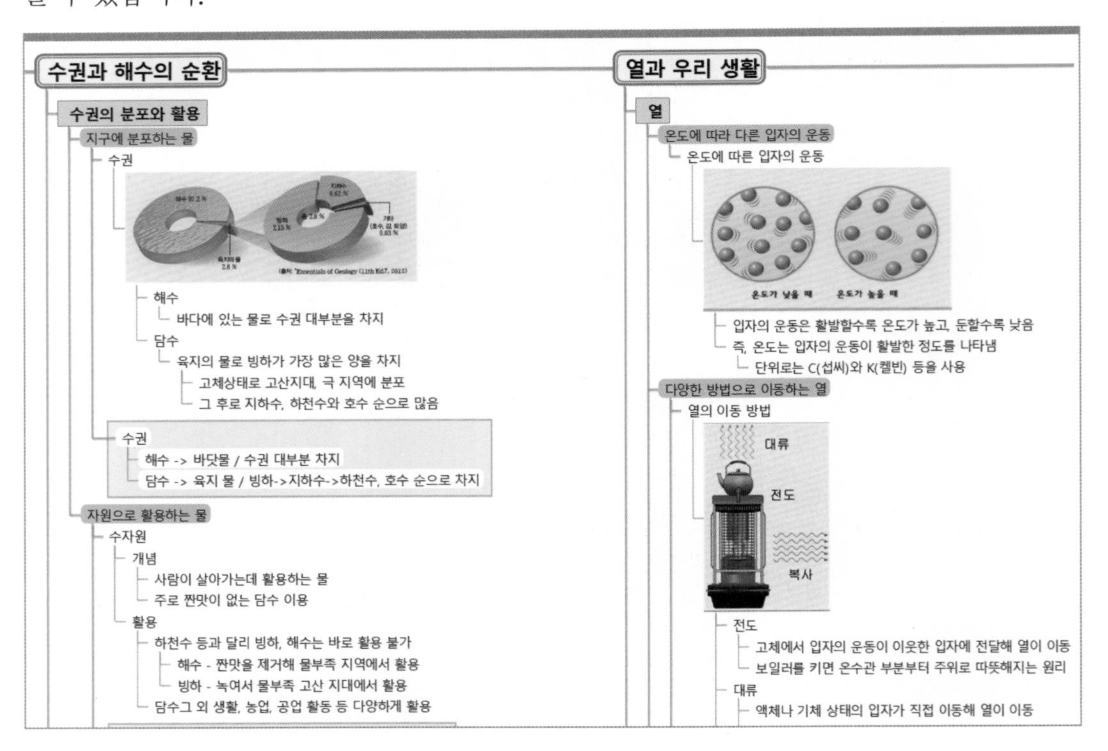

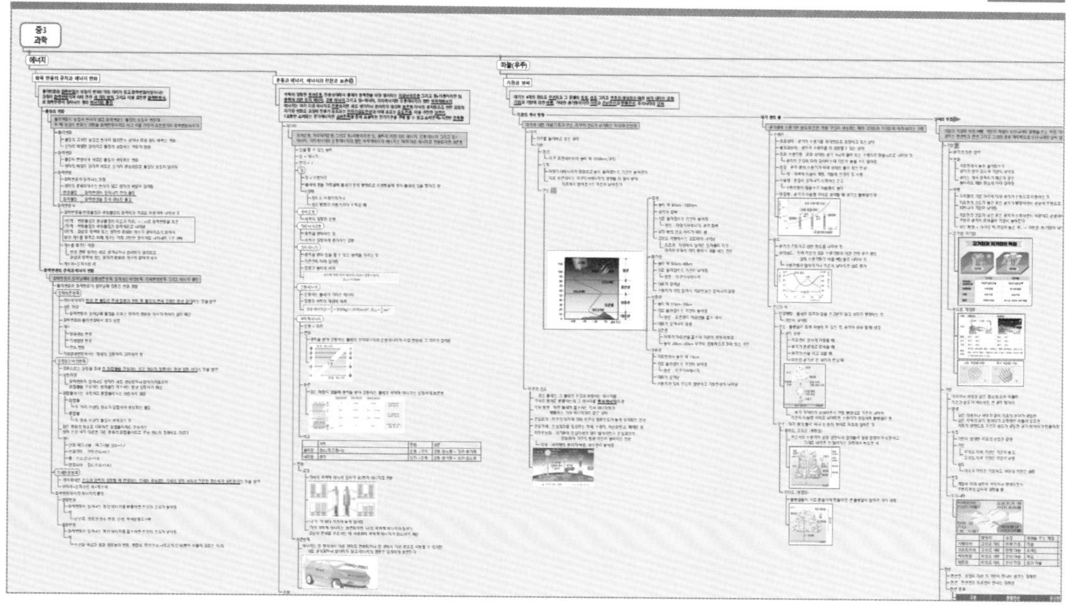

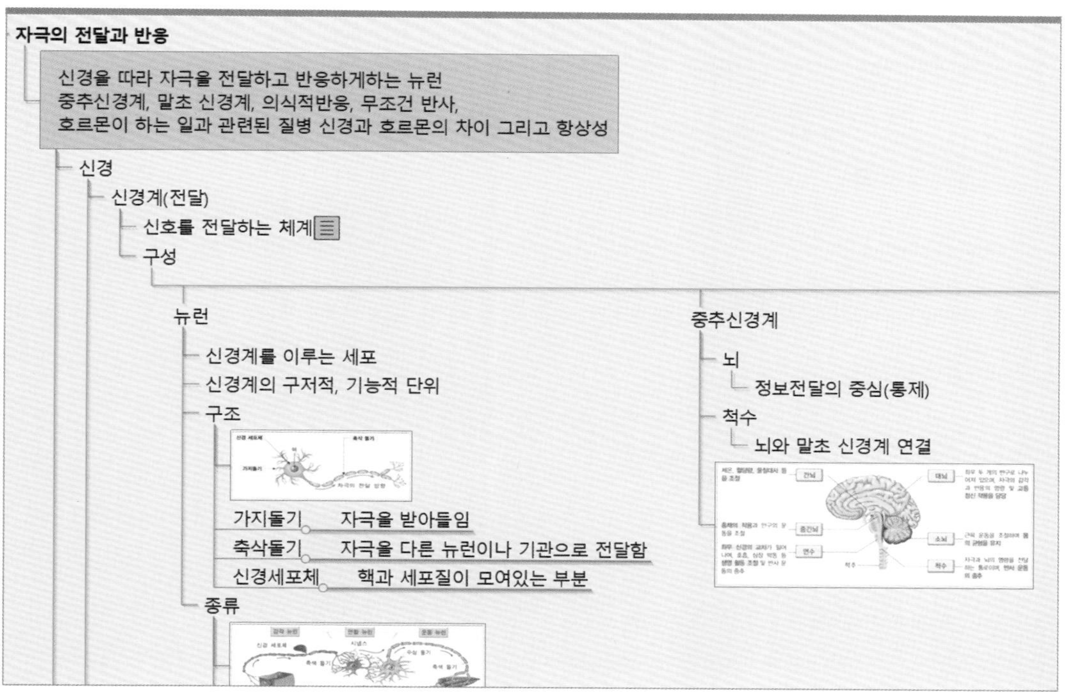

중3 과학교과서 - 맵방향 핵심어들의 비교를 위한 맵방향을 적용하여 시각적 효과를 극대화한 것입니다.

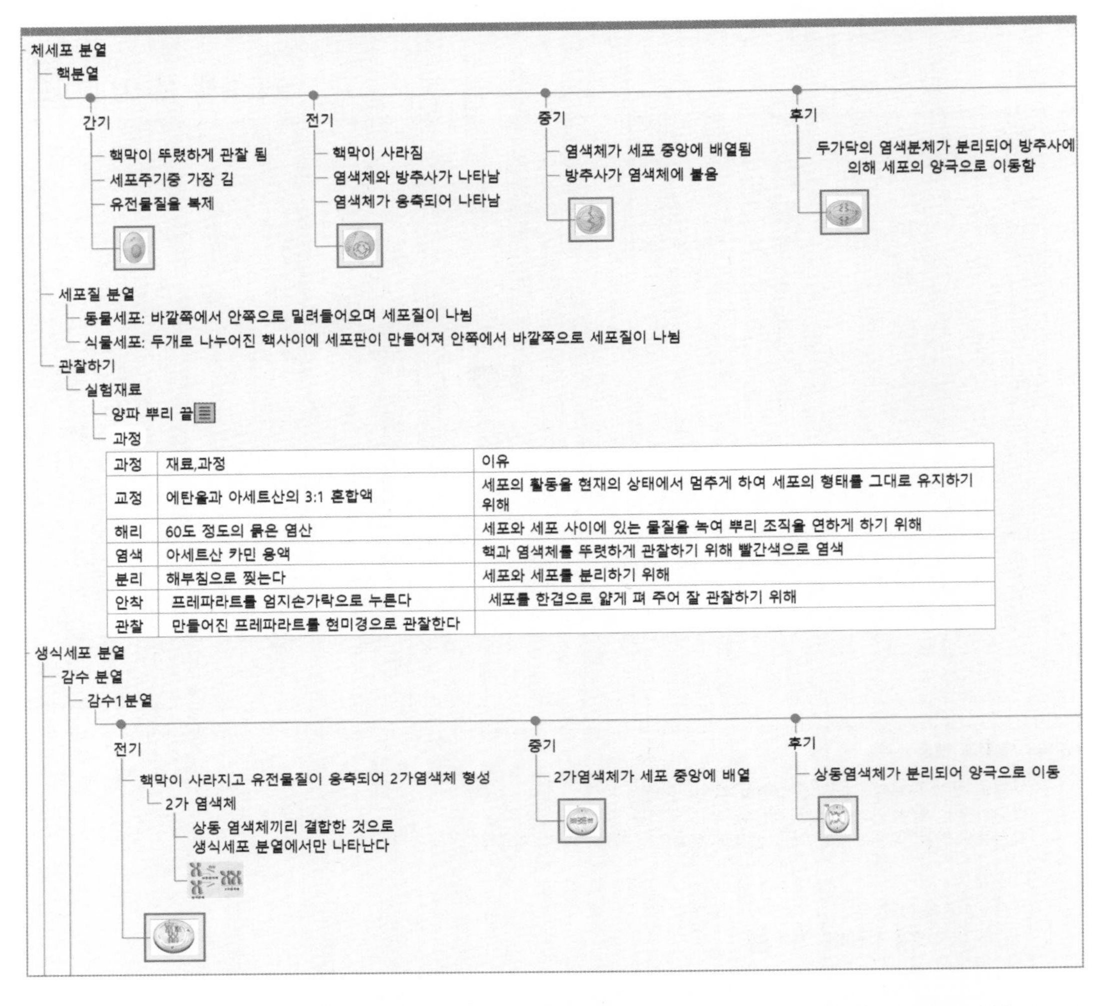
체세포 분열
핵분열
간기
핵막이 뚜렷하게 관찰 됨
세포주기중 가장 김
유전물질을 복제
전기
핵막이 사라짐
염색체와 방추사가 나타남
염색체가 응축되어 나타남
중기
염색체가 세포 중앙에 배열됨
방추사가 염색체에 붙음
후기
두가닥의 염색분체가 분리되어 방추사에 의해 세포의 양극으로 이동함
세포질 분열
동물세포: 바깥쪽에서 안쪽으로 밀려들어오며 세포질이 나뉨
식물세포: 두개로 나누어진 핵사이에 세포판이 만들어져 안쪽에서 바깥쪽으로 세포질이 나뉨
관찰하기
실험재료
양파 뿌리 끝
과정
생식세포 분열
감수 분열
감수1분열
전기
핵막이 사라지고 유전물질이 응축되어 2가염색체 형성
2가 염색체
상동 염색체끼리 결합한 것으로
생식세포 분열에서만 나타난다
중기
2가염색체가 세포 중앙에 배열
후기
상동염색체가 분리되어 양극으로 이동

과정	재료,과정	이유
고정	에탄올과 아세트산의 3:1 혼합액	세포의 활동을 현재의 상태에서 멈추게 하여 세포의 형태를 그대로 유지하기 위해
해리	60도 정도의 묽은 염산	세포와 세포 사이에 있는 물질을 녹여 뿌리 조직을 연하게 하기 위해
염색	아세트산 카민 용액	핵과 염색체를 뚜렷하게 관찰하기 위해 빨간색으로 염색
분리	해부침으로 찢는다	세포와 세포를 분리하기 위해
압착	프레파라트를 엄지손가락으로 누른다	세포를 한겹으로 얇게 펴 주어 잘 관찰하기 위해
관찰	만들어진 프레파라트를 현미경으로 관찰한다	

중3 과학교과서 - 핵분열 과정을 맵방향 중 진행트리로 바꾸어 시각적으로 인지할 수 있도록 하였습니다.

고등 통합과학 교과서

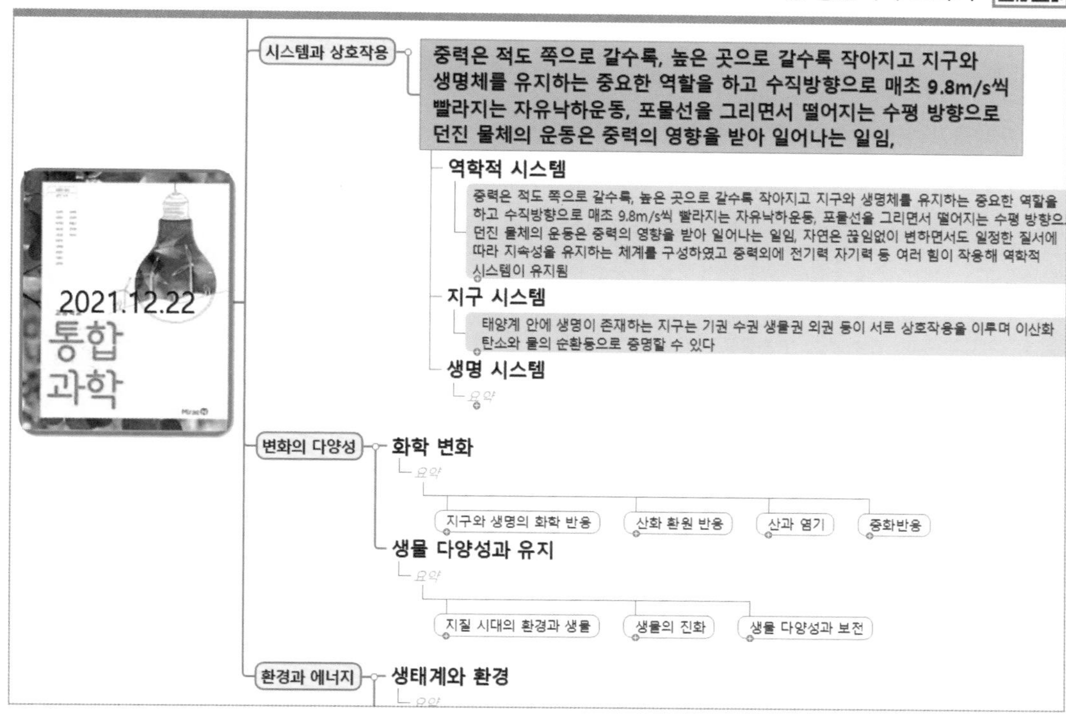
2021.12.22
통합
과학
시스템과 상호작용
중력은 적도 쪽으로 갈수록, 높은 곳으로 갈수록 작아지고 지구와 생명체를 유지하는 중요한 역할을 하고 수직방향으로 매초 9.8m/s씩 빨라지는 자유낙하운동, 포물선을 그리면서 떨어지는 수평 방향으로 던진 물체의 운동은 중력의 영향을 받아 일어나는 일임,
역학적 시스템
중력은 적도 쪽으로 갈수록, 높은 곳으로 갈수록 작아지고 지구와 생명체를 유지하는 중요한 역할을 하고 수직방향으로 매초 9.8m/s씩 빨라지는 자유낙하운동, 포물선을 그리면서 떨어지는 수평 방향으로 던진 물체의 운동은 중력의 영향을 받아 일어나는 일임, 자연은 끊임없이 변하면서도 일정한 질서에 따라 지속성을 유지하는 체계를 구성하였고 중력외에 전기력 자기력 등 여러 힘이 작용해 역학적 시스템이 유지됨
지구 시스템
태양계 안에 생명이 존재하는 지구는 기권 수권 생물권 외권 등이 서로 상호작용을 이루며 이산화탄소와 물의 순환등으로 증명할 수 있다
생명 시스템
요약
변화의 다양성
화학 변화
요약
지구와 생명의 화학 반응
산화 환원 반응
산과 염기
중화반응
생물 다양성과 유지
요약
지질 시대의 환경과 생물
생물의 진화
생물 다양성과 보전
환경과 에너지
생태계와 환경
요약

고등 통합과학 교과서 부분

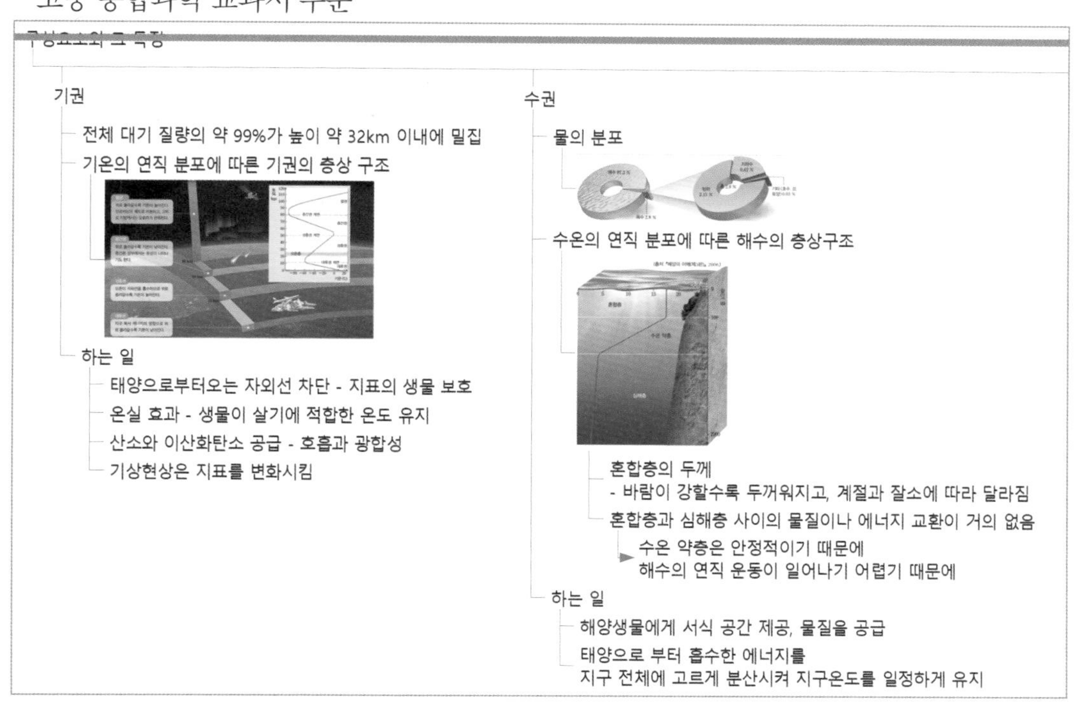
구성요소와 그 특징
기권
전체 대기 질량의 약 99%가 높이 약 32km 이내에 밀집
기온의 연직 분포에 따른 기권의 층상 구조
하는 일
태양으로부터오는 자외선 차단 - 지표의 생물 보호
온실 효과 - 생물이 살기에 적합한 온도 유지
산소와 이산화탄소 공급 - 호흡과 광합성
기상현상은 지표를 변화시킴
수권
물의 분포
수온의 연직 분포에 따른 해수의 층상구조
혼합층의 두께
- 바람이 강할수록 두꺼워지고, 계절과 잘소에 따라 달라짐
혼합층과 심해층 사이의 물질이나 에너지 교환이 거의 없음
수온 약층은 안정적이기 때문에
해수의 연직 운동이 일어나기 어렵기 때문에
하는 일
해양생물에게 서식 공간 제공, 물질을 공급
태양으로 부터 흡수한 에너지를
지구 전체에 고르게 분산시켜 지구온도를 일정하게 유지

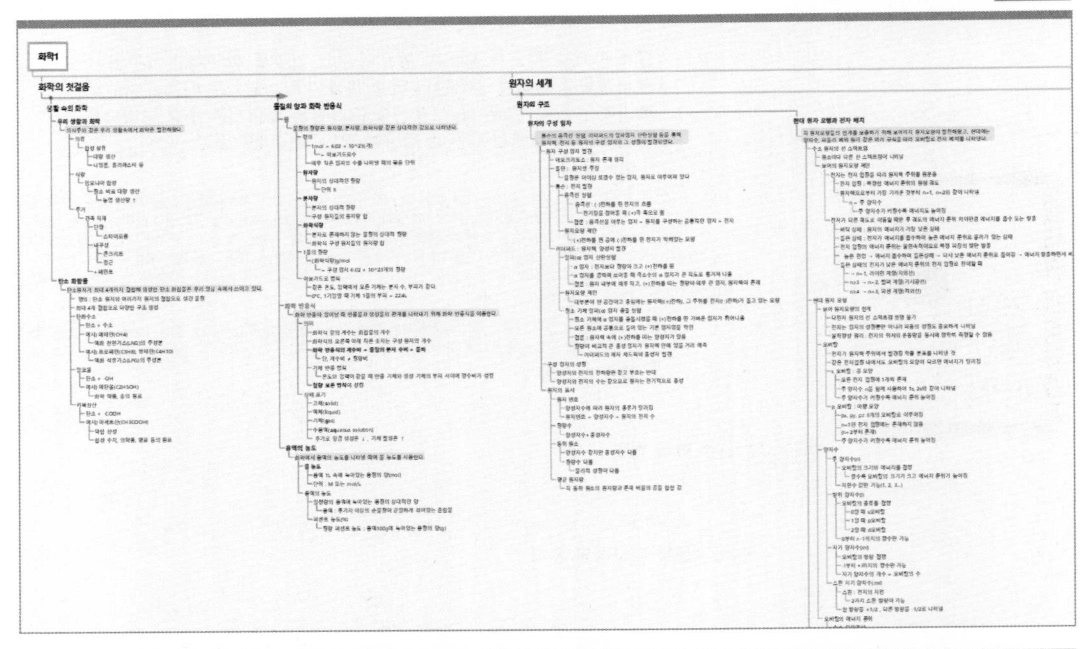

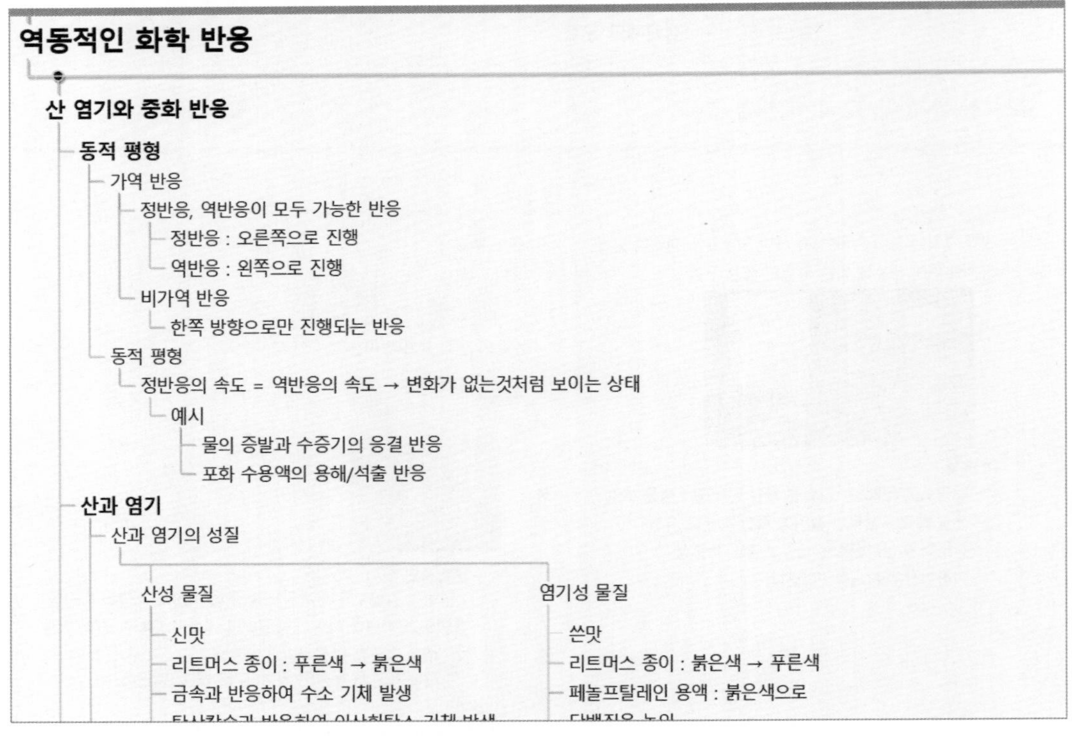

고등 화학1 교과서-부분 비교되는 내용들의 항목들을 순서에 맞춰서 맵핑하였습니다.

고등 물리1 교과서

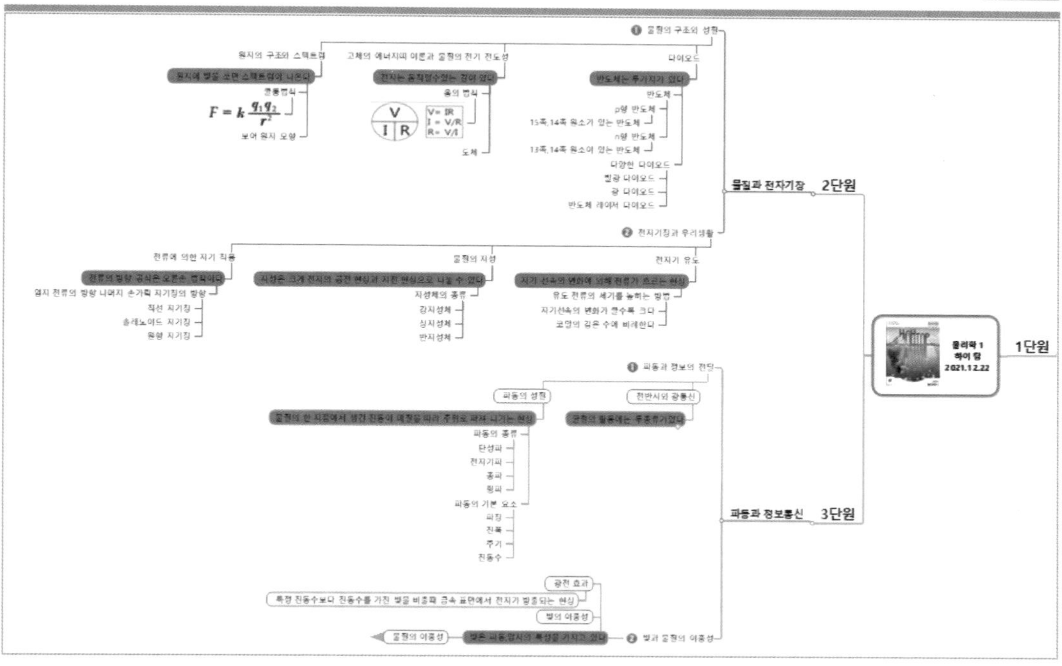

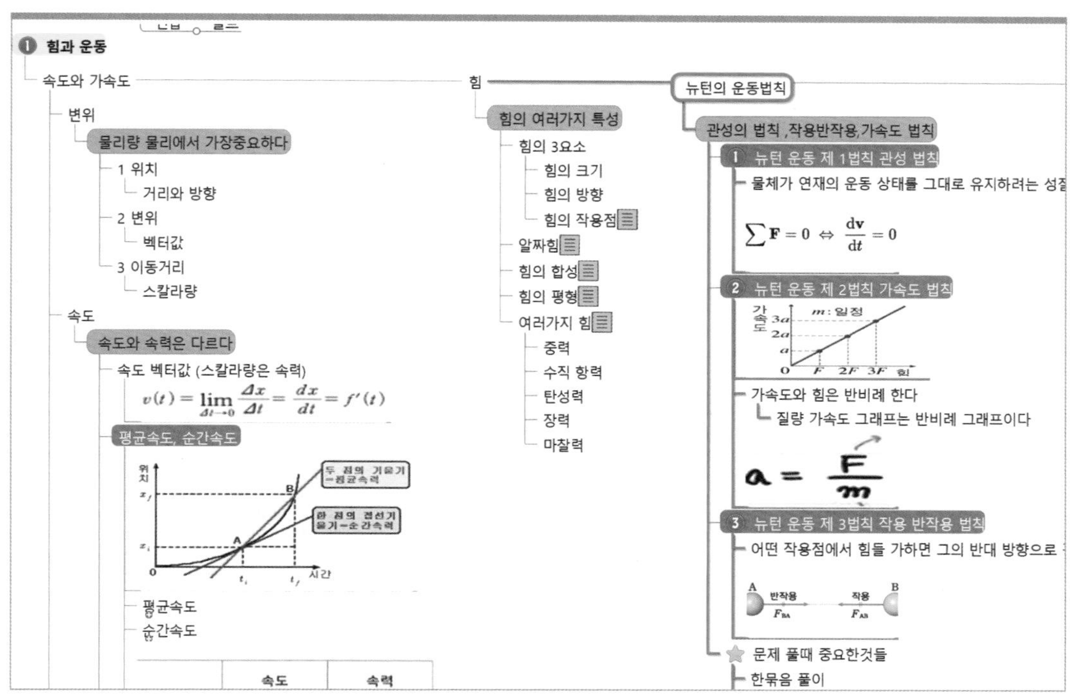

고2 물리1 교과서 - 중요 부분을 강조하는 방법으로 색채우기와 기호를 이용하였습니다.

| 3장 |

사회

사회 과목은 우리가 살아가는 사회의 구조, 문제, 그리고 변화 과정을 탐구하는 과목입니다. 이 과목에서는 지리, 정치, 경제, 문화 등 다양한 분야를 다루고, 사회 현상에 대한 이해와 분석 능력을 길러줍니다. 예를 들어, 정치에서는 정부의 역할과 시민의 권리, 의무를 배웁니다. 법에 대한 정의와 종류 그리고 특징을 설명합니다. 이때 법의 종류, 정의와 특징들이 모두 맵핑되어 있으면 전체 구조를 파악하기가 어렵습니다.

법의 종류를 기본 틀로 맵핑을 하면서 전체가 한눈에 보이게 합니다. 이렇게 구조화를 하면 가지를 접고 펴면서 전체의 구성을 파악할 수 있고 각 핵심어에 대한 정의는 핵심어 가지의 노트에 정리한 후 필요시 노트를 열어 확인하도록 합니다.

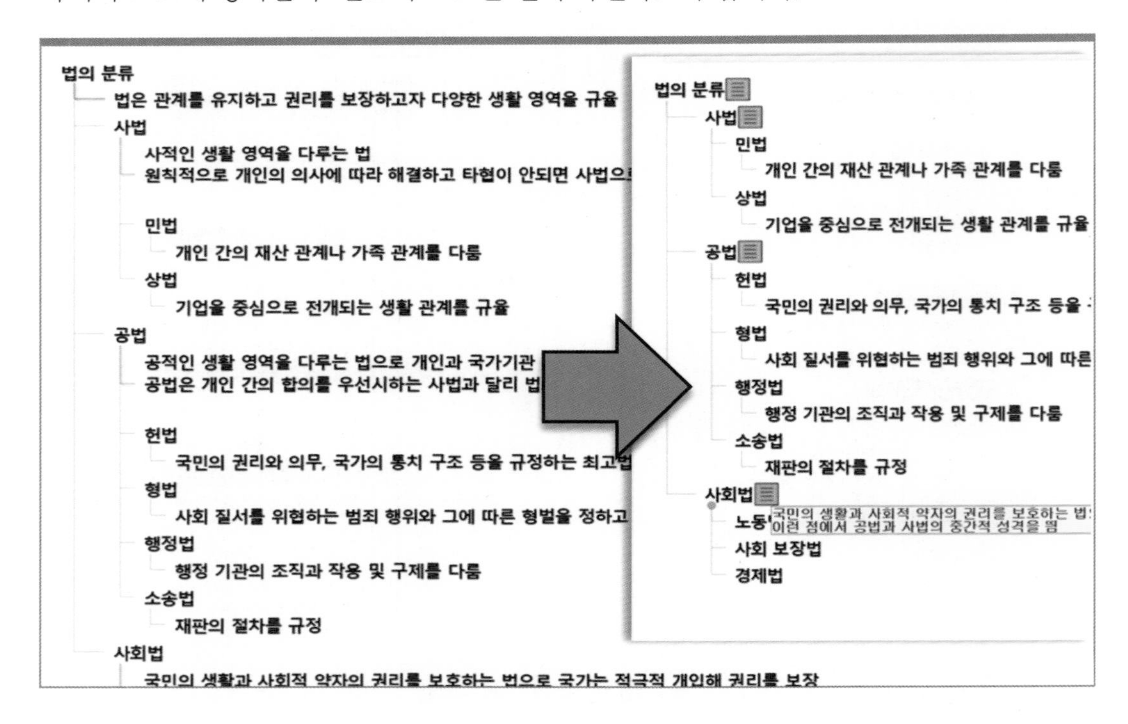

법의 정의와 종류들을 설명하는 단원에서 그 내용대로 요약 정리한 내용을 보면 법의 전체 관계가 눈에 보이지 않는 경우가 있습니다. 이때는 전체 분류를 한눈에 보이도록 정리해서 인지하도록 합니다. 법의 종류 가지만 핵심어로 보이도록 합니다. 이때 정의나 개념은 대표 가지의 노트 속에 넣어 전체 핵심어가 같은 레벨을 이루도록 합니다.

소단원의 내용을 한 문장으로 요약하기를 통해 소단원 간의 관계를 파악할 수 있습니다. 소단원의 요약한 내용으로 중단원 구성과 내용을 이해하기가 쉬워지며 한 문장으로 요약이 가능합니다.

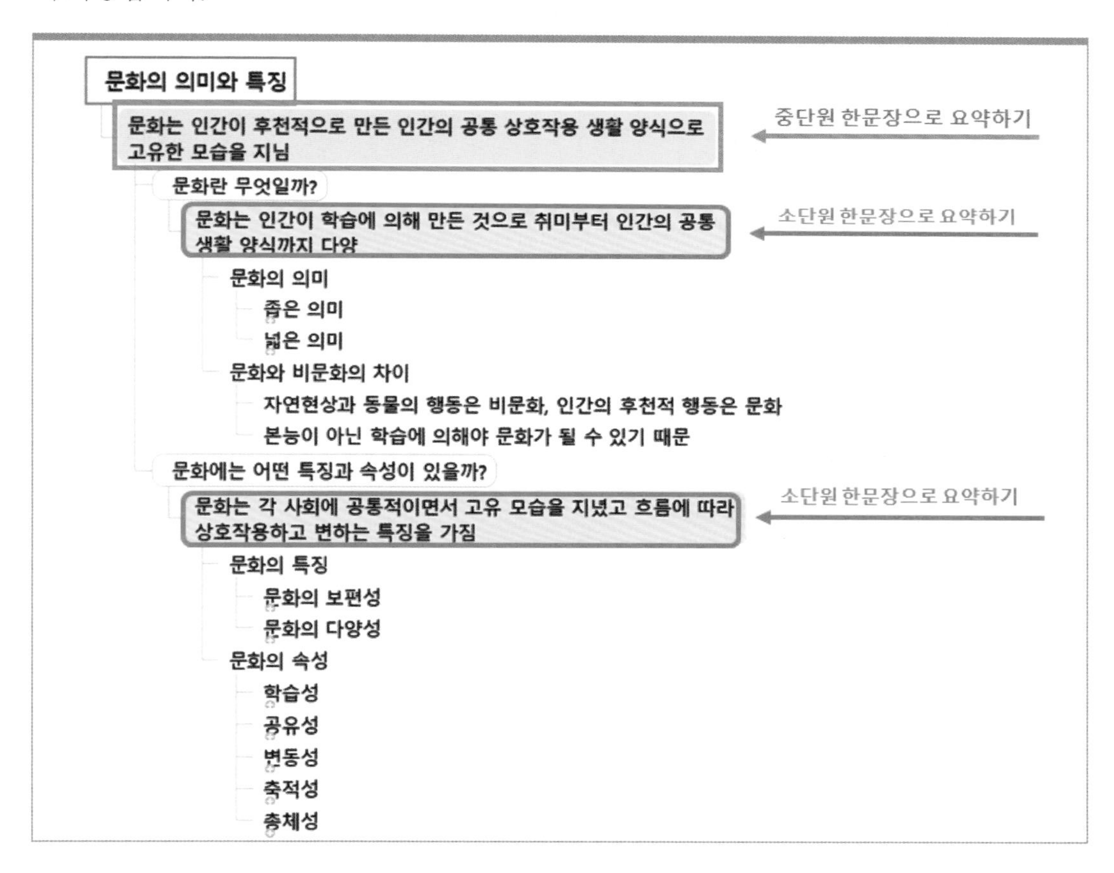

한 단원을 요약 정리하며 우리가 기억해야 할 중요 핵심어들이 있습니다. 중단원 제목 속에 그 핵심어가 포함되어 있는 경우가 많습니다. 단원 전체의 내용을 요약, 정리하며 중단원 제목 대신 핵심어를 대단원명 다음에 위치하도록 하여 기억과 인출의 흐름을 더 단순화하였습니다.

중등 사회2 교과서

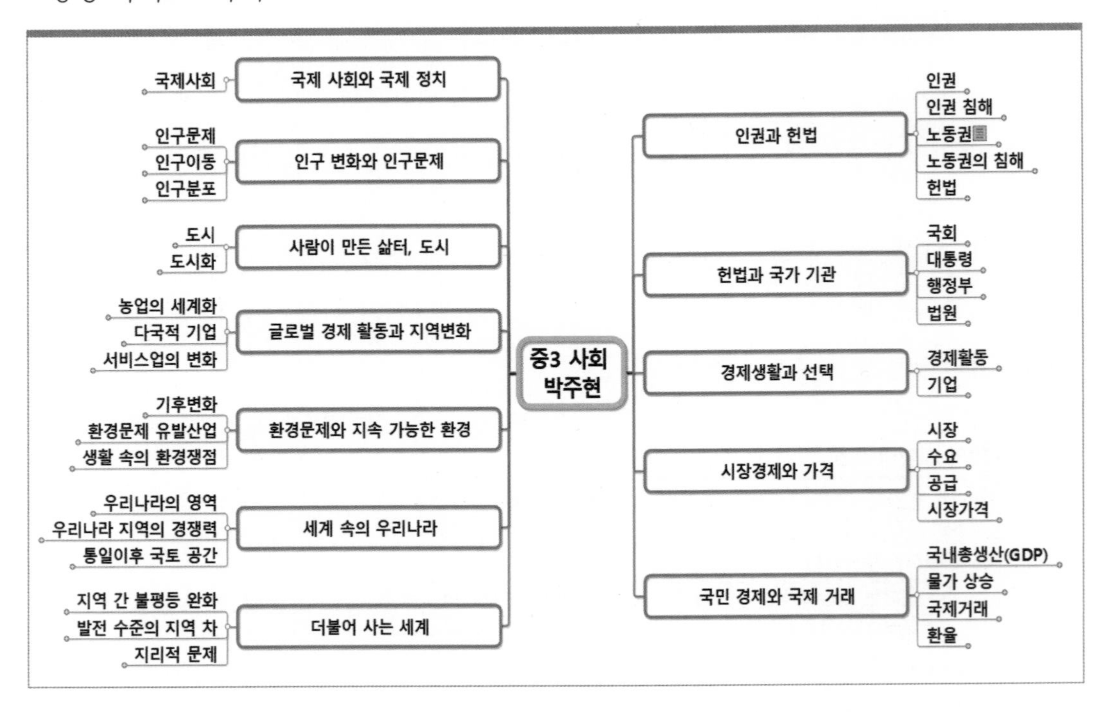

초등 5-2 사회교과서 1단원

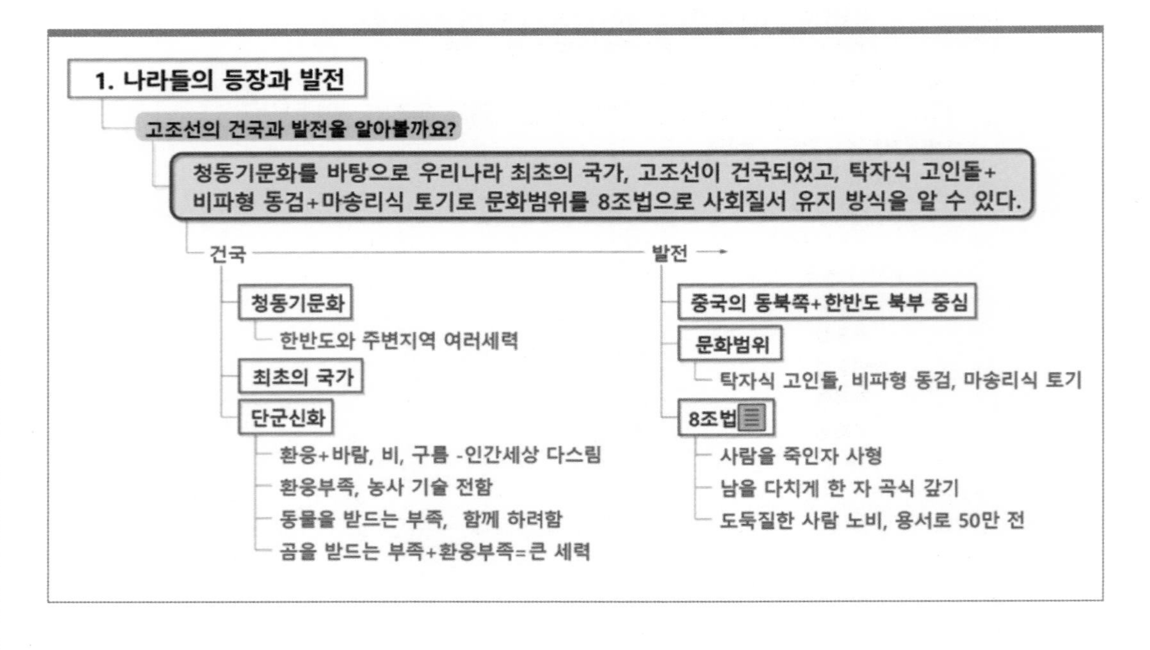

초등 6-2 사회교과서 1단원

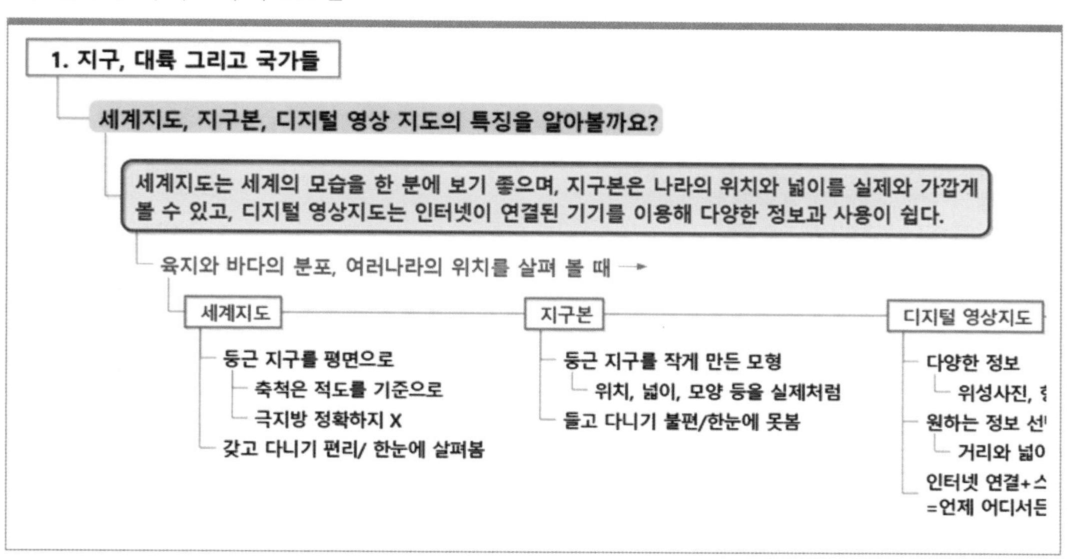

1. 지구, 대륙 그리고 국가들
세계지도, 지구본, 디지털 영상 지도의 특징을 알아볼까요?
세계지도는 세계의 모습을 한 분에 보기 좋으며, 지구본은 나라의 위치와 넓이를 실제와 가깝게 볼 수 있고, 디지털 영상지도는 인터넷이 연결된 기기를 이용해 다양한 정보과 사용이 쉽다.
육지와 바다의 분포, 여러나라의 위치를 살펴 볼 때 →
세계지도
둥근 지구를 평면으로
축척은 적도를 기준으로
극지방 정확하지 X
갖고 다니기 편리/ 한눈에 살펴봄
지구본
둥근 지구를 작게 만든 모형
위치, 넓이, 모양 등을 실제처럼
들고 다니기 불편/한눈에 못봄
디지털 영상지도
다양한 정보
위성사진,
원하는 정보 선
거리와 넓이
인터넷 연결+스
=언제 어디서든

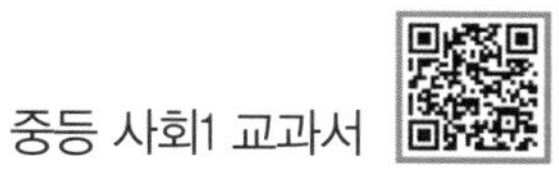
중등 사회1 교과서

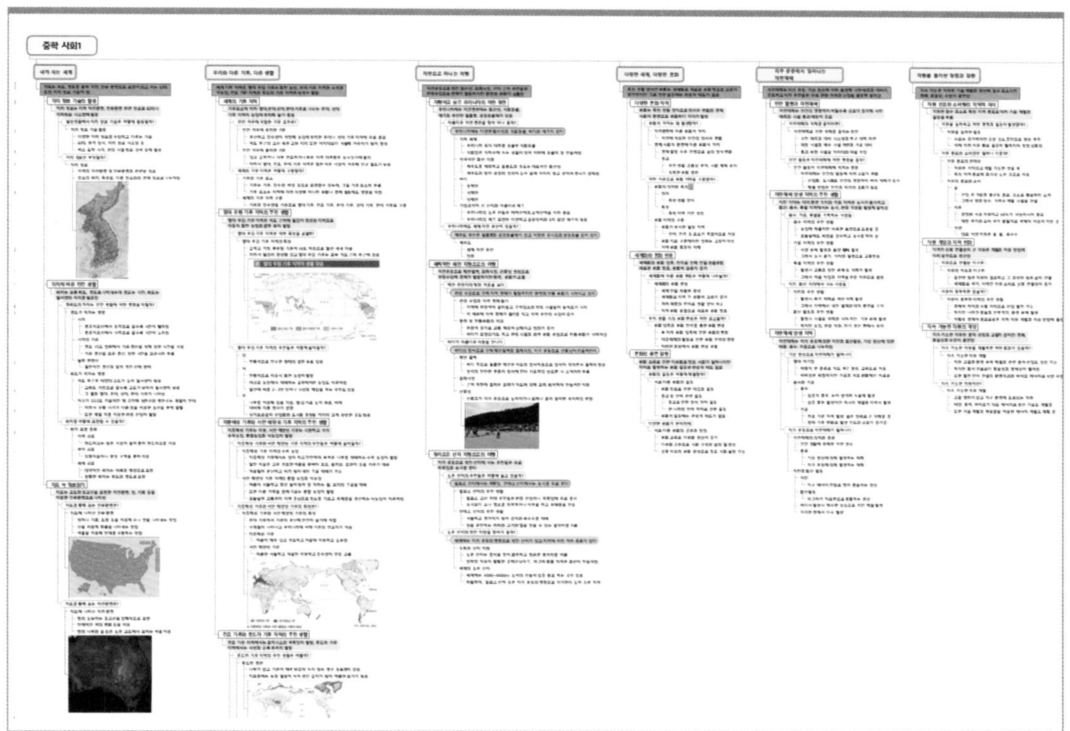

중등 사회1 교과서 3단원 - 소단원, 중단원, 대단원을 한 문장으로 요약하여 내용을 파악한다.

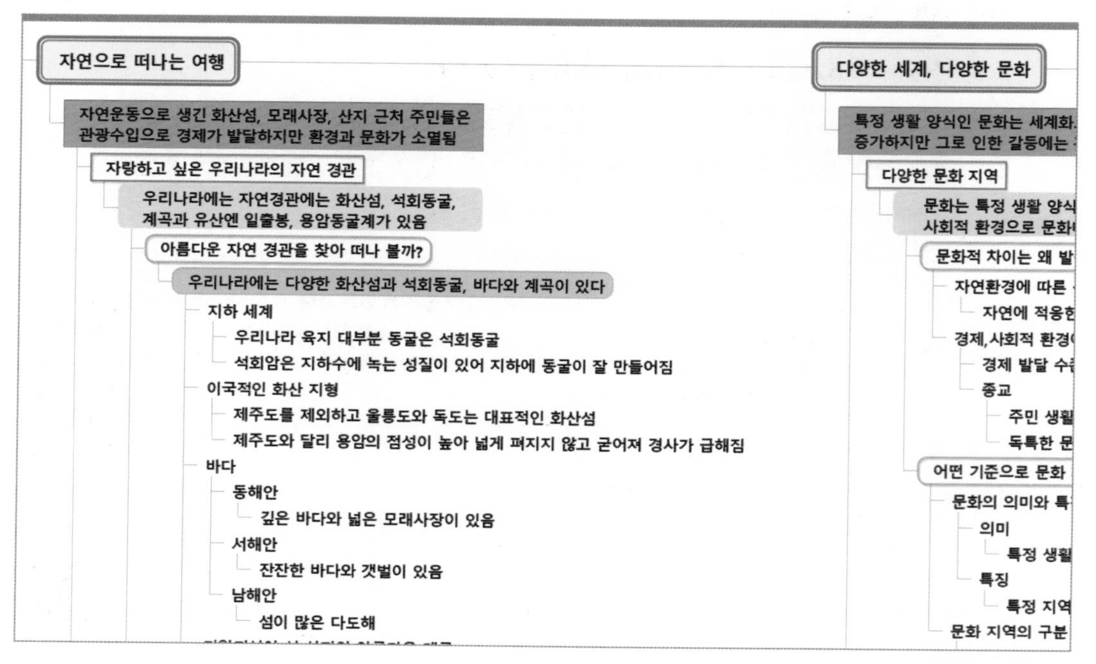

중등 사회2 교과서

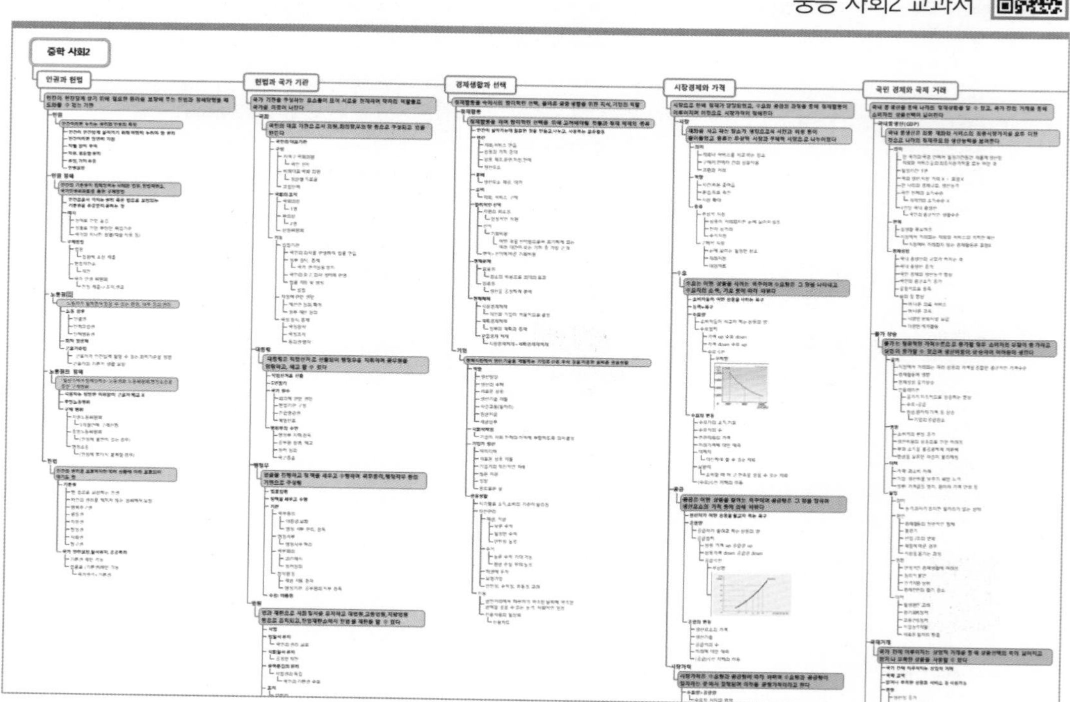

중등 사회2 교과서 4단원

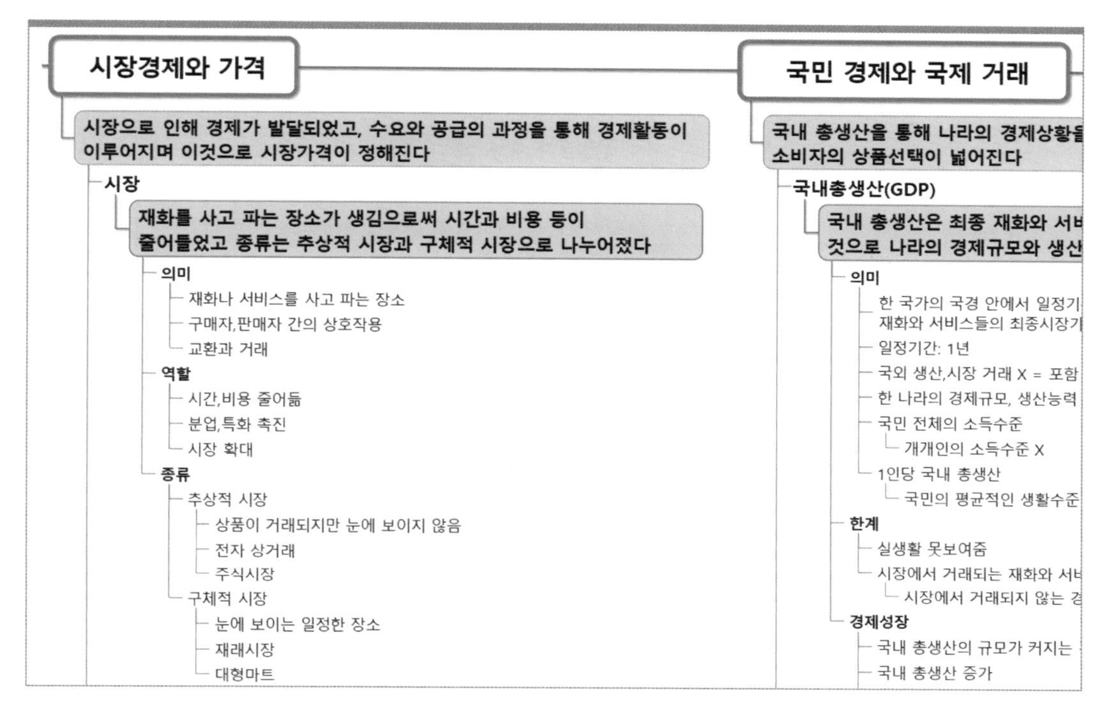

중등 사회2 교과서 2단원 - 관계있는 내용을 연결선으로 표시하여 시각적인 이해를 돕습니다.

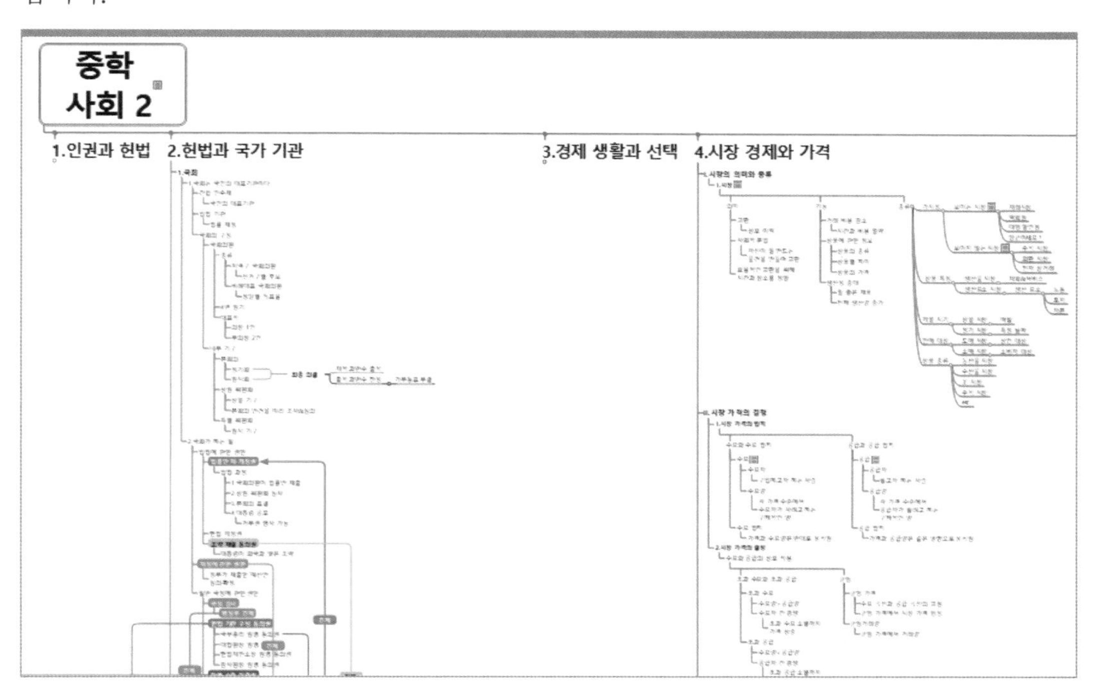

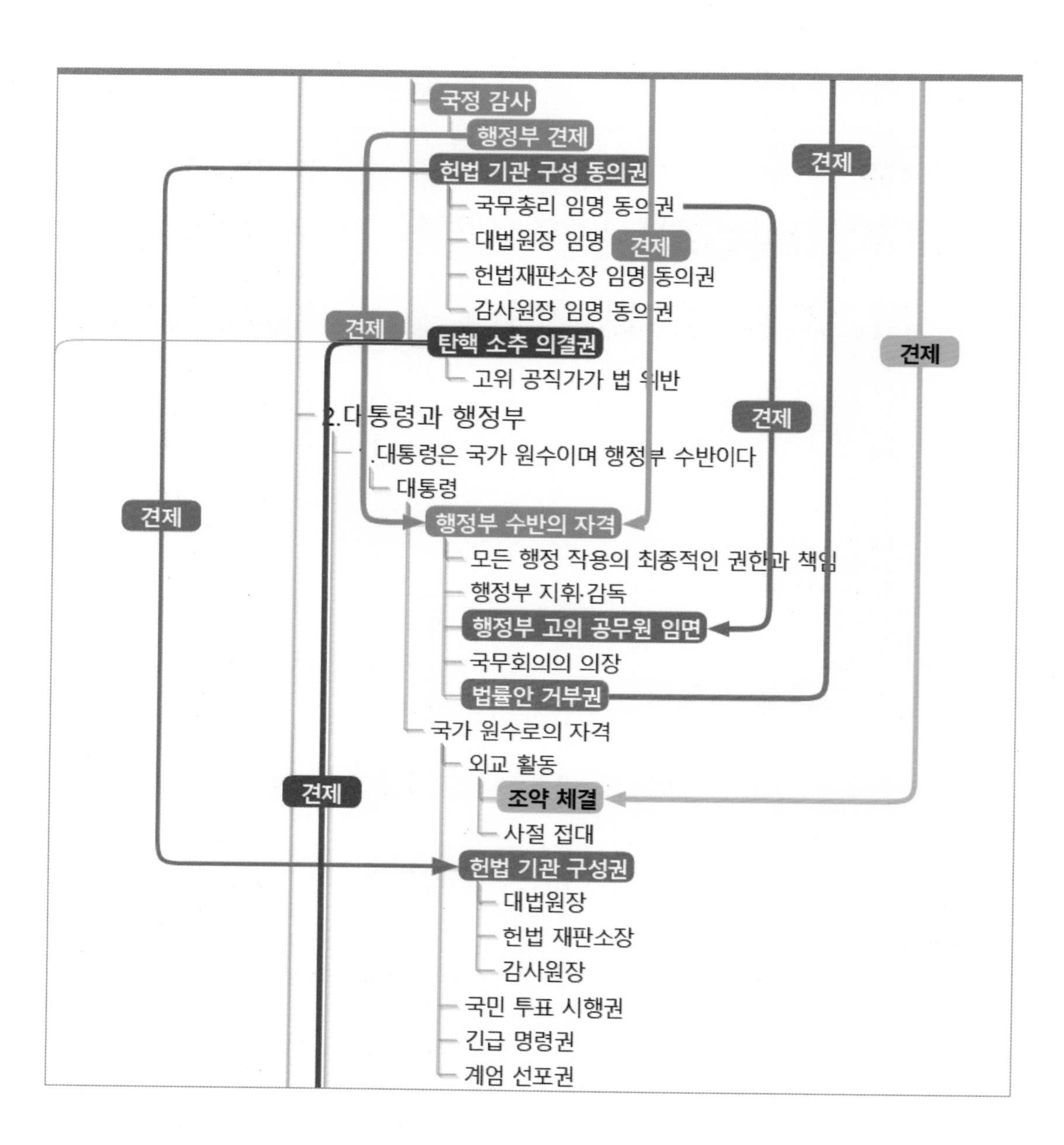
국정 감사
행정부 견제
헌법 기관 구성 동의권
국무총리 임명 동의권
대법원장 임명
견제
헌법재판소장 임명 동의권
감사원장 임명 동의권
견제
탄핵 소추 의결권
고위 공직가가 법 위반
견제
견제
2.대통령과 행정부
1.대통령은 국가 원수이며 행정부 수반이다
견제
대통령
행정부 수반의 자격
모든 행정 작용의 최종적인 권한과 책임
행정부 지휘·감독
행정부 고위 공무원 임면
국무회의의 의장
법률안 거부권
국가 원수로의 자격
외교 활동
견제
조약 체결
사절 접대
헌법 기관 구성권
대법원장
헌법 재판소장
감사원장
국민 투표 시행권
긴급 명령권
계엄 선포권

| 4장 |

역사

역사 과목은 과거의 사건, 인물, 문화 등을 다루며 시간의 흐름과 인과관계를 이해하는 데 중점을 둡니다. 역사는 단순한 사실의 나열이 아니라, 사건들 사이의 연결고리를 이해하고, 왜 이런 일들이 일어났는지, 어떤 영향을 미쳤는지를 분석하는 것이 중요합니다.

이런 역사 과목의 특징은 마인드맵과 매우 잘 맞아떨어집니다. 마인드맵은 정보를 시각적으로 정리하고 연결하는 도구로, 복잡한 정보를 한눈에 보기 쉽게 정리해 줍니다.

마인드맵을 활용하면, 각 사건과 인물들 사이의 관계를 한눈에 파악할 수 있고, 공부할 때 더 쉽게 이해할 수 있습니다.

예를 들면 1, 2차 세계대전을 공부할 때 다음과 같이 정리할 수 있습니다. 원인, 주요 사건, 주요 인물, 결과로 정리하면 사건을 이해하기 쉽습니다.

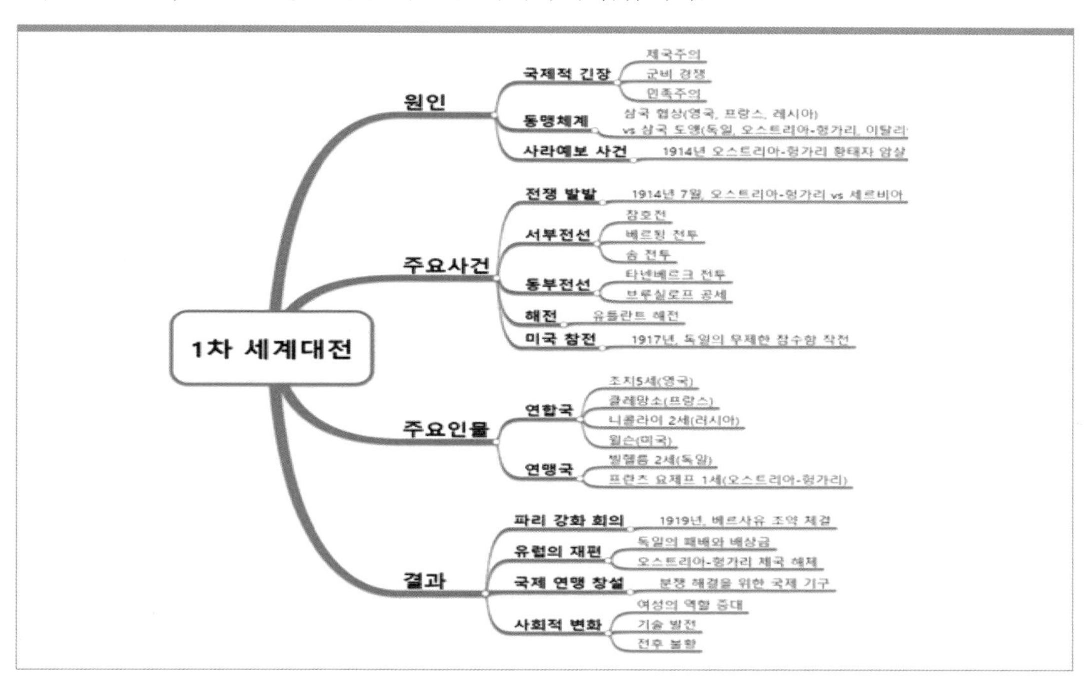

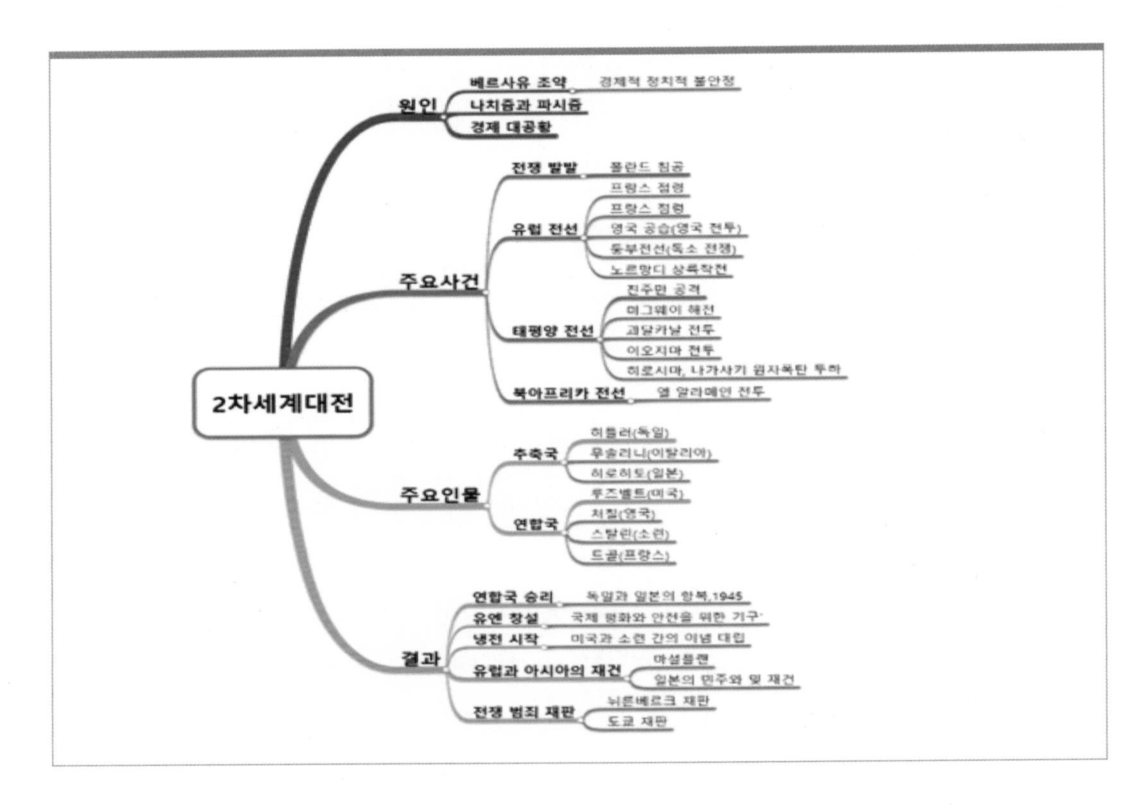

개별 사건으로 맵을 정리할 수도 있지만 연속적이거나 관련 있는 사건을 같이 정리하여 서로 비교해 볼 수 있습니다. 또한, 시간의 흐름에 따라 사건이 어떻게 연결되는지, 원인과 결과가 어떻게 이어지는지도 명확히 알 수 있습니다.

마인드맵은 단순히 외우는 것이 아니라 이해하고 분석하는 데 큰 도움을 주므로, 역사를 공부할 때 매우 유용한 도구입니다.

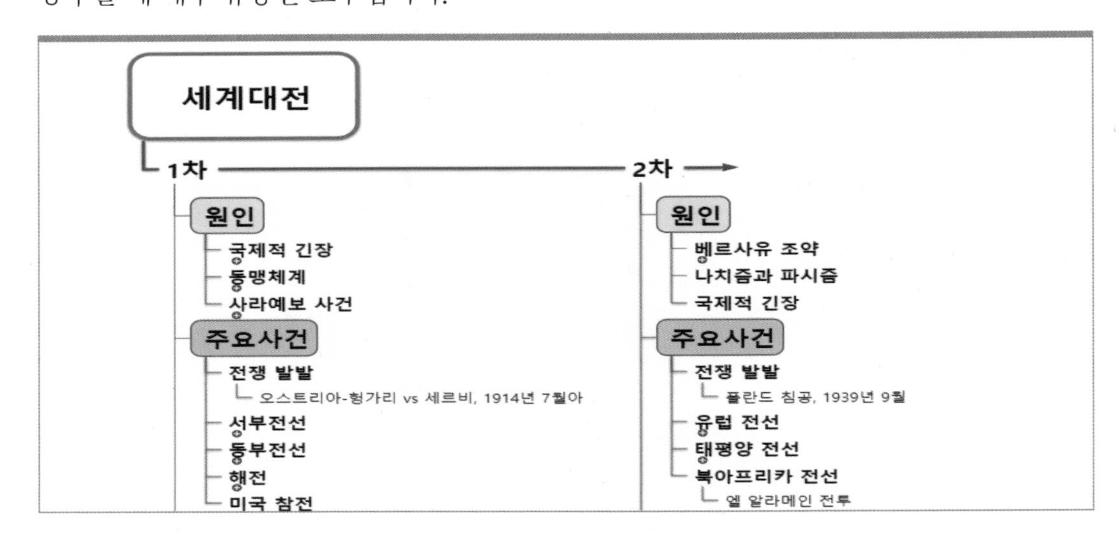

맵의 방향을 오른쪽으로 진행하는 모양을 선택하여 정리하면 시간과 내용의 흐름 방향이 일치하여 사고의 흐름이 자연스럽게 이어집니다.

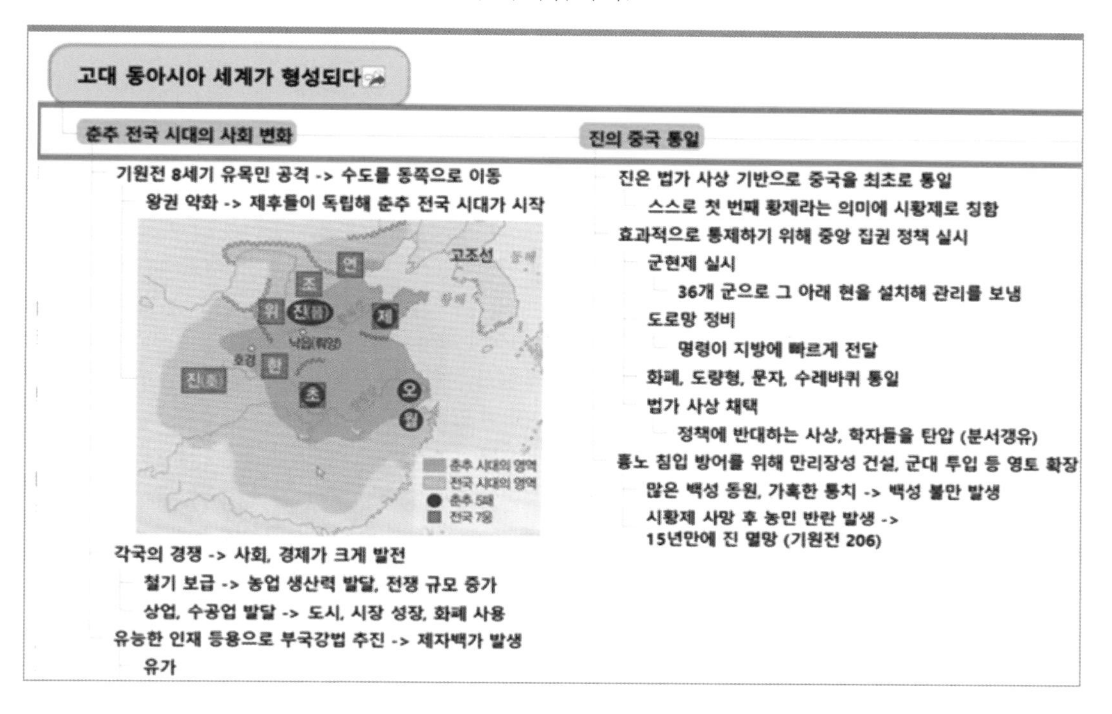

중등 역사 1의 목차를 보면 시대별로 일어난 사건과 이야기들을 광범위하게 서술하고 있습니다. 다양한 이야기의 전개는 한 지역으로 봤을 때 연속성이 없습니다. 연속적인 내용은 같은 색으로 표시하고 연결선을 표시하면 시각적으로 가지를 따라가게 합니다. 이 흐름대로 학교에서 수업을 운영하기도 합니다.

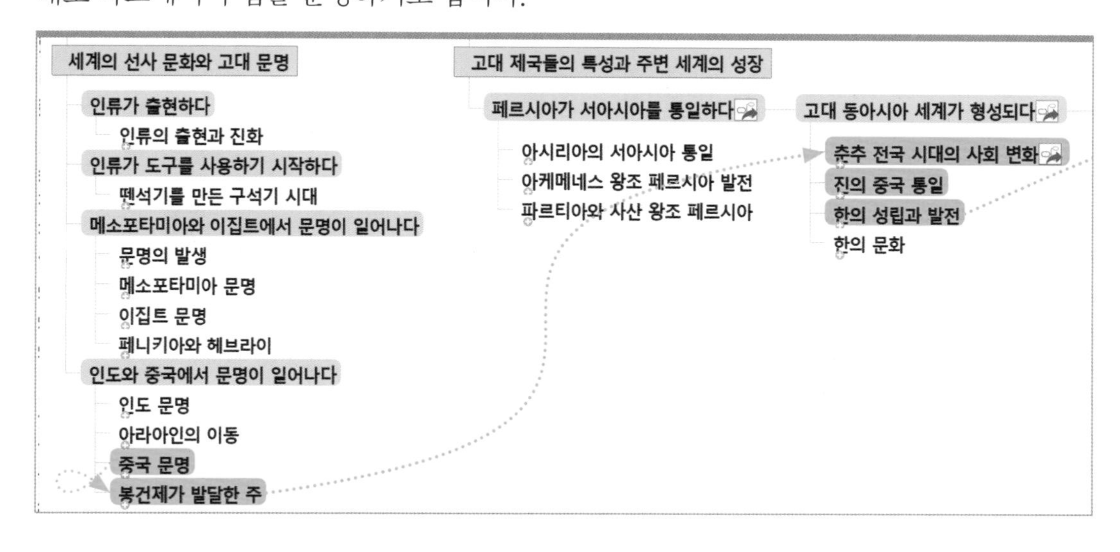

교과서를 읽으며 핵심어와 핵심 구절을 찾으며 핵심 파악을 한 후 내용을 요약하는 1단계는 핵심 구절만으로 중심 문장과 보조 문장의 관계를 생각하며 맵핑합니다. 반복적인 복습으로 내용을 익히면서 핵심어를 위주로 기억훈련을 합니다. 내용이 점점 줄어들고 제목을 읽으면 핵심어가 먼저 생각나게 됩니다. 그 내용을 테두리를 만들고 그 아래에 가지를 만들어 제목을 읽으면 떠오르는 핵심어를 입력합니다.

러시아에서 혁명이 일어나다

- **러시아 혁명의 전개**
  - **19세기 러시아는 농업 중심 경제, 전제 정치가 유지**
    - **러일 전쟁으로 힘들어진 노동자들이 평화 운동으로 개혁을 요구**
    - **정부군의 발포로 많은 국민이 사망 (피의 일요일 사건, 1905)**
      - **이후 차르가 개혁을 약속했지만 실패**
      - **제 1차 세계대전의 큰 피해로 국민의 불만 증가**
  - **1917년 3월 노동자,군인은 식량, 전쟁 중지, 전제 정치 타도를 요구하며 봉기**
    - **국민들은 소비에트를 결성, 군주제 타도와 임시 정부 수립 (3월 혁명)**
    - **개혁 연기, 전쟁 지속 -> 레닌의 볼셰비키가 소비에트 정부 설립 (11월 혁명)**
- **피의 일요일 사건**
  - **농업 중심, 전제 정치 중심으로 러일 전쟁으로 노동자들이 개혁 요구**
- **3월 혁명**

비교나 대조의 내용은 맵의 방향을 프로세스 진행형으로 정리하면 교과서의 내용과 자리를 맞추어 기억할 수 있습니다.

원효, 의상 -> 신라 불교 발전에 큰 역할 담당

"모든 것이 오직 한마음에서 나온다."라는 일심 사상을 바탕으로 종파 간의 조화를 강조하는 화쟁 사상을 주장하였다. 원효는 불교 종파의 다양성을 인정하면서도 이들을 조금 더 높은 차원에서 통합하려고 하였다.

ⓒ 원효(국립 현대 미술관)

의상은 "하나가 전체요, 전체가 하나다."라는 화엄 사상을 주장하였다. 이는 모든 존재가 상호 의존적인 관계에 있으면서 서로 조화를 이루고 있다는 내용으로, 통일 직후 신라 사회를 통합하는 데 기여하였다.

ⓒ 의상(국립 현대 미술관)

- 원효 : 화쟁 사상 주장 -> 종파 간 대립 해결 노력
  - 어려운 교리 대신 '나미아비타불'만 외우면 극락정토에 갈 수 있다고 가르쳐 대중화에 힘씀
- 의상 : 당에서 화엄 사상을 공부
  - 신라 화엄종을 열고, 부석사 등 여러 사원 건설
  - 신라 말에는 선종이 지방 사회를 중심으로 유행

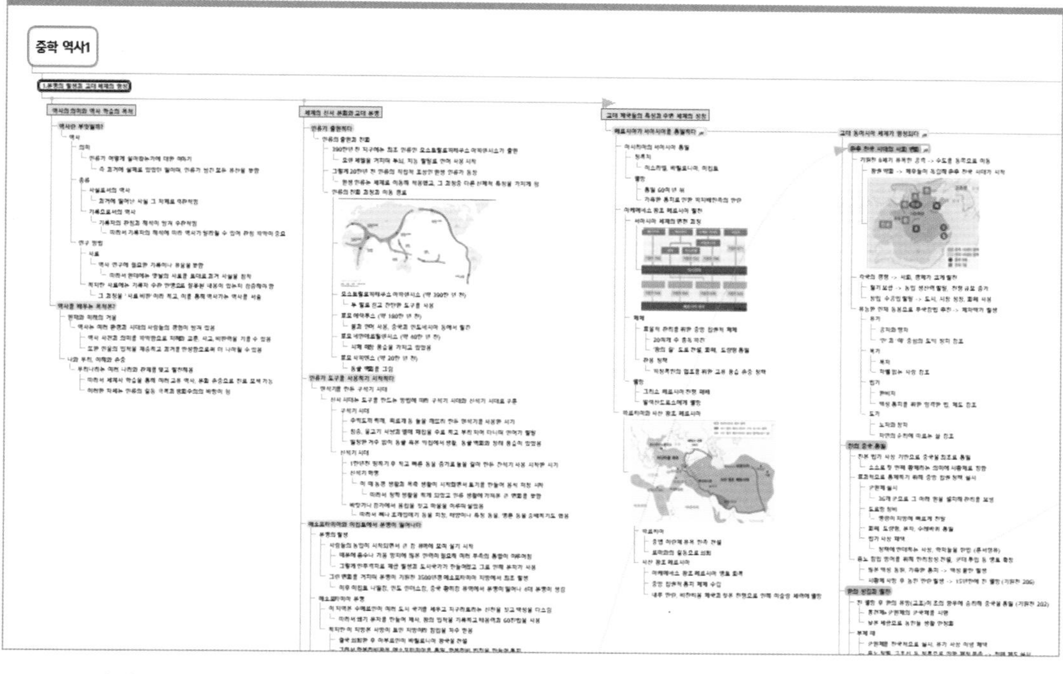
중학 역사1

중등 역사1 교과서 1단원 중 일부 - 시간적인 연속성을 표시하여 시각적 연속 성을 인지하도록 합니다.

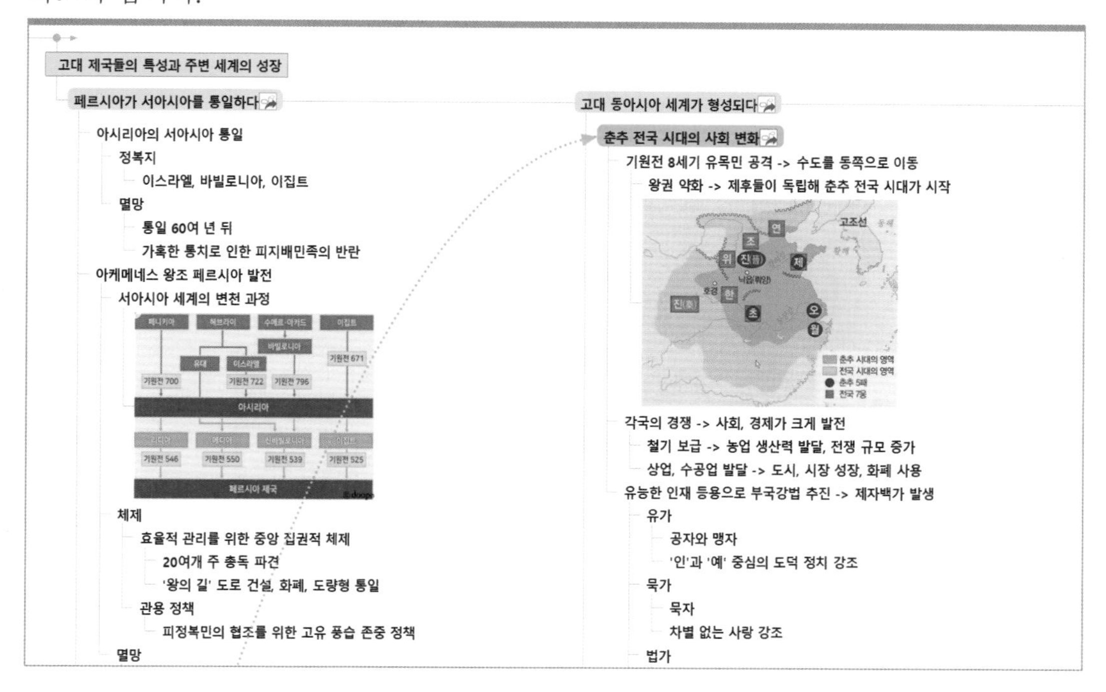
고대 제국들의 특성과 주변 세계의 성장
페르시아가 서아시아를 통일하다
아시리아의 서아시아 통일
정복지
이스라엘, 바빌로니아, 이집트
멸망
통일 60여 년 뒤
가혹한 통치로 인한 피지배민족의 반란
아케메네스 왕조 페르시아 발전
서아시아 세계의 변천 과정
페니키아
헤브라이
수메르·아카드
이집트
바빌로니아
유대
이스라엘
기원전 671
기원전 700
기원전 722
기원전 796
아시리아
기원전 546
기원전 550
기원전 539
기원전 525
페르시아 제국
체제
효율적 관리를 위한 중앙 집권적 체제
20여개 주 총독 파견
'왕의 길' 도로 건설, 화폐, 도량형 통일
관용 정책
피정복민의 협조를 위한 고유 풍습 존중 정책
멸망
고대 동아시아 세계가 형성되다
춘추 전국 시대의 사회 변화
기원전 8세기 유목민 공격 -> 수도를 동쪽으로 이동
왕권 약화 -> 제후들이 독립해 춘추 전국 시대가 시작
고조선
연
조
위
진(晉)
제
호경
한
낙읍(뤄양)
진(秦)
초
오
월
춘추 시대의 영역
전국 시대의 영역
춘추 5패
전국 7웅
각국의 경쟁 -> 사회, 경제가 크게 발전
철기 보급 -> 농업 생산력 발달, 전쟁 규모 증가
상업, 수공업 발달 -> 도시, 시장 성장, 화폐 사용
유능한 인재 등용으로 부국강병 추진 -> 제자백가 발생
유가
공자와 맹자
'인'과 '예' 중심의 도덕 정치 강조
묵가
묵자
차별 없는 사랑 강조
법가

중등 역사1 교과서

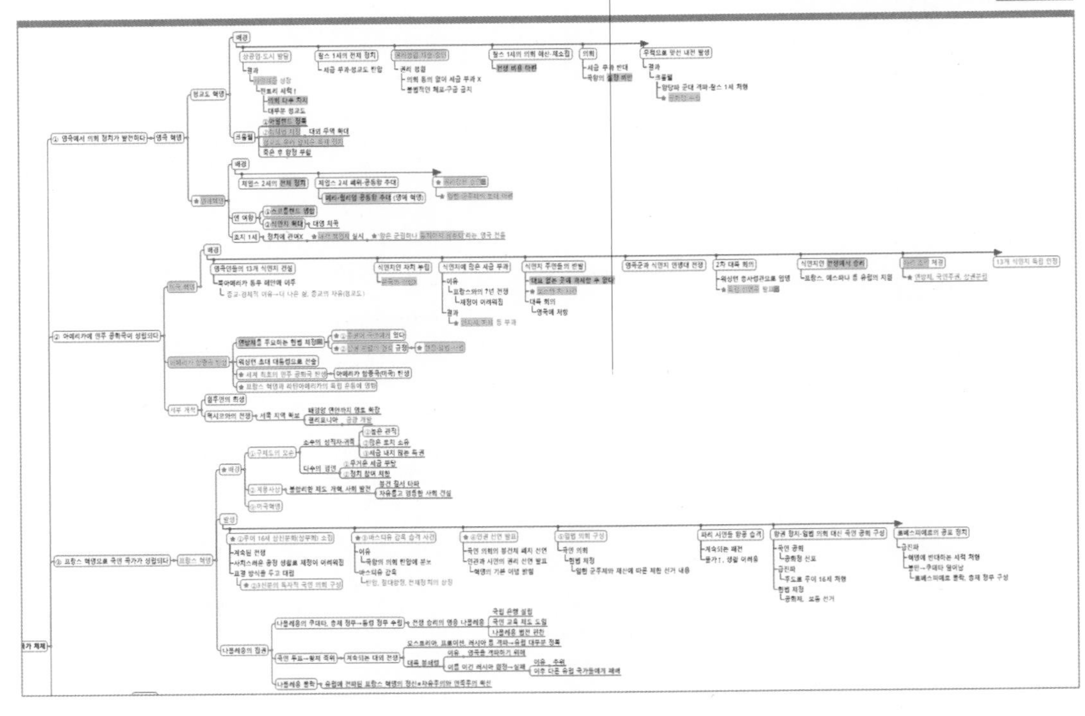

중등 역사1 교과서 4단원 - 중요한 내용을 기호로 표시하고 기억합니다.

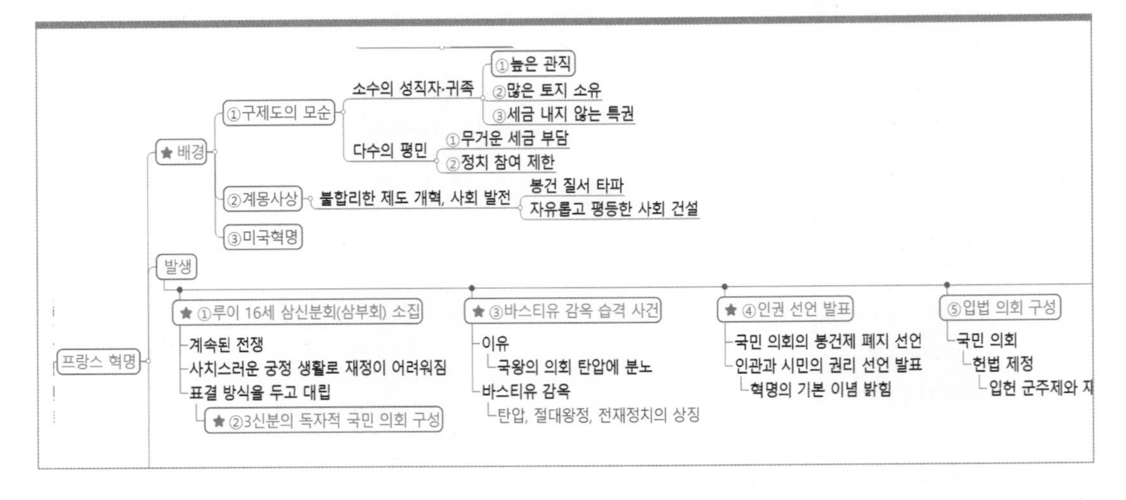

중등 역사2 교과서

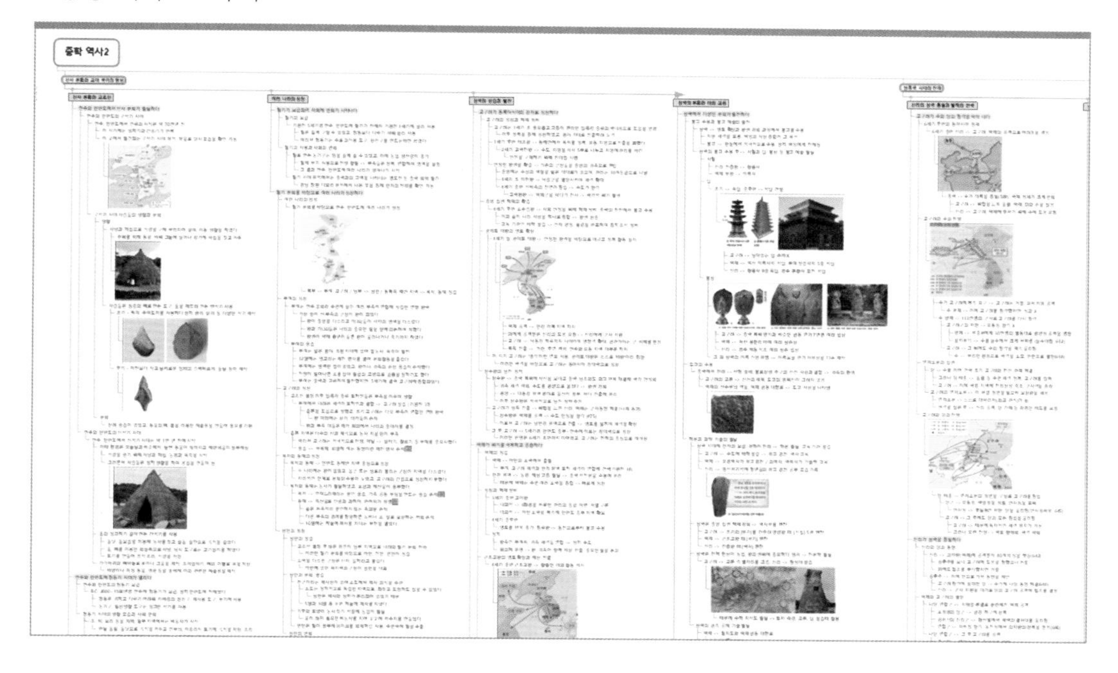
중학 역사2

중등 역사2 교과서 3단원

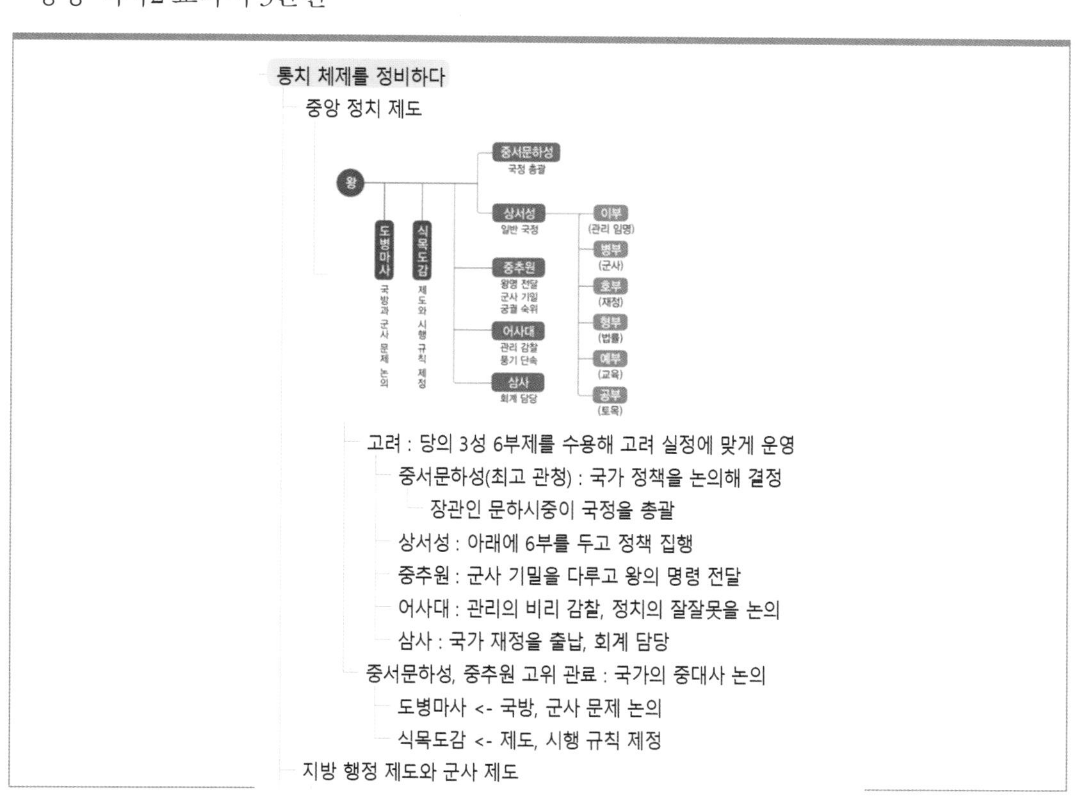
통치 체제를 정비하다
중앙 정치 제도
왕
도병마사
국방과 군사 문제 논의
식목도감
제도와 시행 규칙 제정
중서문하성
국정 총괄
상서성
일반 국정
중추원
왕명 전달
군사 기밀
궁궐 숙위
어사대
관리 감찰
풍기 단속
삼사
회계 담당
이부
(관리 임명)
병부
(군사)
호부
(재정)
형부
(법률)
예부
(교육)
공부
(토목)
고려 : 당의 3성 6부제를 수용해 고려 실정에 맞게 운영
중서문하성(최고 관청) : 국가 정책을 논의해 결정
장관인 문하시중이 국정을 총괄
상서성 : 아래에 6부를 두고 정책 집행
중추원 : 군사 기밀을 다루고 왕의 명령 전달
어사대 : 관리의 비리 감찰, 정치의 잘잘못을 논의
삼사 : 국가 재정을 출납, 회계 담당
중서문하성, 중추원 고위 관료 : 국가의 중대사 논의
도병마사 <- 국방, 군사 문제 논의
식목도감 <- 제도, 시행 규칙 제정
지방 행정 제도와 군사 제도

| 5장 |

영어

2022 개정 교육과정에서 영어 과목의 목표는 학생들이 영어 의사소통 능력을 길러 글로벌 사회에서 자신의 생각을 효과적으로 표현하고 상호작용할 수 있는 역량을 갖추도록 하는 데 있습니다. 영어는 단순한 언어 학습을 넘어, 문화적 이해와 창의적 사고를 바탕으로 다양한 상황에서 유연하게 소통할 수 있는 능력을 기르는 것을 중점으로 합니다.

영어 과목과 마인드맵은 '효과적인 학습 도구'로서 서로 긴밀한 관계를 맺습니다. 영어는 다양한 어휘, 문법 규칙, 표현 방식 등을 배우는 과정에서 '체계적 정리와 시각적 이해'가 중요한데, 마인드맵을 통해 이러한 내용을 한눈에 파악하고 정리할 수 있습니다. 마인드맵을 활용하면 학생들이 영어의 복잡한 개념을 쉽게 이해하고 기억할 수 있으며, 이를 통해 영어 학습의 효율성을 높일 수 있습니다.

첫째, 마인드맵은 '어휘 학습'에 매우 유용합니다. 영어에서 새로운 단어를 배울 때, 그 단어의 의미뿐만 아니라 동의어, 반의어, 사용 예시 등을 함께 이해하는 것이 중요합니다. 예를 들어, 'communication'이라는 단어를 중심에 놓고, 관련된 동의어예: interaction, 반의어예: silence, 표현예: effective communication, 그리고 사용 예문 등을 마인드맵으로 확장해 나가면 어휘와 그 맥락을 더 쉽게 기억할 수 있습니다. 이를 통해 어휘 간의 연관성을 파악하고 실생활에서 자연스럽게 활용할 수 있습니다.

둘째, 마인드맵은 '문법 학습'을 구조화하는 데 도움이 됩니다. 영어 문법은 규칙과 예외가 많아 체계적으로 정리할 필요가 있습니다. 마인드맵을 활용하면 문법 규칙을 중심으로 그에 관련된 예시와 예외 규칙을 정리하여 쉽게 시각화할 수 있습니다. 예를 들어, '시제Tense'를 중심으로 '현재 시제', '과거 시제', '미래 시제'로 가지를 뻗고, 각 시제에 해당하는 문법 규칙과 예문을 정리하면 문법 구조를 한눈에 파악할 수 있습니다. 이는 문법 학습

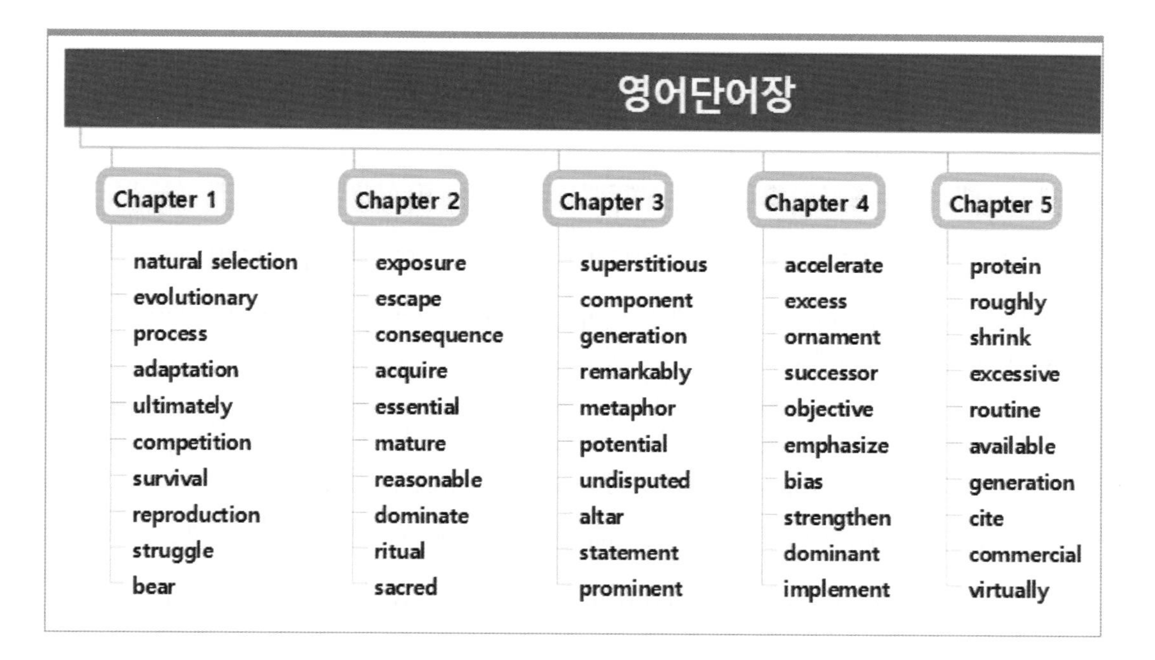

의 부담을 줄이고, 복잡한 규칙을 쉽게 이해하게 도와줍니다.

셋째, 마인드맵은 '읽기와 쓰기 능력' 향상에 기여합니다. 영어 글을 읽거나 쓸 때, 마인드맵을 사용하여 주요 아이디어를 시각적으로 정리하면 글의 구조를 더 명확하게 이해할 수 있습니다. 읽기에서는 글의 주제, 주요 아이디어, 세부 사항 등을 마인드맵으로 정리하여 전체 흐름을 쉽게 파악할 수 있고, 쓰기에서는 글을 작성하기 전에 마인드맵을 통해 논리적인 구성을 미리 계획할 수 있습니다. 이는 창의적이고 논리적인 글쓰기를 도와주며, 영어 쓰기 실력 향상에 큰 도움을 줍니다.

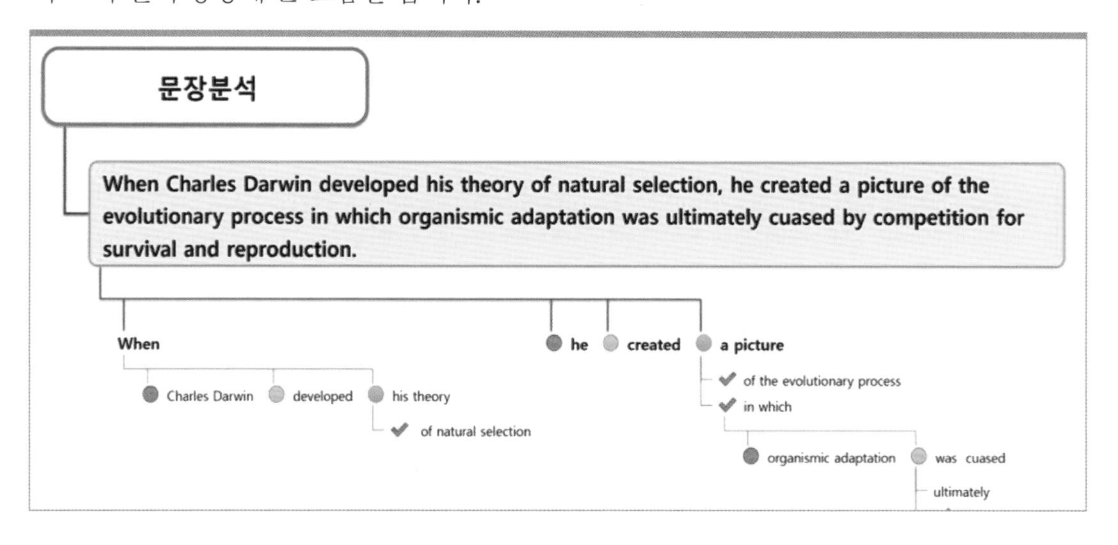

이처럼 영어 과목에서 마인드맵은 어휘, 문법, 읽기, 쓰기 등 다양한 영역에서 학습을 체계화하고 시각적으로 정리하는 데 중요한 역할을 하며, 학생들이 영어를 더 효과적으로 습득할 수 있도록 돕습니다.

영어 과목은 기본적으로 언어 능력과 관련된 다양한 측면을 다룹니다. 주요 특징으로는 문법, 어휘, 독해, 듣기, 쓰기 등이 있습니다. 영어 과목을 잘 공부하기 위해서는 이 모든 영역을 균형 있게 학습하는 것이 중요합니다.

영어 문법 

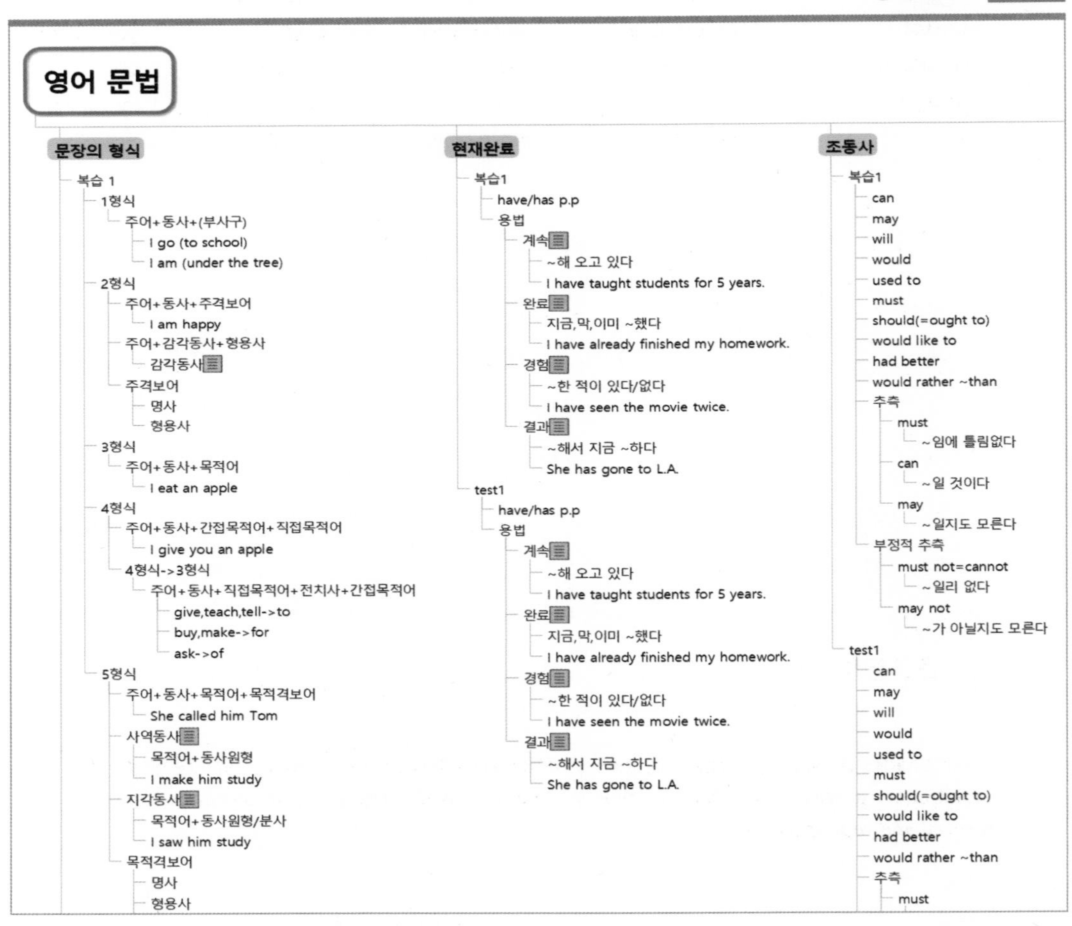

| 6장 |

'AI가지' 생성으로 진로프로젝트 활용

맵을 생각의 지문이라고 합니다. 작성된 맵을 보면, 그 사람의 생각의 범위와 생각을 전개해 나간 관점과 방향 등을 알 수 있기 때문입니다. 맵을 작성하는 과정은 단순히 떠오른 생각을 나열하는 것이 아니라 생각을 구조화하고 분류하며, 논리적 생각의 조합을 완성해 나가는 것이기 때문입니다. 맵핑하기는 생각하는 힘을 기르고, 생각 근육을 단련하는 효과가 있습니다.

하지만 어떤 주제로부터 생각을 전개해 나가는 것은 결코 쉬운 일이 아닙니다. 어떤 정보들이 있는지를 찾고, 그 정보들 사이의 관계를 생각하며 생각의 체계를 잡아가는 과정에서 많은 시간을 보내곤 합니다.

"어디서부터 생각을 시작해야 할까?"의 답은 '생각 근육을 단련하여 스스로의 능력을 높이는 것'이지만, 그 시간을 단축하고 효율적인 절차를 제공하기 위하여 ThinkWise가 인공지능 AI를 연동하였습니다.

ThinkWise 웹버전의 'AI가지' 생성은 인공지능AI을 활용한 핵심어 추출 기능으로, 11가지 다양한 방법으로 AI가지를 생성할 수 있습니다. 이것은 프로젝트에 필요한 요소에 쉽게 접근하고, 이해할 수 있도록 합니다.

PART1- 3장에서 이야기한 메타와 AI 세상에 가장 필요한 것이 프로젝트 능력이라는 것에 모두 동의하리라 생각합니다. 세상의 모든 일은 목표와 일정이 명확하면 프로젝트가 된다는 것이며, 프로젝트를 진행하기 위해 4가지 능력사고, 학습, 소통, 관리이 필요하고, 사고능력을 바탕으로 각각의 능력이 입체적으로 발휘되어야 합니다.

사고능력은 창의적 사고와 논리적 사고를 바탕으로 형성됩니다. 창의적 사고를 위해 상상, 연상, 결합하기를 구상하였고, 논리적 사고를 위해 관계분석, 이해하기, 검색결과를 구성하였습니다.

프로젝트의 시작은 목표설정과 실행을 위한 방법과 일정 등을 기획하는 일입니다. 이는 경험이 있더라도 쉽지 않은 과정입니다. 프로젝트 기획을 돕기 위해 달성방법, 해결방법, 진행절차 등을 구성하였습니다.

이제 여러분은 인공지능 AI를 활용하여 더 넓은 정보에 접근하고 생각의 범위를 결정하고 확장해 나가는 과정을 훈련해야 합니다. 그 결과가 여러분이 생각을 성과로 만들어가는 과정에 도움이 되기를 바랍니다.

1. 조건설정

'AI가지' 생성의 결과를 확인하기 전에 생성할 가지 개수와 하위가지 생성 개수, 출력형태를 설정할 수 있습니다. 프로그램에서 미리 설정된 조건은 생성할 가지 개수 5개, 하위가지 생성 개수 3개, 그리고 출력 형태는 핵심어와 설명 중 핵심어로 되어있음을 확인할 수 있습니다. 자신만의 조건을 설정해 보겠습니다.

1) 원하는 위치의 가지를 선택합니다. 위쪽 작업창이 열립니다.
2) 위쪽 작업창 중 'AI가지' 생성을 선택합니다. 'AI가지' 생성 메뉴창이 열립니다.

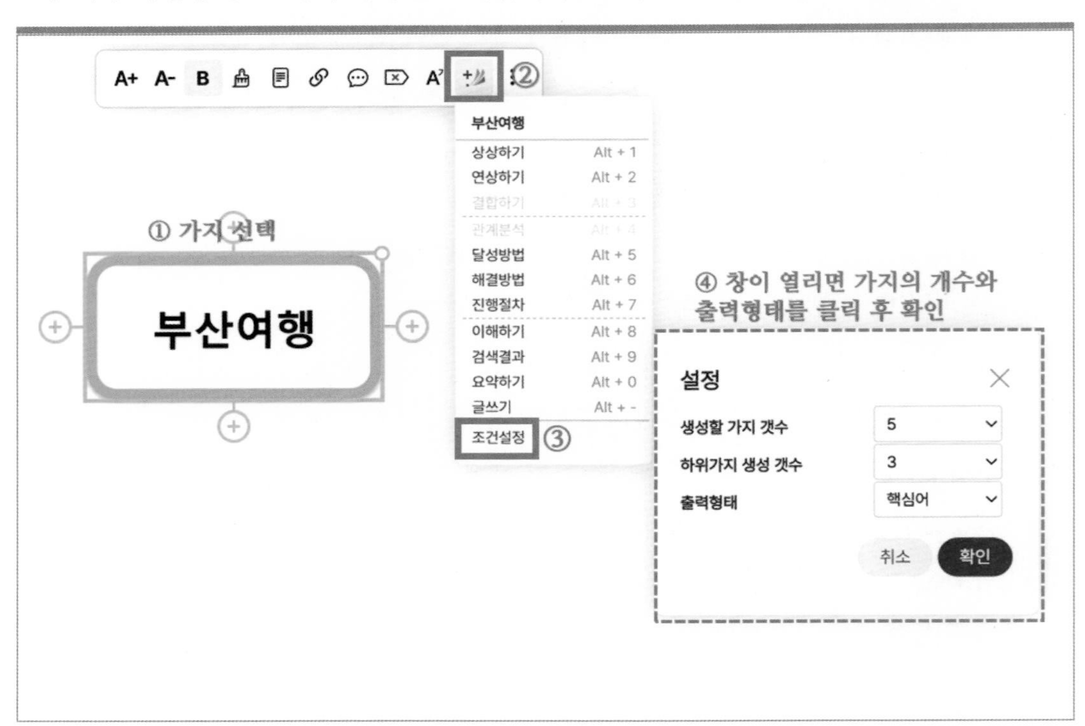

3) 'AI가지' 생성 11개 메뉴 아래 조건 설정을 클릭합니다. 설정 창이 열립니다.

4) 생성할 가지의 개수, 하위가지 생성 개수, 출력형태를 설정합니다. 출력형태는 핵심어와 설명 중 선택이 가능하며, 구체적이고 좀 더 자세한 표현을 원하면 설명을 선택하면 됩니다. 조건 설정을 언제든 변경이 가능합니다.

2. 상상하기/연상하기/결합하기

주제를 선택하고 AI기능을 통해 상상, 연상, 결합하기 등을 수행할 수 있습니다. 이러한 과정은 창의성을 자극하고 문제 해결 능력 향상에 도움을 줍니다. 특히, 사용자가 선택한 주제에 대해 구체적인 아이디어를 생성하고, 이를 통해 더 나은 결정을 내릴 수 있도록 지원합니다.

'상상하기'는 머릿속에서 어떤 장면이나 아이디어를 그려보는 것입니다. 예를 들어, 로마 여행을 떠올리며 그곳의 풍경을 상상하는 것과 같습니다.

'연상하기'는 한 가지 생각에서 다른 생각으로 이어지는 과정을 말합니다. 예를 들어, 로마를 생각하면 피자나 콜로세움이 떠오르는 것처럼, 관련된 것들을 연결하는 것입니다.

'결합하기'는 두 개 이상의 아이디어를 하나로 합치는 것입니다. 마치 퍼즐 조각을 맞추어 새로운 그림을 만드는 것과 비슷합니다.

1) 상상하기

"지구온난화"라는 주제로 '상상하기'로 AI가지를 생성해 보겠습니다.

① '상상하기'를 할 가지지구온난화를 선택합니다.

② 위쪽 작업창 중 'AI가지' 생성을 선택합니다. 'AI가지' 생성 메뉴창이 열립니다.

③ 'AI가지' 생성 11개 메뉴 중 '상상하기'를 클릭합니다.

아래와 같이 5개의 가지와 그 하위에 3개의 가지가 생성되었습니다.

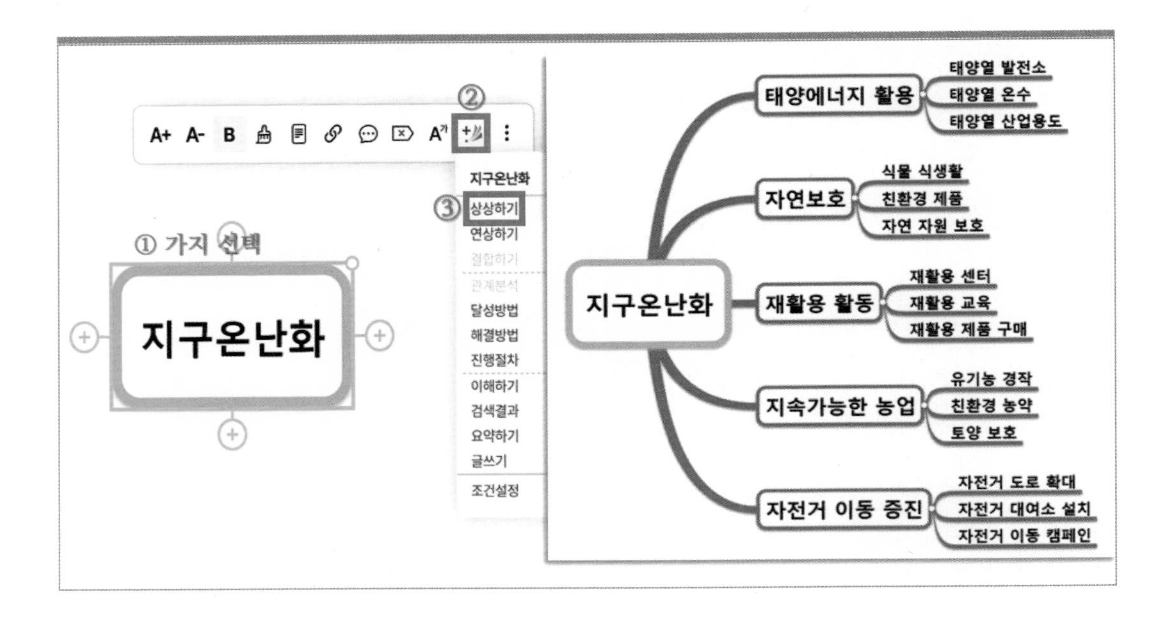

"지구온난화"를 주제로 떠오르는 '태양에너지 활용', '자연보호', '재활용 활동', '지속가능한 농업', '자전거 이동 증진' 등이 생성되었습니다. 여러분이 생각한 것과 비교해 보면 재미있을 것 같습니다. 생각하지 못한 것을 보면서 새로운 아이디어가 떠오르지 않을까요?

2) 연상하기

"지구온난화"라는 주제로 '연상하기'로 AI가지를 생성해 보겠습니다.

① '연상하기'를 할 가지지구온난화를 선택합니다.
② 위쪽 작업창 중 'AI가지' 생성을 선택합니다. 'AI가지' 생성 메뉴창이 열립니다.
③ 'AI가지' 생성 11개 메뉴 중 연상하기를 클릭합니다.
아래와 같이 5개의 가지와 그 하위에 3개의 가지가 생성되었습니다.

"지구온난화" 주제와 관련한 내용으로 '기후변화', '자연재해', '온실가스', '생태계 파괴', '지구 온도 상승' 등이 생성되었습니다. 지구온난화에 의한 기후변화가 일어나는 지역의 다큐멘터리가 떠오르지 않나요? 내가 경험하거나 알고 있는 지식보다 더 많은 것을 추천받을 수 있을 것입니다.

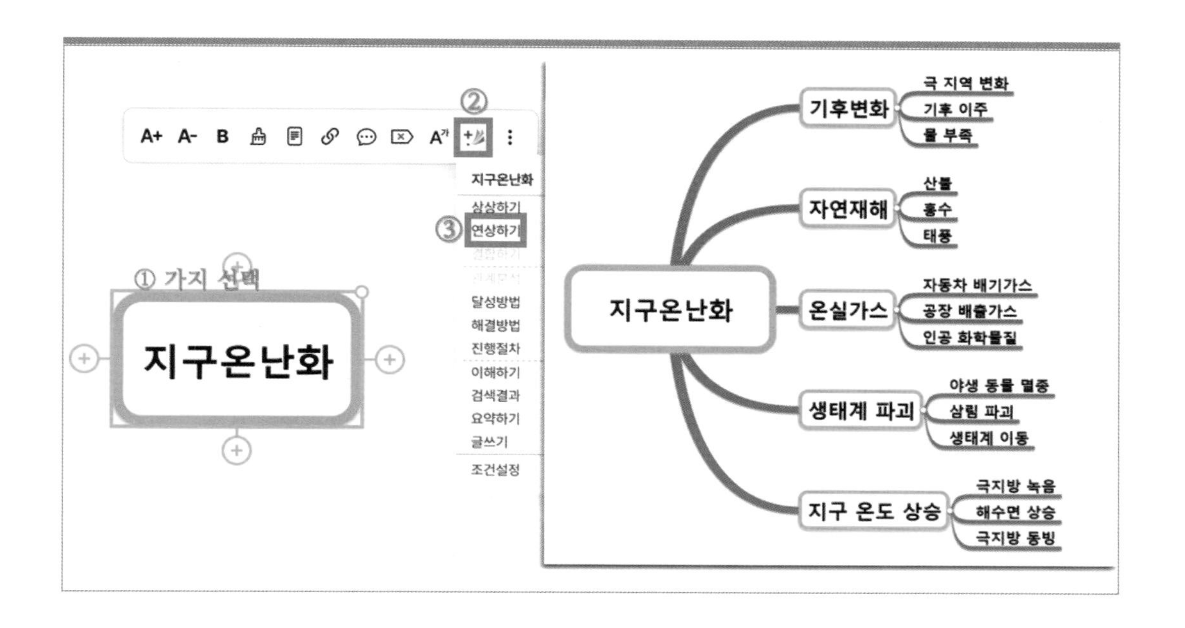

3) 결합하기

"시계"라는 주제와 "나비"로 '결합하기' AI가지를 생성해 보겠습니다.

① '결합하기'를 하기 위해서는 선택할 가지가 2개 이상이 필요합니다. 첫 번째 가지나비를 선택합니다.

② 두 번째 가지시계는 Ctrl키를 누르며 선택합니다.
③ 위쪽 작업창 중 'AI가지' 생성을 선택합니다. 'AI가지' 생성 메뉴창이 열립니다.
④ 'AI가지' 생성 11개 메뉴 중 '결합하기'를 클릭합니다.
아래와 같이 첫 번째 선택 가지나비의 자식가지로 5개의 가지와 그 하위에 3개의 가지가 생성되었습니다.

시계와 나비와 연결하여 떠올릴 수 있는 '판타지 시계', '예술작품', '모험회상', '봄시계', '환상적인 매력'이 생성되었습니다. 서로 관련이 없는 대상을 주제로 연결해서 새로운 아이디어를 도출할 때 사용하기도 합니다.

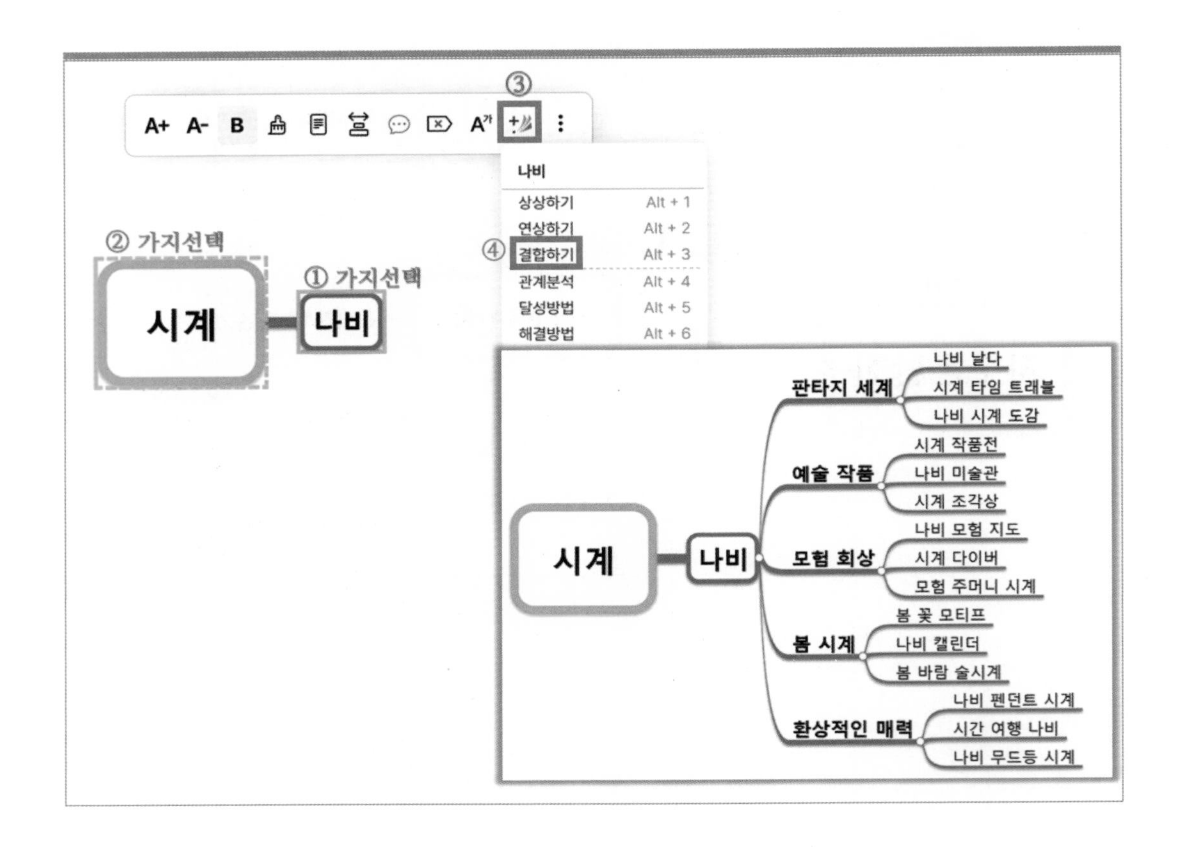

'상상하기', '연상하기'는 한 가지를 선택하여 결과를 얻을 수 있고, '결합하기'는 2개 이상의 가지를 선택하여야 메뉴가 활성화되면서 결과를 얻을 수 있는 것에 주의하며 활용하시면 됩니다.

3. 관계분석/이해하기/검색결과

문제 해결을 위한 자료의 수집과 분류, 분석은 논리적 사고의 바탕입니다. 자료의 검색결과 중 필요한 것과 필요하지 않은 것을 가려내는 데에는 많은 노력과 시간이 필요합니다. 유의미한 자료를 핵심어로 하여 구조화된 결과를 확인하는 것은 논리적 사고의 향상에 많은 도움이 됩니다.

1) 검색결과

정보를 수집하기 위해 검색해야 할 경우에 검색 결과를 핵심어 위주로 구조화해 주는 기능입니다.

① 검색할 가지된장를 선택합니다.

② 위쪽 작업창 중 'AI가지' 생성을 선택합니다. 'AI가지' 생성 메뉴창이 열립니다.

③ 'AI가지' 생성 11개 메뉴 중 '검색결과'를 클릭합니다.

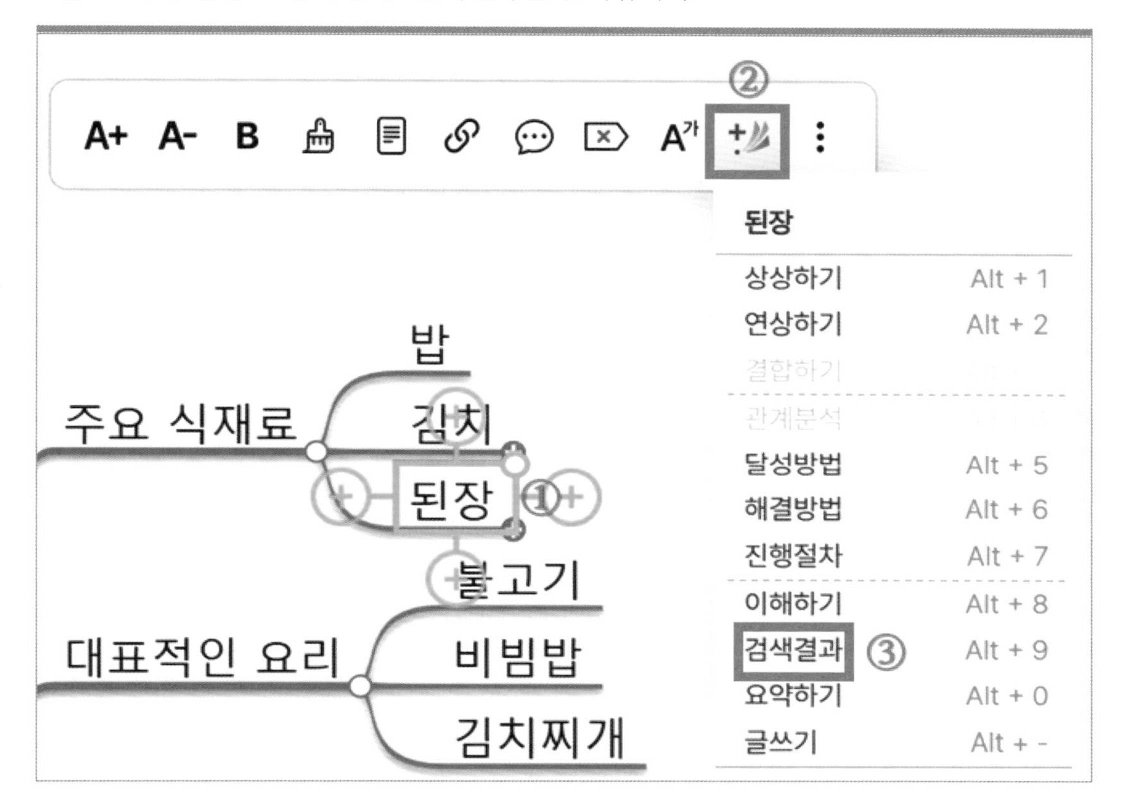

된장이라는 주제로 인터넷에서 검색한 결과 중 우선순위에 따라 가지가 생성됩니다. 검색한 주제된장의 '된장 요리 레시피', '된장의 영양성분', '된장 구매 및 보관법', '된장의 역사', '된장 활용 및 다양한 응용' 등 5가지의 일반적인 내용을 알 수 있습니다.

2) 이해하기

주제에 대해 일반적인 내용이 아니라 좀 더 구체적이고 정의적인 내용이 알고 싶다면 '이해하기'를 클릭해 봅니다.

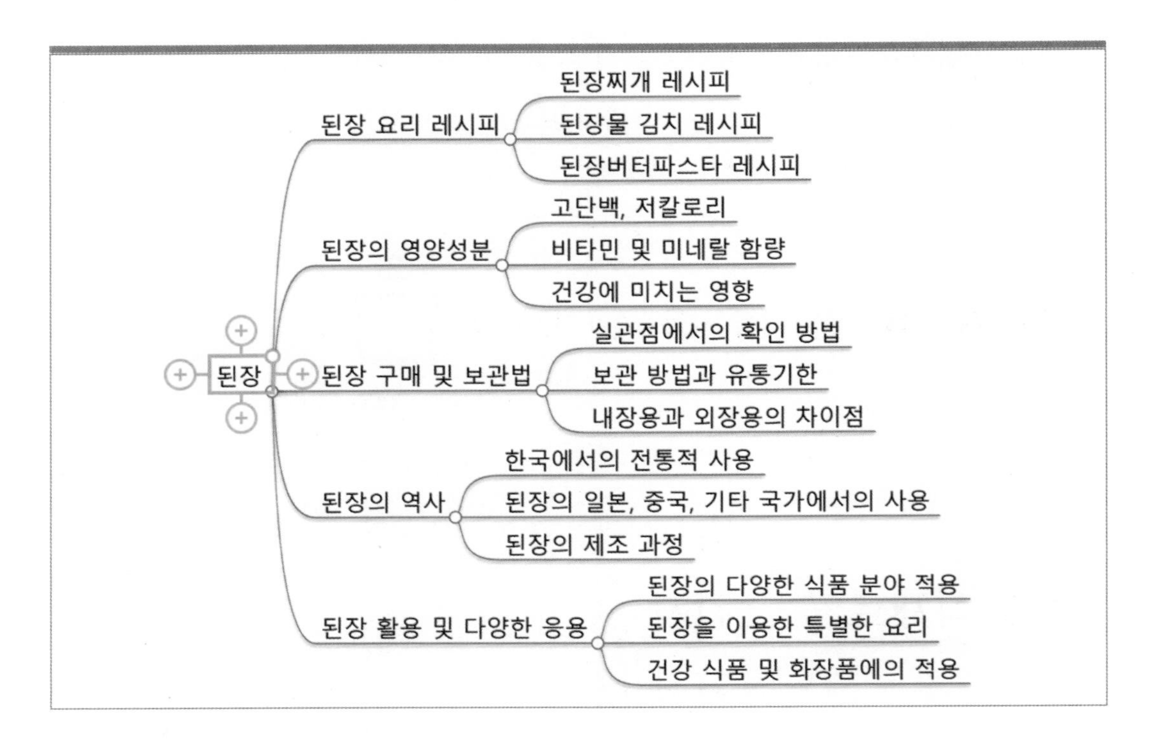

① '이해하기' 할 가지김치의 기원과 역사적 배경를 선택합니다.

② 위쪽 작업창 중 'AI가지' 생성을 선택합니다. 'AI가지' 생성 메뉴창이 열립니다.

③ 'AI가지' 생성 11개 메뉴 중 '이해하기'를 클릭합니다.

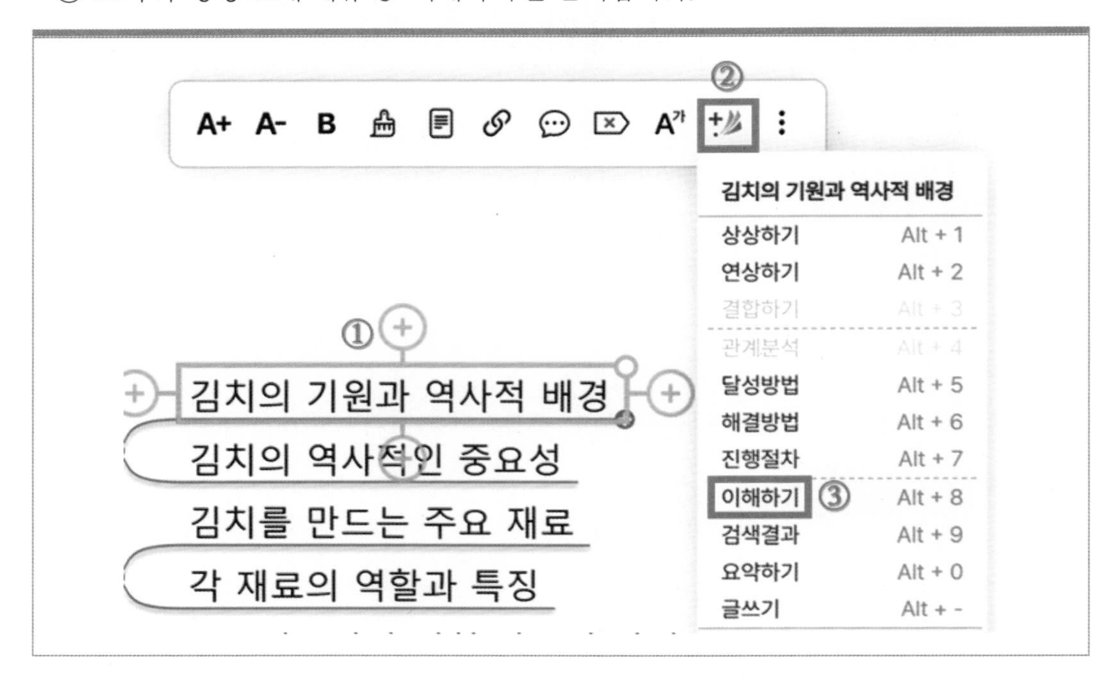

주어진 주제김치의 기원과 역사적 배경에 대해 좀 더 심도 있는 결과 내용을 얻을 수 있습니다. '발효식품과 건강', '한국문화와 김치', '역사적 배경에 대한 연구', '김치 종류와 지역적 특징', '김치의 영향력과 글로벌 확산' 등 5개의 가지가 생성되었습니다. '이해하기'를 할 때 '조건설정'에서 '출력형태'를 '설명'으로 하기를 추천합니다. 함축적인 핵심어보다는 구체적으로 표현된 설명이 도움이 됩니다.

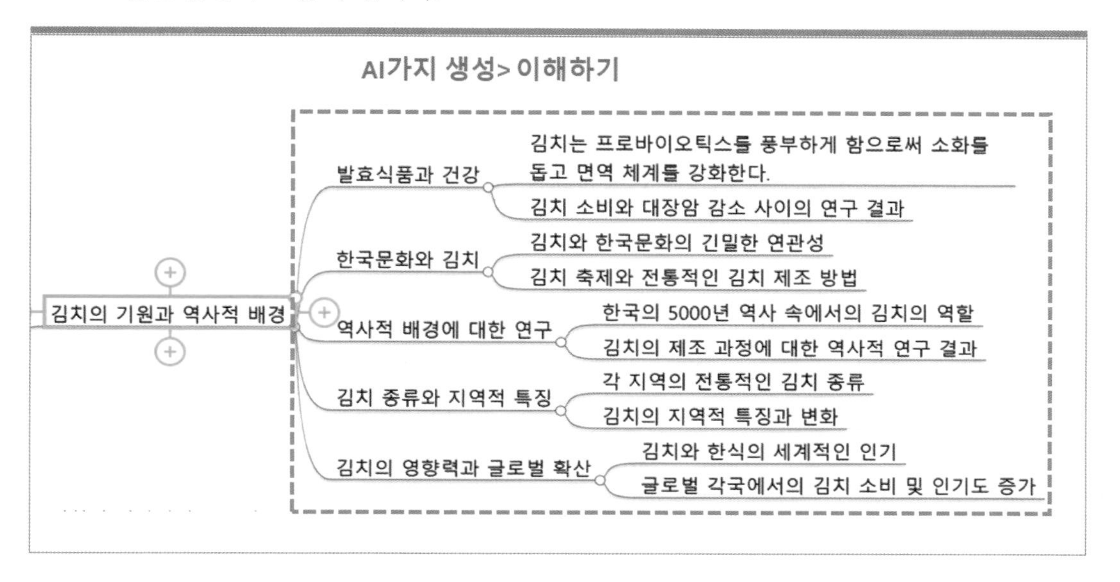

3) 관계분석

'관계분석'은 여러 아이디어나 요소 사이의 연결고리를 찾아내는 것입니다. 예를 들어, 흡연 습관과 건강의 관계를 분석하는 것처럼, 서로의 영향을 이해하는 것입니다. 가지들 중 2개 이상의 가지를 선택하여 '관계분석'을 할 수 있습니다. 생성가지는 선택한 가지 중 처음 선택한 가지의 '자식가지'에 생성됩니다.

"지구온난화"라는 주제로 연상하기로 생성된 가지 중 '기후변화'와 '산불', 그리고 '야생동물 멸종'의 관계를 알아보려고 합니다. '야생동물 멸종'이 '기후변화'와 '산불'과 어떤 관계에 있는지 알아볼 수 있습니다.

① '야생동물 멸종' 가지를 먼저 선택합니다.
② '기후변화'와

③ '산불' 가지를 선택하고

④ 위쪽 작업창 중 'AI가지' 생성을 선택합니다. 'AI가지' 생성 메뉴창이 열립니다.

⑤ 'AI가지' 생성 11개 메뉴 중 '관계분석'을 클릭합니다.

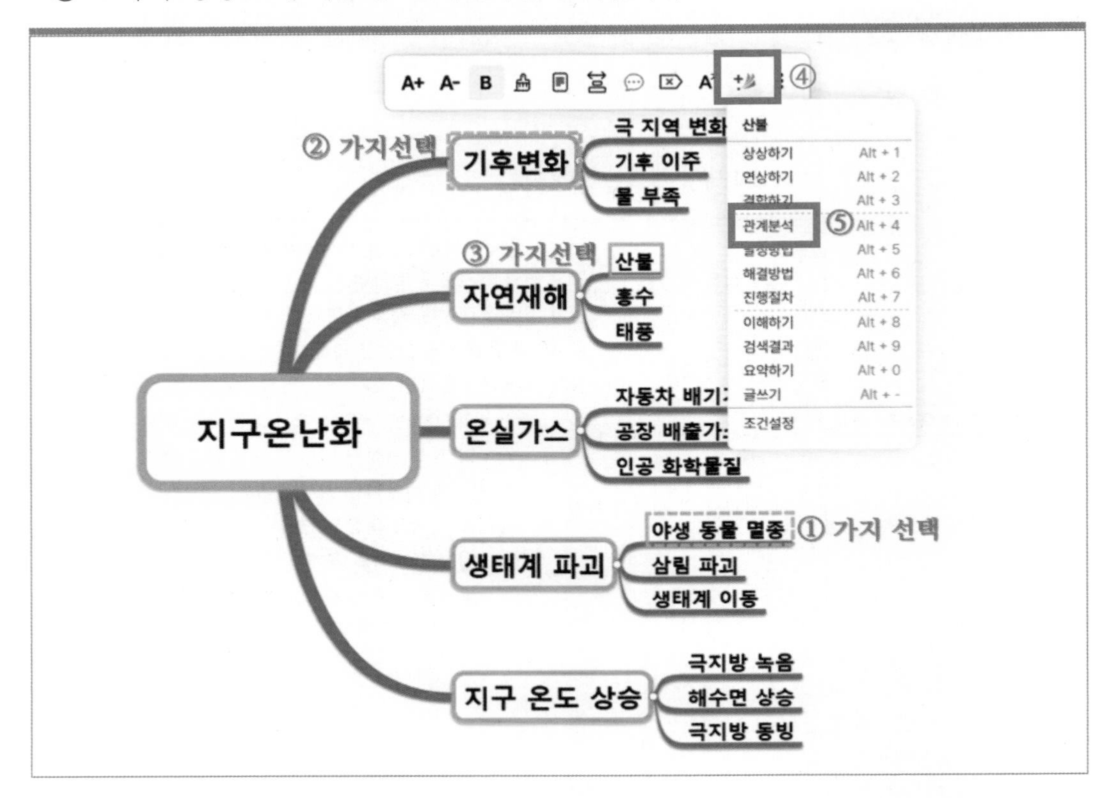

다음과 같은 결과가 나옵니다.

처음 선택한 '야생 동물 멸종' 가지의 '자식가지'에 생성된 내용을 확인할 수 있습니다.

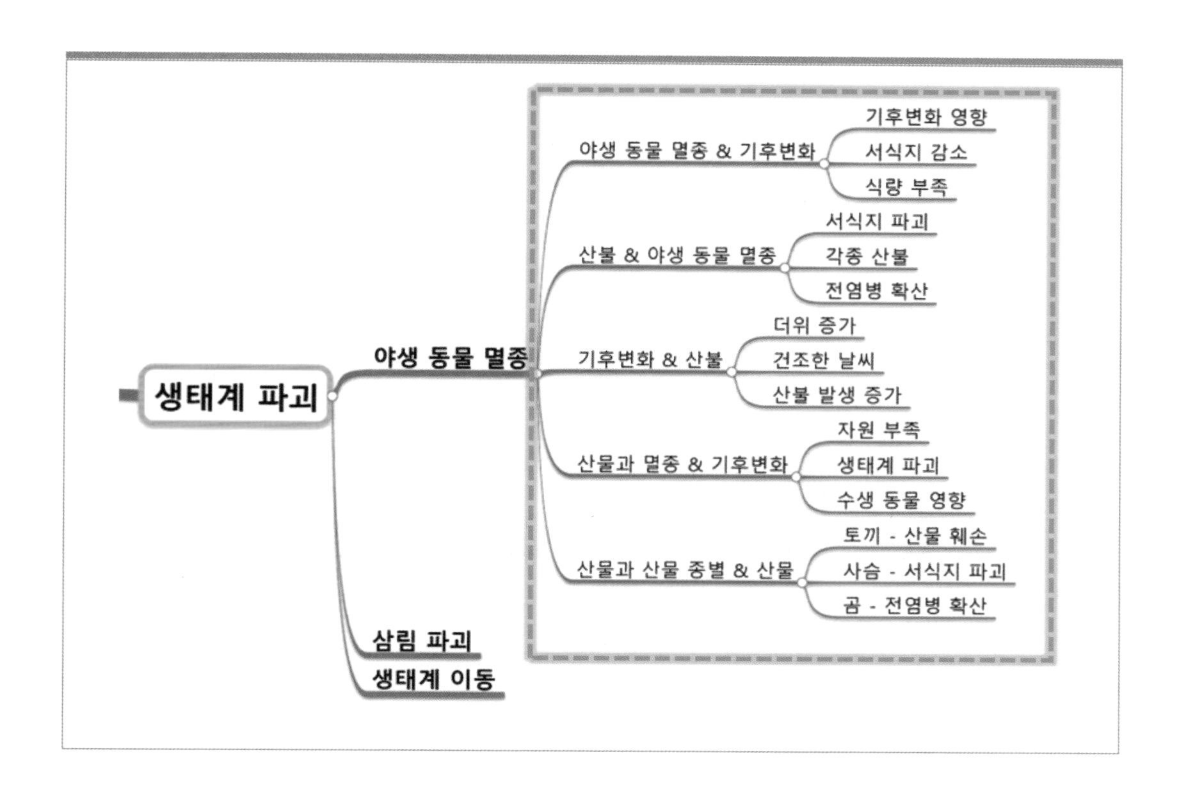

야생동물 멸종, 기후변화와 산불의 관계를 서로 연결하여 분석한 5개 가지가 생성되었습니다. 3개의 핵심어의 관계를 조합하여 분석한 내용을 확인할 수 있습니다.

4. 달성방법/해결방법/진행절차

'프로젝트란 목표와 일정이 명확한 세상의 모든 일'이라는 말은 이제 자연스럽다고 할 정도로 반복해서 말씀드리고 있습니다. 프로젝트를 달성하기 위해서는 목표와 일정이 필요하고, 목표를 이루기 위해서는 세부 목표가 뚜렷해야 합니다. 그 속에서 내가 해야 할 일을 리스트로 만들어 하나씩 실행해 나가는 합니다. 하지만 목표 세우기도 어려운 일이지만 세부 목표와 해야 할 항목들을 빠짐없이 찾아내는 것이 더 어렵게 느껴집니다. 목표와 현실 사이에서 생기는 문제를 하나씩 해결해 나가는 시행착오를 통해 우리는 점점 프로젝트의 현실화에 가까워집니다.

프로젝트 시작 단계에서 이런 어려움으로 첫걸음조차 뗄 수 없다면 어떻게 할까요?

목표의 달성방법과 절차를 알 수 있다면, 프로젝트 실행에 큰 도움이 될 것입니다.

1) 진행절차

'진행절차'는 어떤 일을 하기 위해 필요한 단계나 과정을 정리한 것입니다. 예를 들어, 요리를 하기 위한 레시피처럼, 순서대로 따라가면 원하는 결과를 얻을 수 있습니다.

이 달에 해야 할 일을 생각나는 대로 적어봅시다. 4개의 가지에 해야 할 일들이 만들어졌습니다.

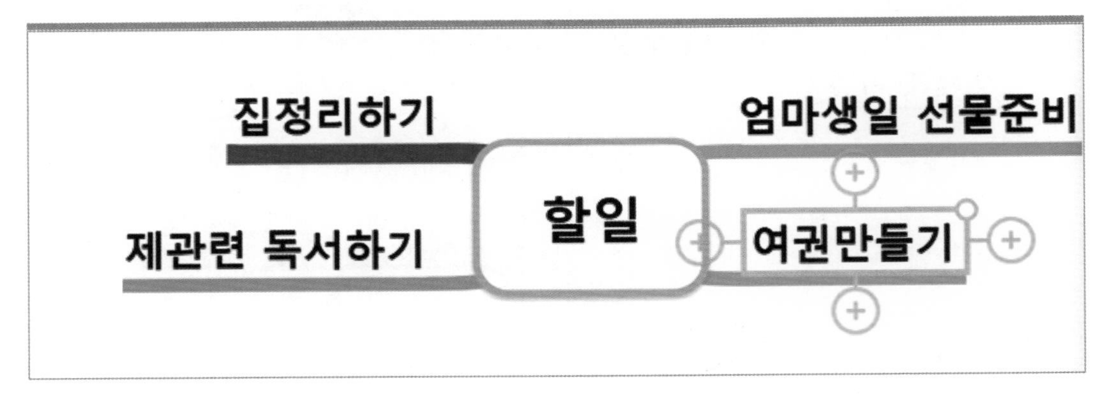

이 중 '여권 만들기'를 위한 진행절차를 알아보겠습니다.

① 진행절차를 알아볼 가지여권 만들기를 선택합니다.

② 위쪽 작업창 중 'AI가지' 생성을 선택합니다. 'AI가지' 생성 메뉴창이 열립니다.

③ 'AI가지' 생성 11개 메뉴 중 '진행절차'를 클릭합니다.

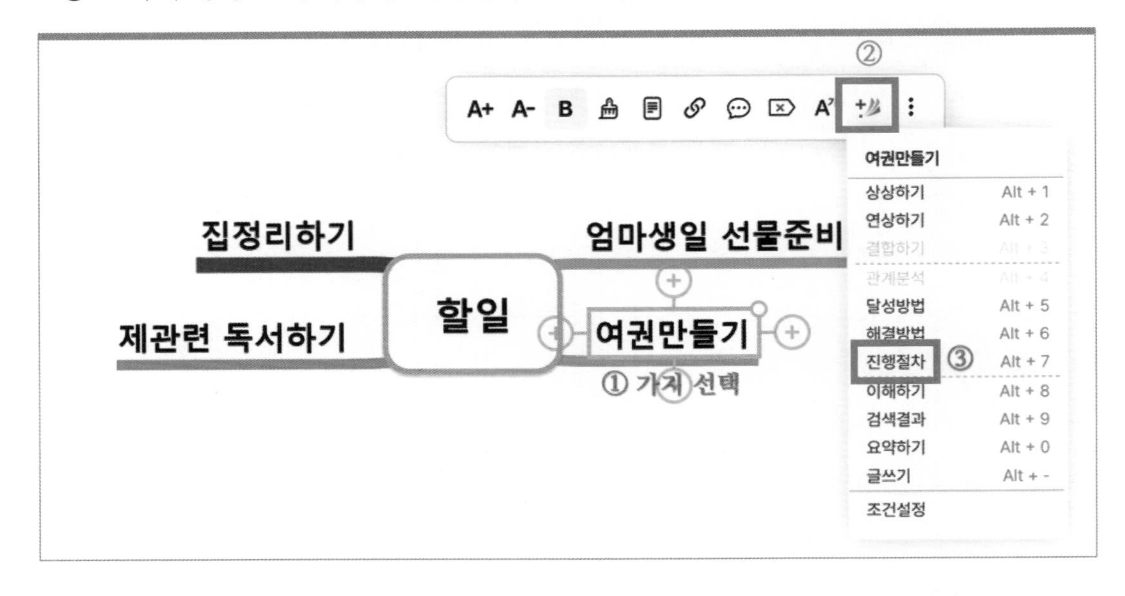

다음과 같이 '여권 만들기'의 절차를 순서대로 보여줍니다. 인터넷 검색으로 많은 정보들을 찾을 수 있습니다. 그 정보 속에서 처음에 해야 할 일들과 그다음에 해야 할 일들을 다시 메모해야 했던 경험이 있지 않나요? 진행절차의 결과는 '진행트리' 맵방향으로 일이 진행되는 순서를 보여주며 할 일의 점검할 리스트를 만들어 줍니다.

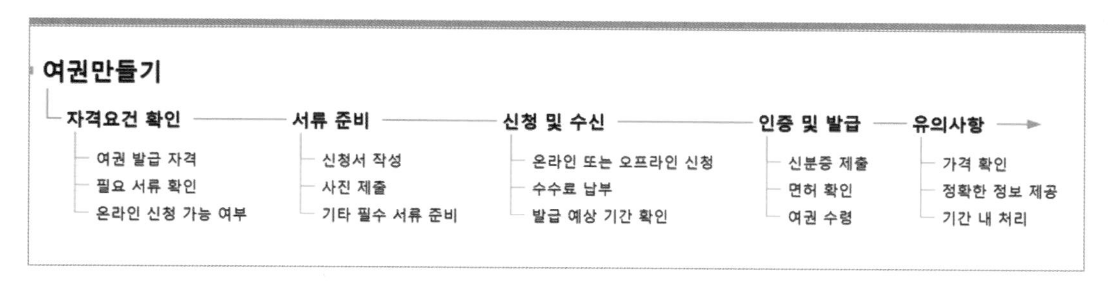

2) 달성방법

목표를 설정하고 달성하기 위해 '진행절차'와 '달성방법'은 꼭 알아야 할 항목입니다. 반복적인 프로젝트를 진행하면서 스스로 틀을 만들어 나갈 수 있습니다. AI로 새롭고 더 나은 방법 등이 있는지 참고해 보면 어떨까요?

'집 정리하기'를 하기 위한 방법을 알아보겠습니다.

① '달성방법'을 알아볼 가지집 정리하기를 선택합니다.

② 위쪽 작업창 중 'AI가지' 생성을 선택합니다. 'AI가지' 생성 메뉴창이 열립니다.

③ 'AI가지' 생성 11개 메뉴 중 '달성방법'을 클릭합니다.

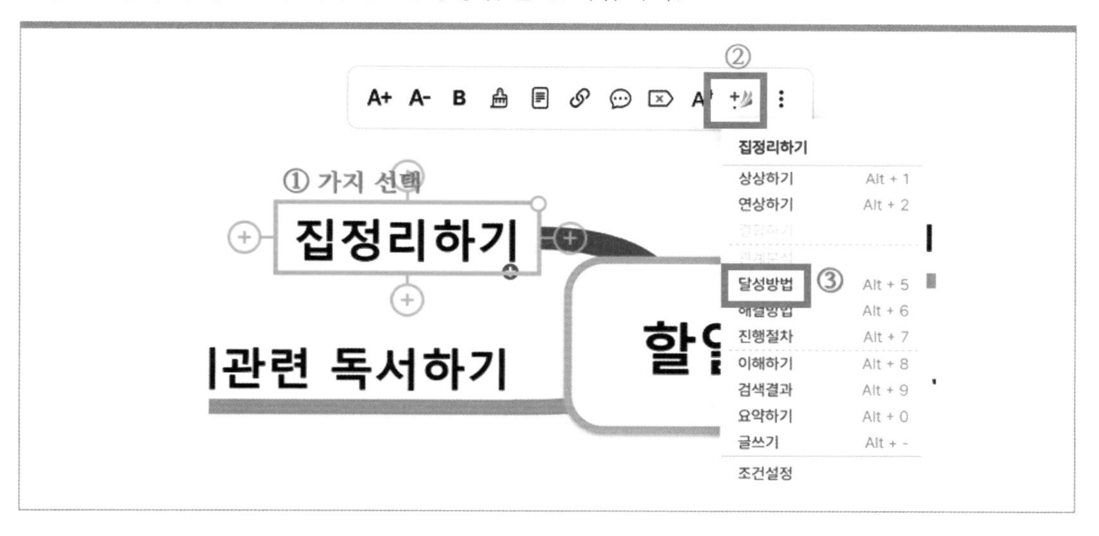

다음과 같이 '집 정리하기'를 위한 5가지 방법이 생성되며 부수적인 세부 내용도 '자식가지'로 생성됩니다.

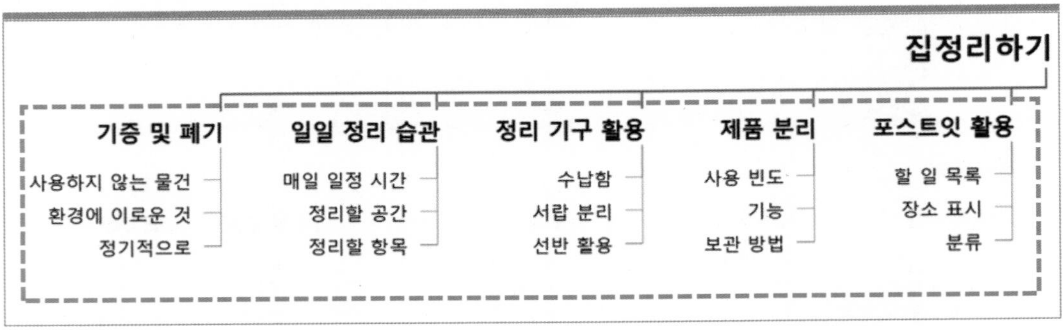

집정리하기

기증 및 폐기
- 사용하지 않는 물건
- 환경에 이로운 것
- 정기적으로

일일 정리 습관
- 매일 일정 시간
- 정리할 공간
- 정리할 항목

정리 기구 활용
- 수납함
- 서랍 분리
- 선반 활용

제품 분리
- 사용 빈도
- 기능
- 보관 방법

포스트잇 활용
- 할 일 목록
- 장소 표시
- 분류

'집 정리하기'의 '달성방법'에 따라 하나씩 해나가면 주어진 과제들을 실수 없이 해나갈 수 있습니다.

3) 해결방법

목표와 현실에서의 괴리는 문제를 발생시킵니다. 이러한 문제를 해결하는 능력을 문제 해결 능력이라고 합니다. 문제를 해결하는 방법을 AI가지 생성으로 알아봅니다.

'집 정리하기' 중 '사용하지 않는 물건'에 대해 문제가 발생했다면

① '해결방법'을 알아볼 가지사용하지 않는 물건를 선택합니다.

② 위쪽 작업창 중 'AI가지' 생성을 선택합니다. 'AI가지' 생성 메뉴창이 열립니다.

③ 'AI가지' 생성 11개 메뉴 중 '해결방법'을 클릭합니다.

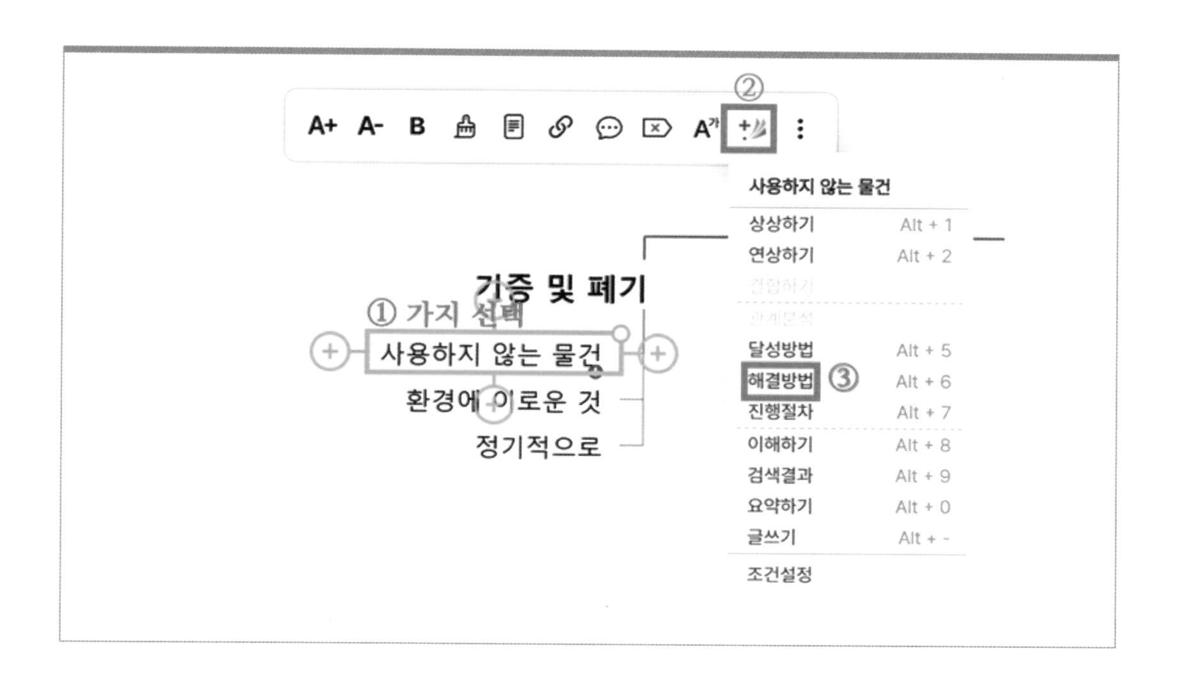

다음과 같은 '해결방법'이 생성되었습니다. 기부, 재활용, 판매, 교환, 재사용 아이디어 등 미처 생각하지 못한 방법들을 제시해 주었습니다.

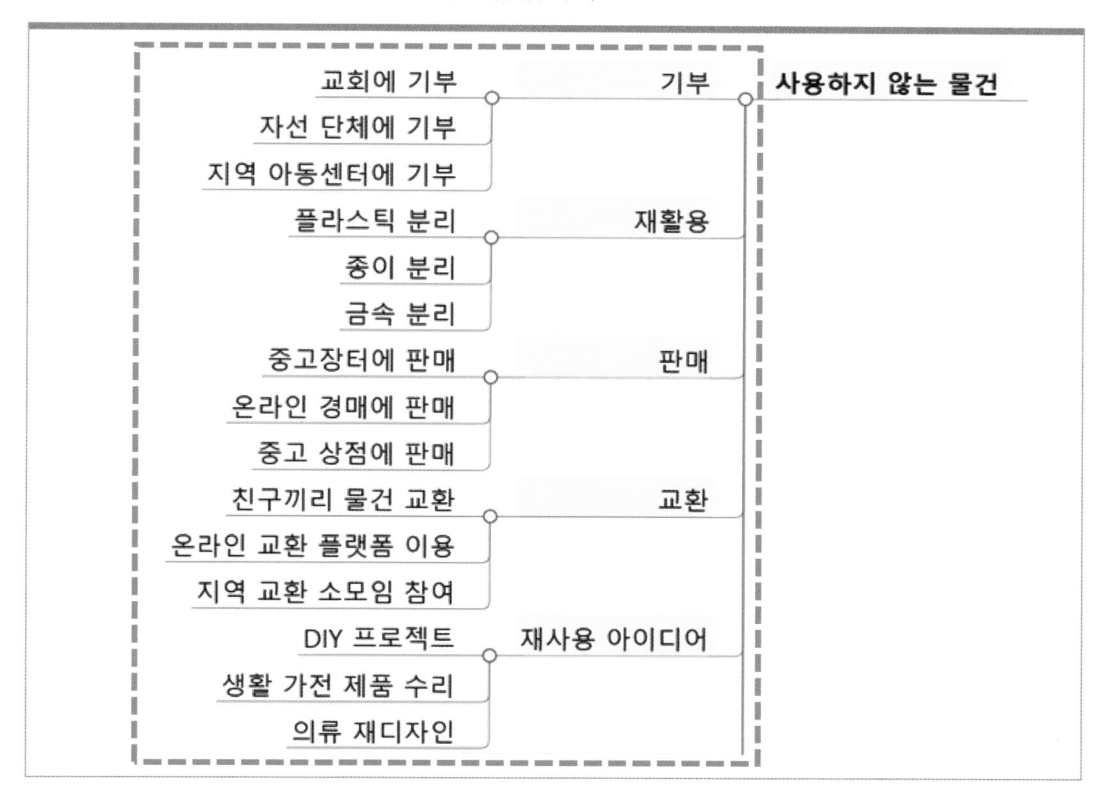

좀 더 구체적이고 자세한 내용이 필요하다면 '조건설정'에서 '출력형태'를 '핵심어'에서 '설명'으로 변경하면 다음과 같은 결과를 얻을 수 있습니다.

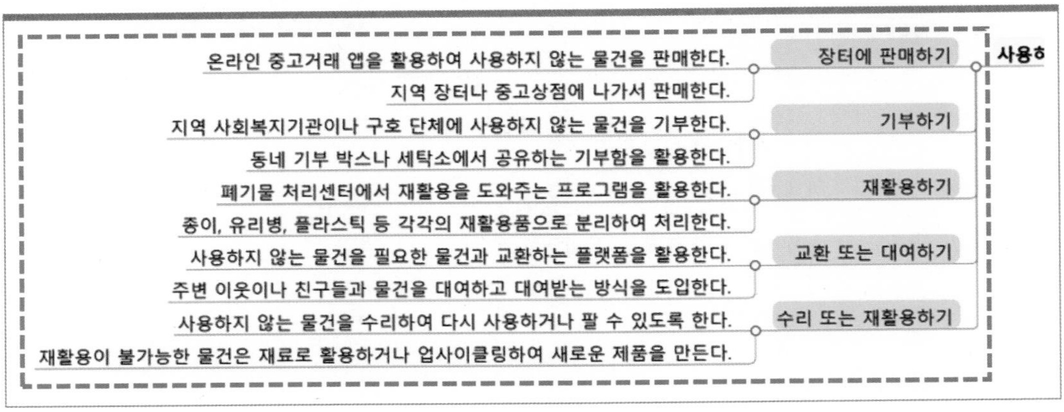

사용하
- 장터에 판매하기
  - 온라인 중고거래 앱을 활용하여 사용하지 않는 물건을 판매한다.
  - 지역 장터나 중고상점에 나가서 판매한다.
- 기부하기
  - 지역 사회복지기관이나 구호 단체에 사용하지 않는 물건을 기부한다.
  - 동네 기부 박스나 세탁소에서 공유하는 기부함을 활용한다.
- 재활용하기
  - 폐기물 처리센터에서 재활용을 도와주는 프로그램을 활용한다.
  - 종이, 유리병, 플라스틱 등 각각의 재활용품으로 분리하여 처리한다.
- 교환 또는 대여하기
  - 사용하지 않는 물건을 필요한 물건과 교환하는 플랫폼을 활용한다.
  - 주변 이웃이나 친구들과 물건을 대여하고 대여받는 방식을 도입한다.
- 수리 또는 재활용하기
  - 사용하지 않는 물건을 수리하여 다시 사용하거나 팔 수 있도록 한다.
  - 재활용이 불가능한 물건은 재료로 활용하거나 업사이클링하여 새로운 제품을 만든다.

5. 요약하기/글쓰기

정보나 자료가 핵심어가 아닌 문장이나 문단의 형태일 때, 그 속의 핵심어를 찾아내는 능력이야말로 학습 능력에서 기본적으로 필요한 능력이며, 주어진 핵심어로 주제에 맞게 나의 생각이나 의견을 글로 표현할 수 있는 소통 능력도 프로젝트를 위한 기본 필요능력입니다.

1) 요약하기

핵심어가 아닌 문장의 가지를 요약할 때 유용하게 사용됩니다. 글 속의 핵심어를 찾아내고 핵심어의 상위 분류를 찾아서 맵으로 구조화합니다.

위 예시 중 이해하기의 결과 중 설명으로 출력된 가지 하나를 요약해 보겠습니다.

① '요약하기'를 할 가지를 선택합니다.

② 위쪽 작업창 중 'AI가지' 생성을 선택합니다. 'AI가지' 생성 메뉴창이 열립니다.

③ 'AI가지' 생성 11개 메뉴 중 요약하기를 클릭합니다.

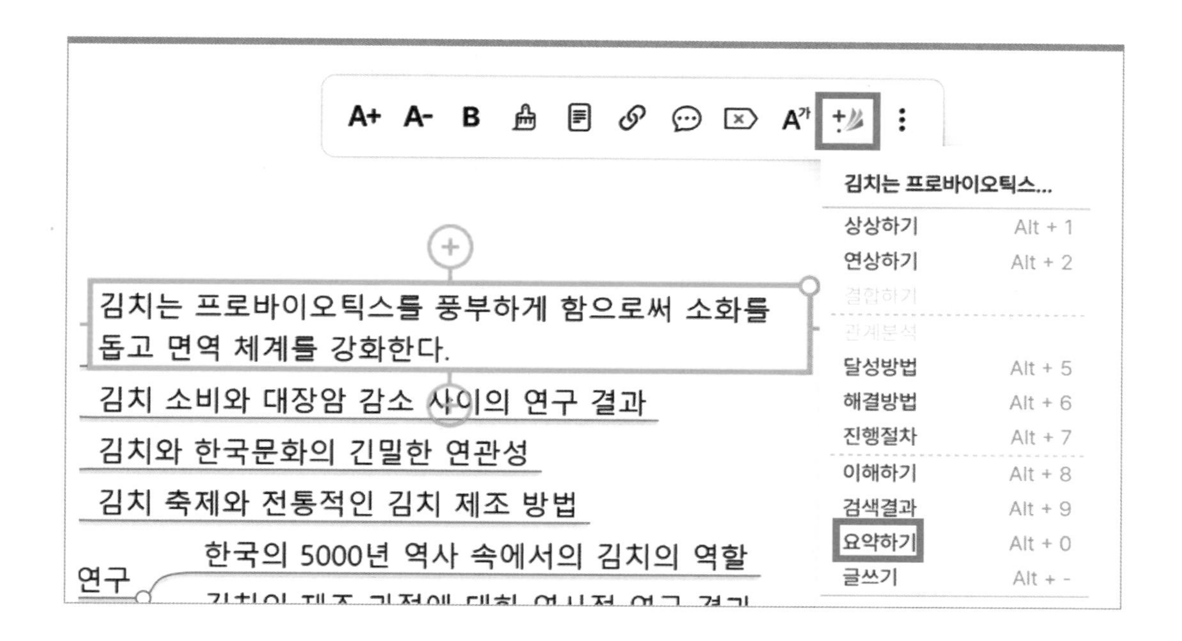

다음과 같이 문장의 내용을 2개의 분류 기준으로 나누어 핵심어로 구조화되었습니다. 문장 속 핵심어는 '프로바이오틱스'와 '소화', ' 면역체계' 등이 있습니다. 이 핵심어를 '영양성분'과 '효능'이라는 분류 기준으로 구조화하였습니다. 맵의 구조화는 하는 사람마다 달라질 수 있습니다. 여러분은 어떻게 구조화할 수 있을까요? 나의 맵과 비교해 보면서 맵 구조화의 다양성과 생각 방식을 알 수 있을 것입니다.

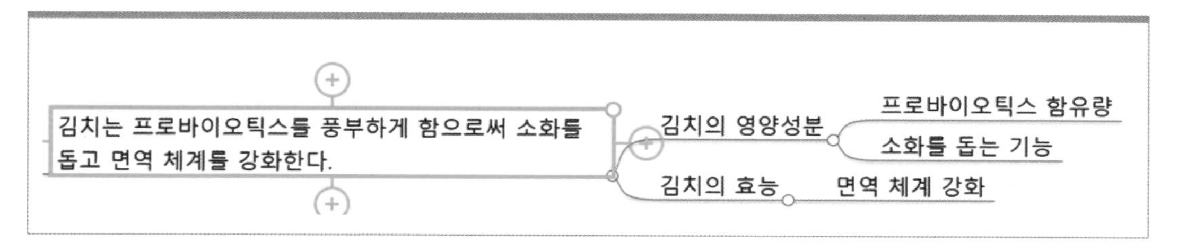

2) 글쓰기

글쓰기 기능은 사용자가 선택한 주제에 대해 글을 작성해주는 도구입니다. 마치 작가가 이야기를 쓰는 것처럼, 아이디어를 글로 표현할 수 있게 도와줍니다.

'김치의 영양성분'에 대해 글쓰기를 어떻게 할 수 있을까요?

① 글쓰기 주제 가지김치의 영양성분를 선택합니다.

② 위쪽 작업창 중 'AI가지' 생성을 선택합니다. 'AI가지' 생성 메뉴창이 열립니다.

③ 'AI가지' 생성 11개 메뉴 중 글쓰기를 클릭합니다.

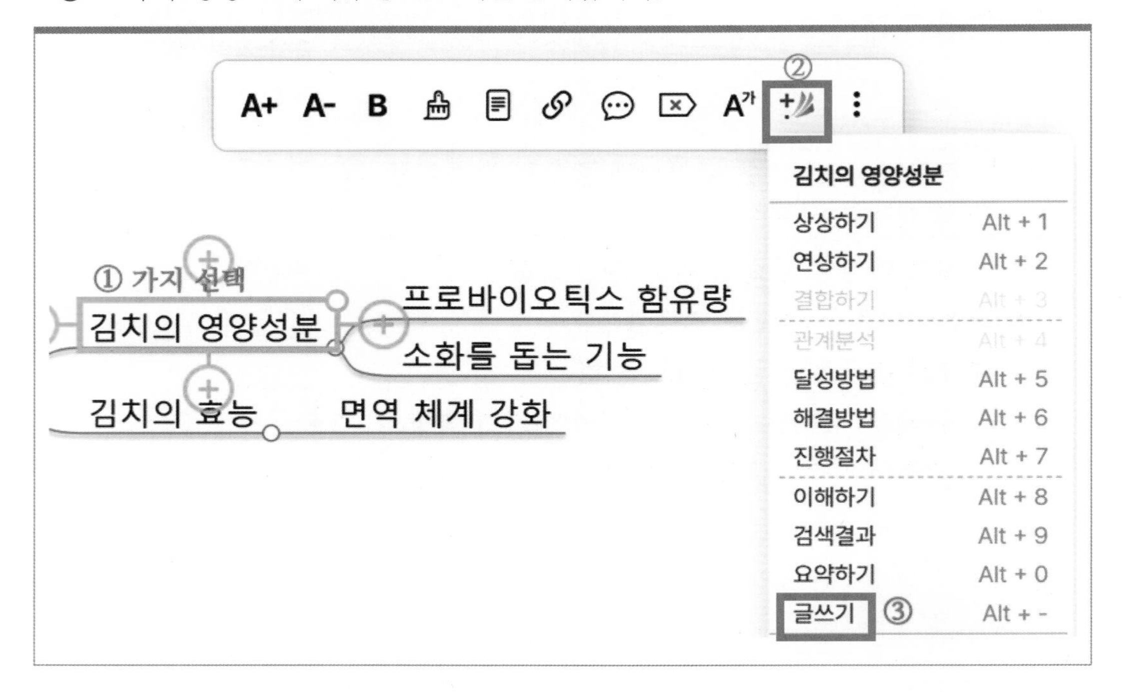

AI글 작성을 위한 창이 열립니다.

④ 페이지 수, 반영할 레벨 수, 스타일, 글의 종류, 작성 대상 등을 선택합니다.

"김치의 영양성분"을 선택한 후 글의 종류는 '레포트', 작성 대상은 '청소년', 그리고 스타일은 '차분한'을 선택하고 '글 작성'을 클릭합니다.

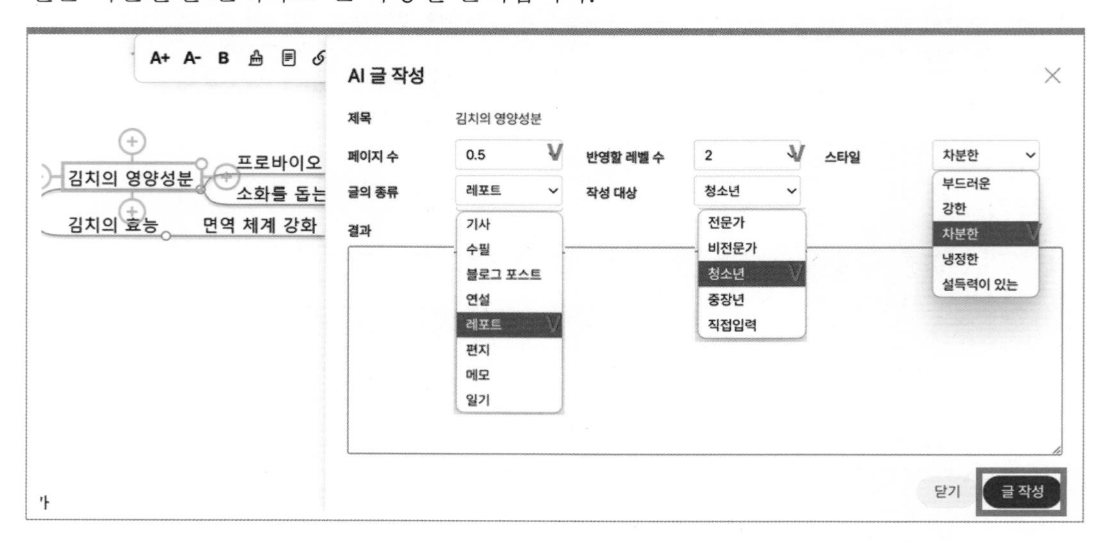

주어진 조건으로 결과란에 글이 생성됩니다.

⑤ 결과물을 '선택가지 설명으로 넣기'를 클릭합니다. 맵의 가지의 설명으로 붙여넣기됩니다. 클립보드에 복사 후 다른 프로그램에 붙여넣기를 할 수 있습니다.

AI 글 작성

제목

페이지 수 0.5 | 반영할 레벨 수 2 | 스타일 차분한

글의 종류 레포트 | 작성 대상 청소년

결과

김치는 한국의 전통 음식으로서 많은 사람들에게 사랑받고 있는 음식입니다. 김치는 배추나 무, 고추 등을 발효시킨 음식으로, 재료별로 다양한 영양성분을 함유하고 있습니다. 특히 김치에는 프로바이오틱스가 풍부하게 함유돼 있어 소화를 돕는 기능이 있는 것으로 알려져 있습니다.

프로바이오틱스란 유익한 세균을 가리키는데, 건강한 소화기능을 돕는 데 중요한 역할을 합니다. 김치에 함유된 프로바이오틱스는 장내세균의 균형을 조절하여 소화를 원활하게 해주는데 도움을 줍니다. 또한, 김치에는 식이섬유, 비타민, 미네랄 등 다양한 영양소가 함유되어 있어 전반적인 건강에도 도움을 줄 수 있습니다.

따라서, 김치를 적정량 섭취함으로써 소화기능을 개선하고 건강을 유지하는 데 도움이 될 수 있습니다. 하지만, 과도한 섭취는 오히려 소화에 해로울 수 있으니 적당한 양을 유지하는 것이 중요합니다. 김치를 포함한 다양한 발효식품을 적절히 섭취하여 건강한 생활

선택가지 설명으로 넣기 | 클립보드에 복사 | 닫기 | 글 작성

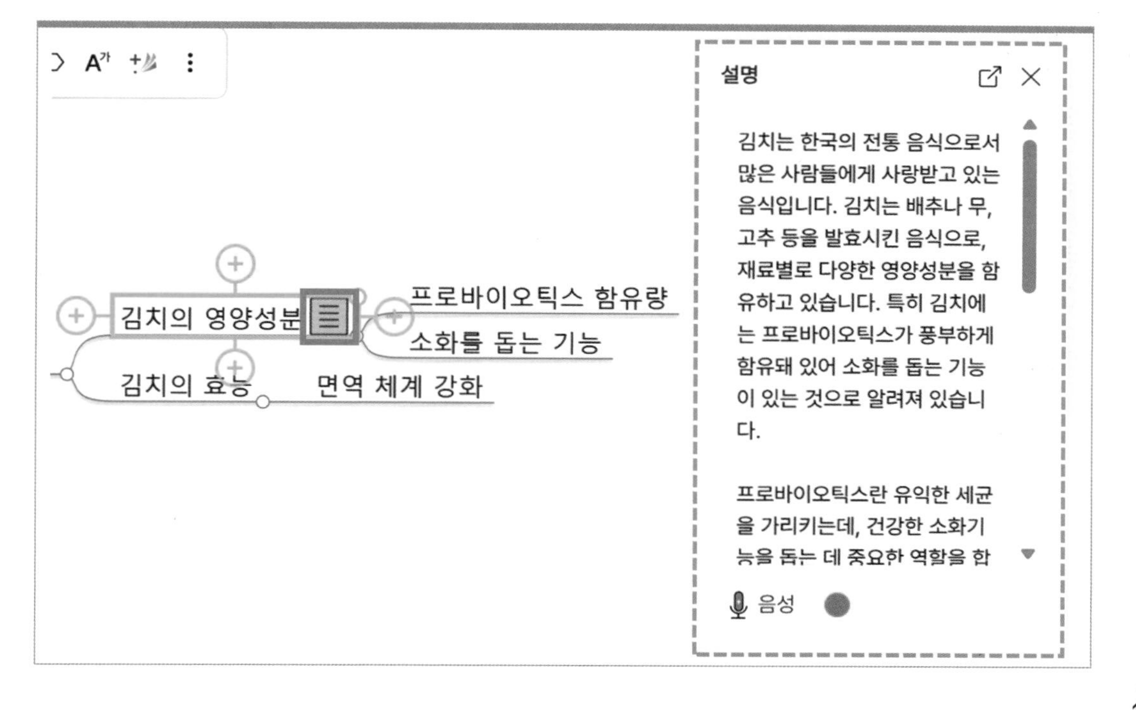

6. 'AI가지' 생성으로 진로 프로젝트 활용

2025학년부터 고교학점제가 전면 시행됩니다. 고교학점제란 '학생이 기초 소양과 기본 학력을 바탕으로 진로·적성에 따라 과목을 선택하고, 이수 기준에 도달한 과목에 대해 학점을 취득·누적해 졸업하는 제도입니다. 현재 학생이 성취한 등급에 상관없이 과목을 이수할 수 있었지만, 고교학점제에서는 학생이 목표한 성취 수준에 충분히 도달했다고 판단할 수 있을 경우에만 과목 이수를 인정해 줍니다. 또, 기존에는 출석 일수로 고등학교 졸업 여부를 결정했지만, 고교학점제에서는 누적된 과목 이수 학점이 졸업 기준에 이르렀을 때 졸업할 수 있습니다.

고교학점제에 따른 학교 변화는

첫째, 진로, 학업 설계의 변화로 고1은 진로·적성 탐색 후 진로·학업 설계하여 수강 신청을 하는 고1 진로집중학기를 운영합니다. 고2는 진로·적성에 따른 선택과목 수강으로 진로를 구체화하며, 고3은 진로 기반 진학 준비와 졸업 이후 설계에 초점을 맞춰 진행합니다.

둘째, 과목 선택은 교과영역 구분 없이 다양한 과목을 선택하게 되며, 교과 편성은 학생 진로·적성에 따른 개설 수요학생과목 수요조사 및 수강신청 결과에 따라 이루어집니다.

셋째, 수업 장소와 학교생활도 달라집니다. 먼저, 인근 학교와 지역사회, 온라인으로 수업 장소가 확장학교 간 공동교육과정됩니다. 또한, 학생 개인별 시간표주당 32시간, 학생 개인별 시간표에 따른 일과 중 공강 시간 운영, 인근 학교 및 지역사회 기관, 온라인 수업 등을 활용한 선택과목 수강 가능로 운영되고, 학급별 교실이 아닌 도서관 등 교실 경계가 확장되며, 복수전공. 부전공이 활성화됩니다.

무엇보다 고교학점제를 위한 준비는 중학교 때부터 시작해야 한다는 것입니다. 진로탐색 및 계획을 위한 프로젝트 관리가 필요합니다. 그 방법을 알려드리겠습니다.

1) 진로 프로젝트 템플릿 만들기

① ThinkWise 웹버전 시작합니다.

② 로그인을 합니다.

③ 대시보드 화면에서 만들기 > 빈맵을 클릭하고 제목000:이름 진로프로젝트을 입력합니다.

④ 제목을 선택하고 1레벨 가지들을 만듭니다.

⑤ 제목을 선택하고 맵의 방향을 진행트리B로 변경합니다.

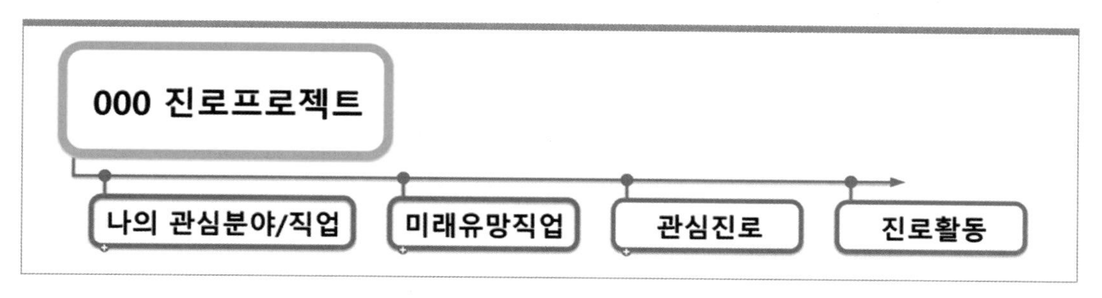

2) 나의 관심분야/ 직업

자신이 좋아하는 것과 잘하는 것을 스스로 인지하고 기록하는 것이 중요합니다. 지금까지 자신이 관심을 가지고 있던 것들을 기록하여 진로를 탐색의 방향을 제시해 줄 수 있습니다.

① 나의 관심분야/직업 가지를 선택합니다.

② 가지 만들기 : 내가 좋아하는 것들을 생각나는 대로 입력합니다.

③ 작성한 가지들을 분류하여 가지와 가지를 묶을 수 있습니다.

3) 미래유망 직업 검색하기

메타와 AI 세상은 빠른 속도로 미래 환경이 바뀌어 가고 있습니다. 급속한 변화 속에서 직업의 변화 또한 빠릅니다. 성장할 직업과 없어질 직업 등에 관심을 가지면서 자신의 직업 등을 탐색할 수 있어야 합니다. 주기적으로 미래유망 직업을 검색하여 환경의 변화에 조금씩 적응해 나갈 수 있습니다.

① 미래유망직업 가지를 선택합니다.

② 위쪽 작업창 중 'AI가지' 생성을 선택합니다. 'AI가지' 생성 메뉴창이 열립니다.

③ 'AI가지' 생성 11개 메뉴 중 검색결과를 클릭합니다.

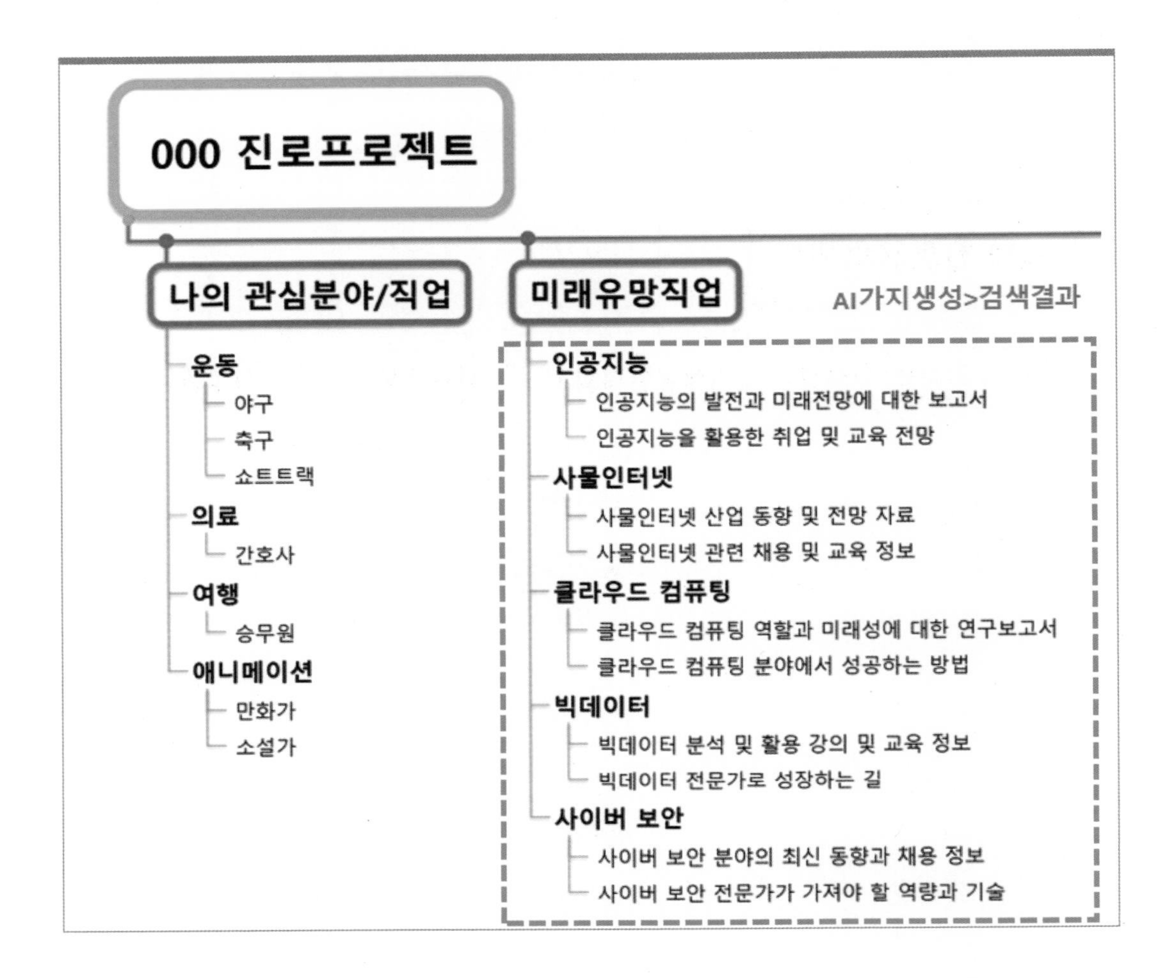

미래 유망 직업들에는 어떤 것들이 있는지 관심을 가지면서 나의 진로를 탐색하면 좀 더 구체적이며 현실적인 진로를 찾을 수 있습니다.

4) 관심 직업 이해하기

검색된 결과 '인공지능', '사물인터넷', '클라우드 컴퓨팅', '빅데이터', '사이버 보안' 중 가장 관심이 가는 분야에 대해 자료를 찾아보며 나와 맞는 부분들이 있는지 알아봅니다. 그중 빅데이터에 대해 알아보겠습니다. 'AI가지' 생성 매뉴 중 검색결과보다는 이해하기를 추천합니다.

① 빅데이터 가지를 선택합니다.
② 위쪽 작업창 중 'AI가지' 생성을 선택합니다. 'AI가지' 생성 메뉴창이 열립니다.

③ 'AI가지' 생성 11개 메뉴 중 이해하기를 클릭합니다.

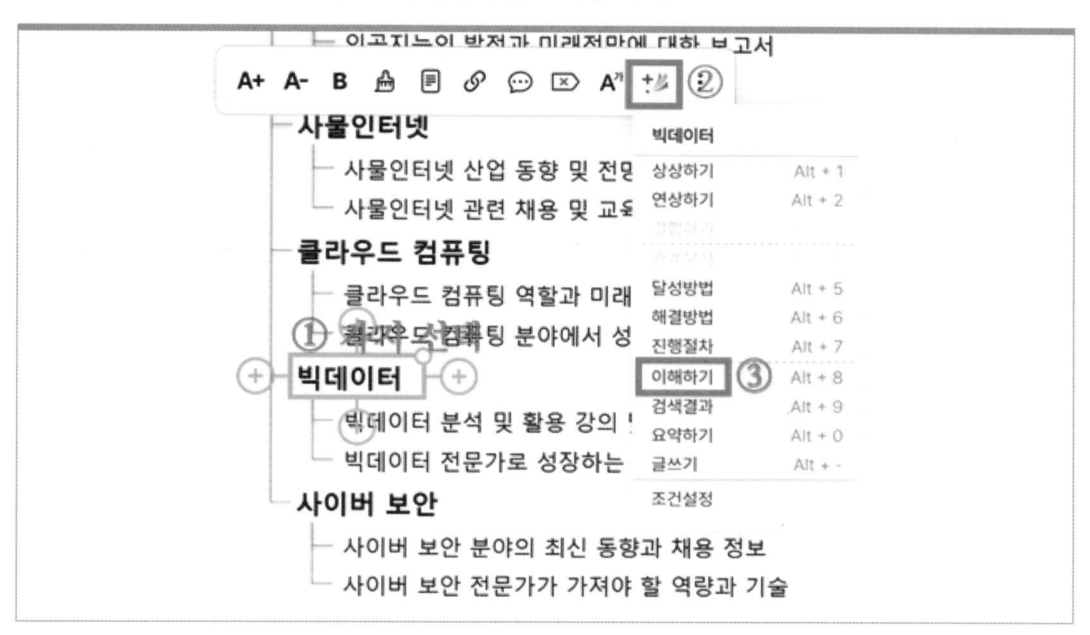

다음과 같이 빅데이터에 대한 결과를 확인할 수 있습니다. 빅데이터에 대해 '수집', '저장', '처리', '분석', '활용' 등의 항목으로 정의 및 특성에 대해 알 수 있습니다. 이해하기로 정리된 내용을 바탕으로 빅데이터에 대해 탐색을 계속해서 이어나갑니다.

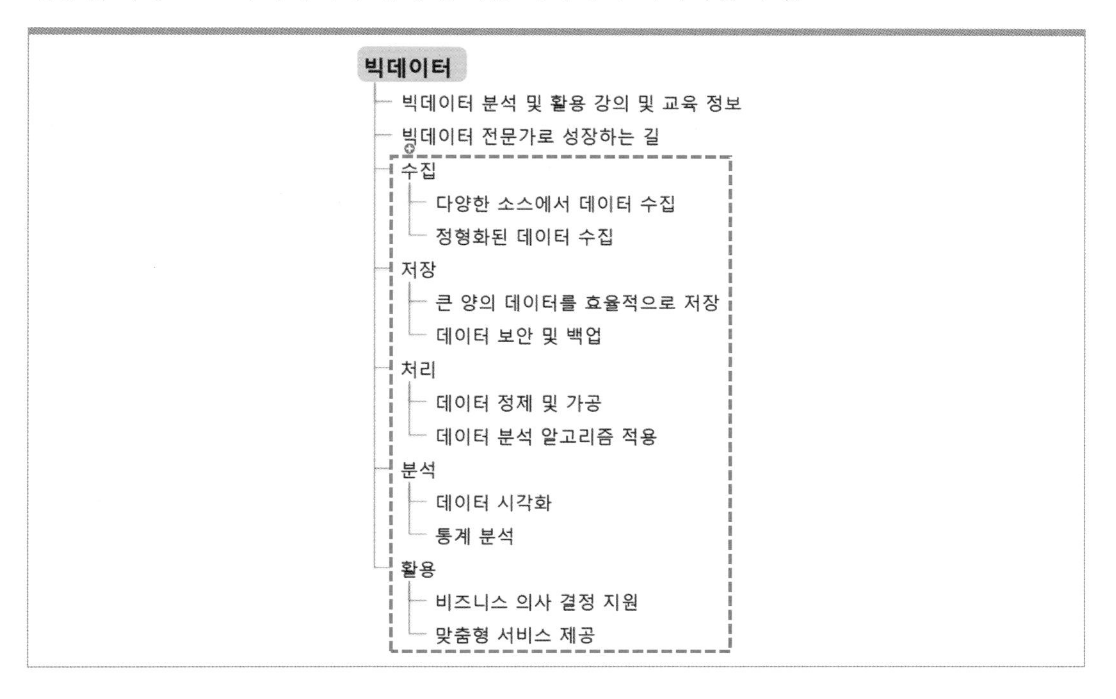

5) 관심 직업 '달성방법' 알아보기

빅데이터라는 직업을 선택할 때, 어떤 방법으로 될 수 있는지를 알아보면서 직업의 이해를 도울 수 있습니다.

'빅데이터 전문가로 성장하기' 위한 '달성방법'을 알아보겠습니다.

① 가지빅데이터 전문가로 성장라는 길를 선택합니다.

② 위쪽 작업창 중 'AI가지' 생성을 선택합니다. 'AI가지' 생성 메뉴창이 열립니다.

③ 'AI가지' 생성 11개 메뉴 중 '달성방법'를 클릭합니다.

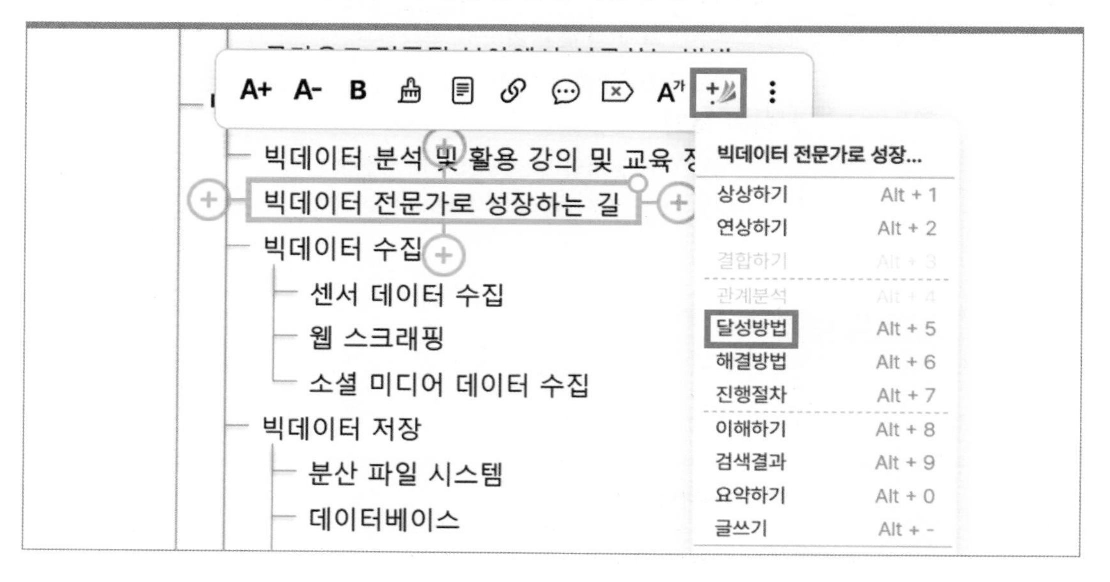

빅데이터 전문가의 '달성방법'에 대해 구체적인 내용도 확인하여 진로 탐색을 풍부히 할 수 있습니다. 연계된 진로활동이 있는지 검색하여 수업을 선택하여 수강할 수 있습니다.

빅데이터 전문가로 성장하는 길

- 프로그래밍 능력 향상
  - 파이썬, R, SQL 등 빅데이터 분석에 필요한 언어 학습
  - 온라인 강의, 책, 커뮤니티를 활용한 학습 계획 수립
- 통계학과 수학적 기초 강화
  - 확률, 통계, 선형대수학 등 학습
  - 실무경험을 통해 이론을 실습에 적용
- 빅데이터 프로젝트 참여
  - 현업에서 발생하는 데이터 문제를 해결하는 프로젝트에 참여
  - 프로젝트 경험을 통해 실무 능력 향상
- 인더스트리얼 전문가와 교류
  - 세미나, 컨퍼런스 참여를 통해 최신 기술 및 트렌드 습득
  - 연구실, 기업 등에서 활발한 교류를 통해 네트워크 확장
- 자기 주도적 학습
  - 학습 목표 설정과 진로 계획 수립
  - 온라인 커뮤니티나 스터디 그룹을 통한 지속적인 학습

6) 관심진로

관심진로는 나의 관심과 미래 유망 직업 중 특정 분야에 대해 '관계분석'을 통해 나의 진로와의 연관성을 알아보며 정리해 봅니다.

① 관심진로가지를 먼저 선택한 후 '야구+빅데이터' 가지를 만듭니다.
② 야구+빅데이터 가지를 선택합니다.
③ 나의 관심분야/직업 아래 가지 중 하나의 가지야구를 선택합니다.
④ 미래유망직업 중 관심 직업빅데이터 가지를 선택합니다.
⑤ 위쪽 작업창 중 'AI가지' 생성을 선택합니다. 'AI가지' 생성 메뉴창이 열립니다.
⑥ 'AI가지' 생성 11개 메뉴 중 관계분석을 클릭합니다.

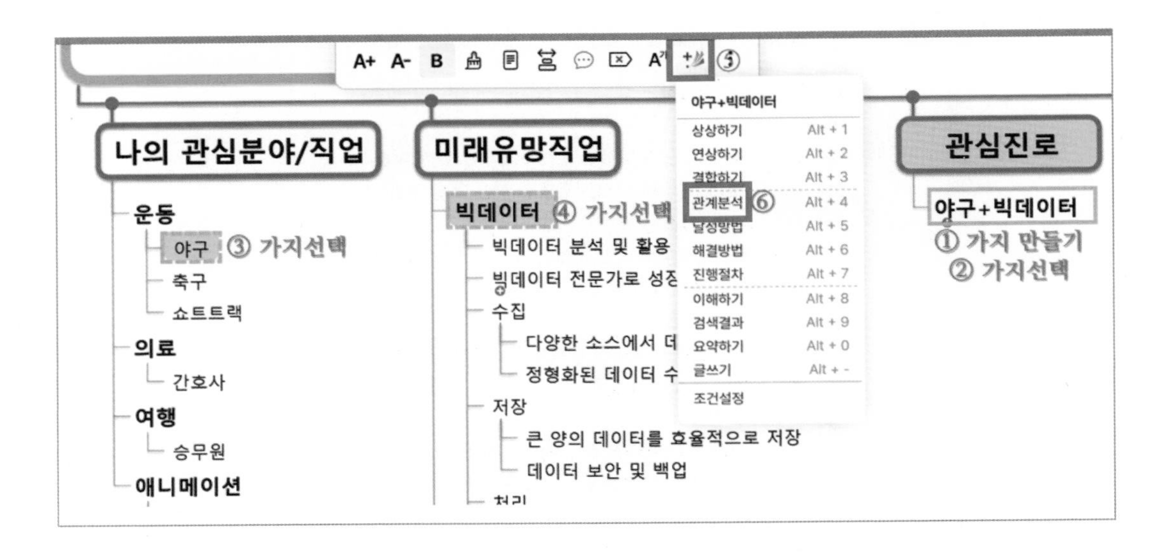

다음과 같이 야구와 빅데이터의 '관계분석' 결과를 확인할 수 있습니다. 야구 경기 분석 또는 선수 기록 관리하거나 성적 예측 등 여러 분야에서 적용되는 것을 알 수 있습니다.

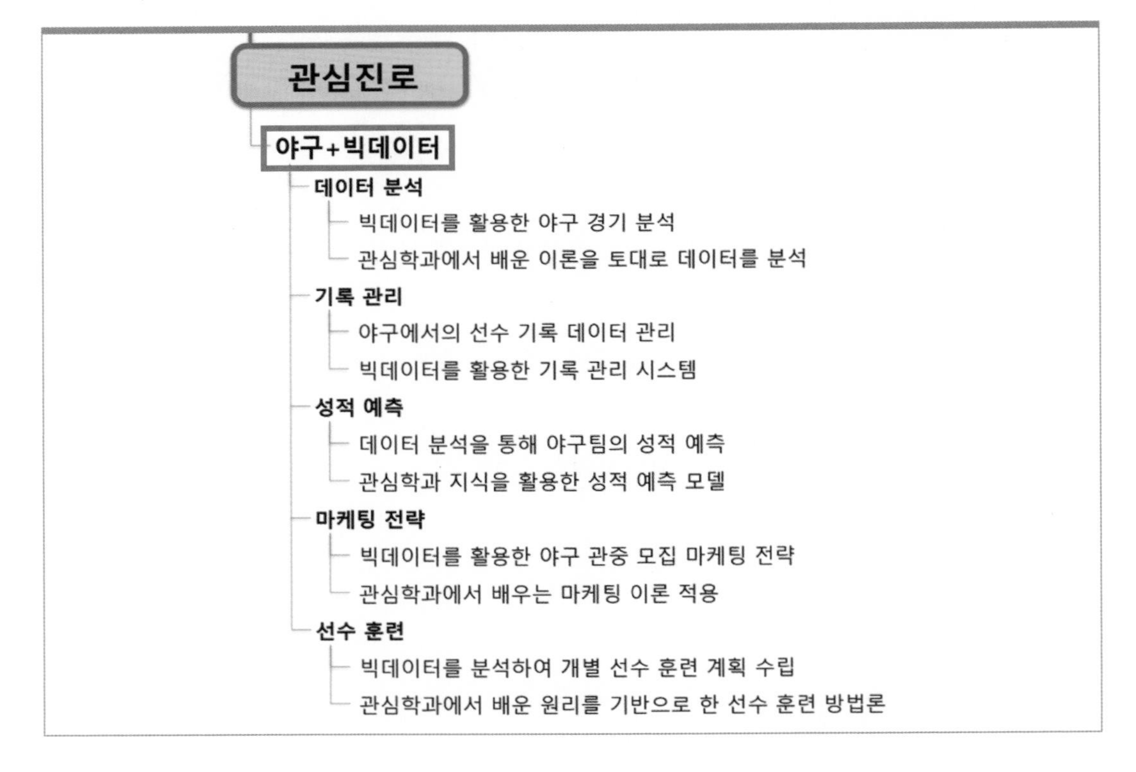

관련 직업에 대해서 직업관련 사이트커리어넷에서 더 구체적 내용을 알아보고 확장해 나갈 수 있습니다. 인터넷 검색을 통한 부가적인 정보도 추가해 나갑니다.

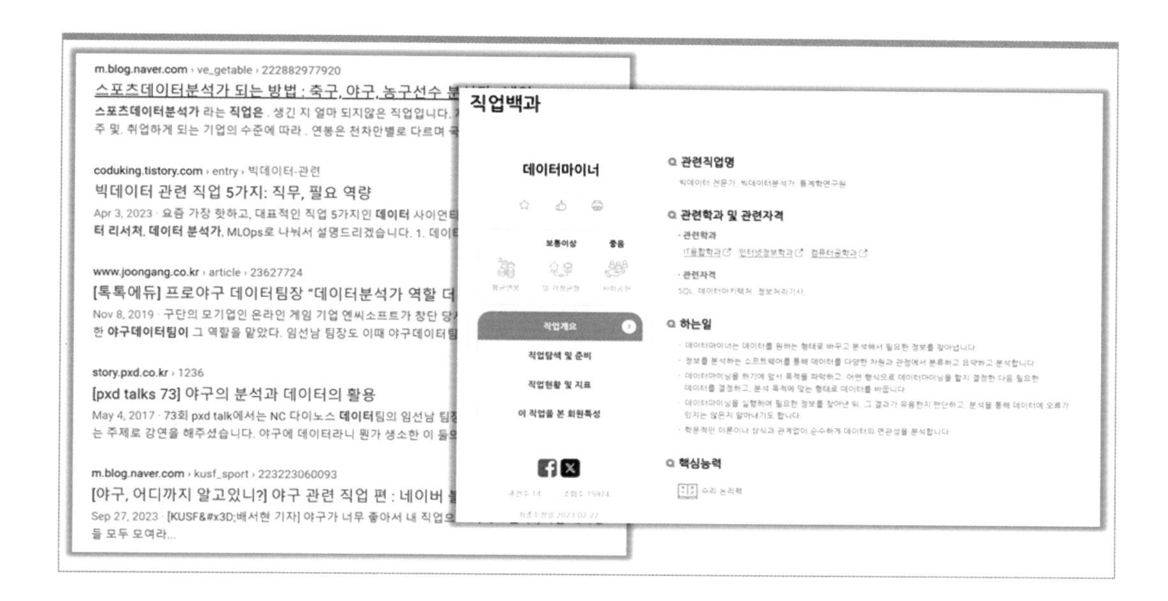

관심진로에는 자신의 관심 분야와 미래 유망직업의 '관계분석'을 통한 결과들이 하나씩 누적되어 나가면서 관련 직업에 대한 진로탐색이 이루어질 수 있습니다.

| PART4 |

ThinkWise 사용 설명서

〈ThinkWise〉를 사용하면 새로운 생각을 하고 이를 업무에 반영하는 일이 더 이상 스 트레스가 아니라 숨겨진 능력을 보여주는 기회가 될 것입니다. 그 결과로 누구에게나 잠재 된 창의적인 사고 능력을 발견하고 발전시켜 줍니다. 나아가 일 잘하는 사람이 갖는 세 가 지 특성인 전체를 보는 힘, 창의적인 사고, 시각화 능력을 스스로 개발하고 발휘할 수 있도록 하는 혁신적인 효과를 제공합니다.

| 1장 |

원리 이해

1. 마인드프로세싱의 개념

1) 마인드프로세싱이란?

생각 따로 필기 따로인 기존의 업무방식의 문제점을 보완할 방법이 있습니다. 창의적 사고와 생각의 구체화를 동시에 해나갈 수 있는 도구를 사용하는 것입니다. 이는 업무처리 과정에 있어 불필요하거나 불합리한 과정과 절차를 걷어내고 개인과 조직의 역량을 창의적 사고에 집중하는 일입니다.

기존의 정체된 업무 방식에서 벗어나 창의적 사고와 필기 그리고 시각적 사고와 필기를 한 개의 도구로 동시에 입체적으로 활용하여 업무를 진행하는 것을 마인드프로세싱이라고 합니다. 마인드프로세싱은 기존의 워드프로세싱과 대비되는 새로운 개념의 업무처리 방식이라고 할 수 있습니다.

PC의 등장과 함께 타자기의 대체품으로 시작된 워드프로세서는 문장을 작성하는 획기적인 도구였습니다. 하지만 20년이 흐른 지금 웬만한 사람이라면 워드로 자서전을 전자출판할 정도로 보편적인 도구가 되었습니다. 한때 분당 몇 타를 치는가가 대단한 능력처럼 여겨지던 시절도 있었지만, 이제 초등학생도 워드를 사용해서 숙제를 합니다.

이처럼 모든 것은 변화하고 그 변화 속에서 업무처리 방식도 예외일 수 없습니다. 당연하게 써오던 책상 위의 커다란 모니터가 어느 순간에 모두 LCD로 바뀌었습니다. 창의적 사고와 필기가 동시에 가능한 마인드프로세싱이라는 새로운 업무처리 방식도 개인과 조직의 경쟁력 향상을 위한 혁신적인 방법으로 빠르게 퍼져나가고 있습니다.

2) 마인드프로세서 〈ThinkWise〉

두뇌의 창의적 특성을 기반으로 한 필기법 마인드맵은 1970년대에 처음 소개되었습니다. 〈ThinkWise〉는 1997년 마인드맵의 확산적 사고이론을 토대로 디지털 마인드맵 도구로 개발된 이후 일상의 업무가 갖는 다양한 속성과 수렴적 사고기법을 토대로 진화해 왔습니다. 특히 맵 문서를 오피스문서로 전환하는 기능과 일정과 기획의 개념을 세계 최초로 마인드맵에 도입한 것은 디지털 마인드맵이 일반 업무의 도구로 진입하는 획기적인 계기를 만든 것으로 평가됩니다.

〈ThinkWise〉는 회의, 기획, 발표 등 일상의 주요 업무를 할 때 준비된 생각을 서술하기 위해 사용하는 도구와는 차이가 있습니다. 새로운 발상을 시각적으로 전개하고 창의적인 발상이 다양한 업무의 결과에 자연스럽게 반영되도록 한다는 점에서 기존의 소프트웨어와 용도 자체가 다릅니다. 이러한 특징을 갖는 〈ThinkWise〉는 창의력과 혁신을 중요하게 생각하는 지식과 정보시대의 '생각의 도구'이며, 새로운 방식으로 일하기 위한 마인드프로세싱 도구입니다.

〈ThinkWise〉를 사용하면 새로운 생각을 하고 이를 업무에 반영하는 일이 더 이상 스트레스가 아니라 숨겨진 능력을 보여주는 기회가 될 것입니다. 그 결과로 누구에게나 잠재된 창의적인 사고 능력을 발견하고 발전시켜 줍니다. 나아가 일 잘하는 사람이 갖는 세 가지 특성인 전체를 보는 힘, 창의적인 사고, 시각화 능력을 스스로 개발하고 발휘할 수 있도록 하는 혁신적인 효과를 제공합니다.

마인드프로세싱이라는 새로운 방식으로 일하기 위한 도구이며, 디지털 시대의 전천후 업무도구인 〈ThinkWise〉의 주요 기능과 특성을 살펴보겠습니다.

시각적 사고와 필기 기능

무엇보다 시각적 사고와 효과를 극대화할 수 있습니다. 즉, 준비된 생각이나 단어를 나열하는 좌뇌적 서술의 도구가 아니라 생각을 그리듯이 시각적으로 표현할 수 있습니다. 생각을 전개해 나가는 과정에서 그려진 내용을 보며 동시에 생각의 전체 모습을 파악하고, 쉽고 빠르게 재배치하여 생각을 구조화해 나갈 수 있습니다.

창의적인 사고와 필기 기능

무순서 다차원적으로 전개되는 우뇌의 확산적 사고 속성과 순차적이며 논리적으로 전개되는 좌뇌의 수렴적 사고 속성을 지원합니다. 다양한 창의적 사고기법을 일상의 업무에 쉽게 적용할 수 있으며, 인간의 창의적 사고과정을 극대화하기 위해 두뇌 친화적인 사용자 인터페이스를 제공합니다. 즉, 배우기 쉽고 쓰기 쉬운 많은 기능을 담고 있습니다.

다양한 호환성

마인드프로세싱의 결과로 만들어진 내용을 필요에 따라 기존의 직선적인 형태의 문서로 전환합니다. 기존의 업무 방식에 사용된 다양한 시스템 및 문서양식과도 호환할 수 있습니다.

2. 필요성

마인드프로세서는 당신의 생각을 구조화하는 과정에서 필요합니다. 많은 경로로부터 획득한 정보를 논리적으로 정리하는 능력은 현대의 정보화 시대에 있어 가장 중요한 생존기술입니다. 오른쪽으로 읽고 서술하는 기존의 직선적 서술 방식은 많은 정보를 효과적으로 정리하는 데 본질적인 문제점을 가지고 있습니다.

우리의 두뇌는 여러 감각기관을 통해 입체적으로 정보를 받아들이며, 이것은 기존의 직선적인 필기 형태로는 정리하기 어렵습니다. 우리의 두뇌는 크게 좌뇌와 우뇌로 나누어지며, 무순서 다차원적으로 입력되는 정보를 처리하는 독특한 기능을 수행합니다. 이러한 사고 기능을 수행하는 우리의 두뇌는 진정 경이로운 능력을 보여주고 있습니다. 나름대로 주어진 기능을 수행하는 좌뇌와 우뇌를 가지고 있는 인간의 뇌는 아무런 패턴이나 순서가 없는 정보들을 처리할 수 있습니다. 또한, 뇌는 시각적 정보를 매우 효율적으로 처리할 수 있는 능력을 보여주고 있습니다. 두뇌는 이미지와 색상에 가장 민감하게 반응합니다. 즉, 정보를 맵의 형태로 시각화하면 우리의 두뇌는 매우 효과적으로 주제들의 상관관계를 이해하고 분석할 수 있습니다.

3. 기본 원칙

<ThinkWise>로 마인드프로세싱 문서를 작성하는 기본적인 원칙은 다음과 같이 정의

할 수 있습니다.

- 자신의 일에 관해 자연스럽게 떠오르는 생각을 계층과 흐름을 고려하지 말고 일단 종이에 적어보십시오.
- 가장 큰 주제를 선별하고 그 밑으로 하위 주제가지를 정리하십시오.
- 논리적 흐름이 필요하다면, 방사형보다는 직선적 흐름으로 정리하십시오.
- 그림을 사용하여 주제의 의미를 시각화하고, 나중에 알아볼 수 있도록 노트를 추가하여 세밀한 설명을 달아두십시오.
- 프로젝트에 관한 맵이라면, 주제별 일정을 입력하여 일정표를 작성하십시오.

반드시 중요한 맵 파일은 저장하고 백업하십시오. 맵을 열 때마다 새로운 아이디어가 떠오르고 이를 추가하는 작업은 계속 반복될 것입니다. 똑같은 새로운 아이디어라도 나중에 다시 인위적으로 재현하기란 거의 불가능합니다. 따라서 맵 작성 과정에서 현재까지의 결과물을 수시로 저장해 두는 작업은 매우 중요합니다.

4. 구성 요소

사용자가 마인드프로세서 문서를 작성하면서 사용하는 여러 가지 요소들에 대한 설명입니다.

마인드프로세서는 여러 가지 서로 다른 요소들을 이용하여 만들어집니다. 이러한 요소는 계층주제와 그 하위주제과 흐름을 형성합니다. 맵의 각 요소들은 쉽게 추가하거나 삭제할 수 있습니다. 마인드프로세서는 효과적으로 표현하기 위해 아이콘, 그림, 노트, 일정 등을 사용할 수 있습니다.

아래 그림에서 보는 바와 같이 맵은 생각을 시각적으로 구조화하는 것입니다. 맵은 중앙의 제목을 시작으로 관련되는 주제들을 가지로 붙여나갑니다.

1) 마인드맵이란?

마인드맵은 종이에 생각나는 대로 핵심어를 적은 후에 그 내용을 주제와 내용에 맞도록 구조화하는 기법입니다. 사용자는 '계층'과 '흐름'의 개념을 사용하여 생각을 맵으로 구조화해 나가게 됩니다.

계층

어떤 주제는 다른 주제와 개념적으로 연결되어 있습니다. 특히 어떤 주제는 더 작은 여러 개의 세부 주제로 세분화할 수 있습니다. 주제가 상하관계의 개념으로 연결된 것을 계층 또는 단계라고 합니다. 계층 구조상 가장 상위의 주제가 맵의 중심주제 또는 제목이 됩니다. 중심주제의 바로 밑에는 중심주제의 요지에 해당하는 1단계 주제가 자리를 잡게 되고 각각의 1단계 주제에 다시 2단계의 주제들이 배치되게 됩니다.

흐름

'흐름'이란 생각을 논리적으로 표현해 나가는 방향을 의미합니다. 어떤 맵은 방사형으로 모든 방향으로 뻗어나가는가 하면, 어떤 맵은 시작에서 끝으로 흘러가는 일직선의 흐름을 가질 수 있습니다. 프로젝트 계획을 맵으로 작성하는 경우, 일의 시작에서 종료까지의 순서를 표현하기 위해 특히 흐름의 특성이 매우 중요해집니다.

<ThinkWise>는 마인드맵을 작성하는데 매우 단순하면서도 강력한 환경과 기능을 제공하도록 제작되었습니다. <ThinkWise>는 이러한 기본 개념과 환경을 통해 여러분이 다양한 용도로 활용하고 효과를 거둘 수 있도록 해주는 도구입니다.

2) 맵의 구조와 명칭

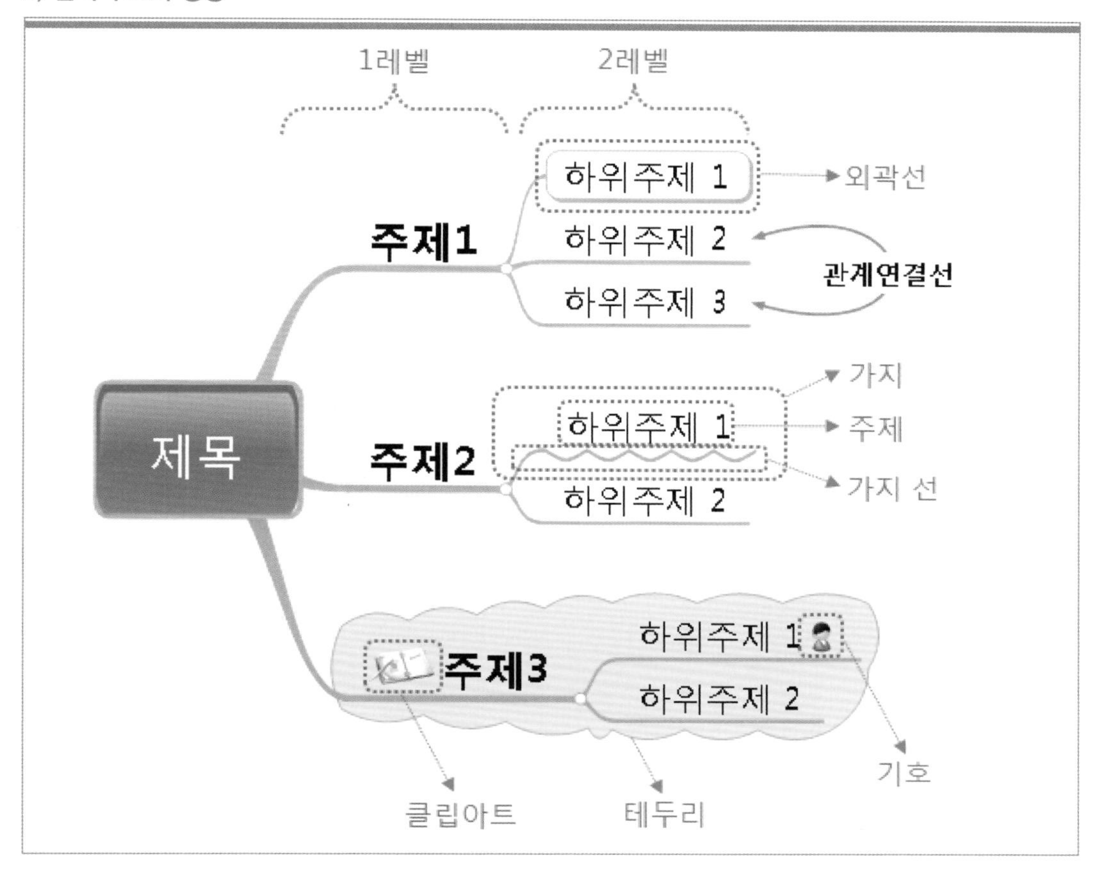

제목

제목은 사용자가 맵으로 작성하고자 하는 생각의 제목을 의미합니다. 이것은 중심에 위치하며 모든 가지들은 이 중심 제목에서 파생됩니다.

주제

주제는 마인드맵의 가장 기본 단위입니다. 주제에 주제를 추가하려면 우선 하위주제를 연결할 수 있는 새로운 가지를 생성하여야 합니다.

가지

가지는 마인드맵에서 아주 작지만 중요한 부분입니다. 가지선은 인접한 두 레벨 간의 주제를 연결해 주는 역할을 하며, 각 레벨에서 가짓수의 제한은 없습니다.

레벨

레벨은 중심 주제를 중심으로 주위에 작성되는 가지의 계층을 의미합니다. 이것은 굵은 통나무의 나이테와 연못에 돌을 던졌을 때 퍼지는 물결의 모양을 생각하면 쉽게 이해할 수 있을 것입니다. 이와 같은 것은 중심에서 방사형으로 퍼져나간다는 공통점이 있습니다. 이것과 동일한 이론으로 맵에서 정보를 정리하면서 중심 주제로부터 생각이 퍼져나가는 형태를 확인할 수 있습니다. 단계의 개수는 컴퓨터의 실제적인 메모리에 의해서 제한을 받지만 이론적으로는 제한이 없습니다. 위의 예제 맵을 보면 1레벨의 가지는 3개로 구성이 되어 있습니다. 그중에서 1레벨의 맨 위에 있는 첫 번째 가지는 다시 3개의 가지를 가지고 있습니다.

아이콘

아이콘은 주제에 입력하여 사용하는 상징적인 작은 그림입니다. 아이콘은 맵의 주제를 쉽게 파악하도록 도와줍니다.

그림클립아트

클립아트 형태의 그림을 의미하며 이것은 쉽게 추가할 수 있습니다. 그림을 사용하는 가장 중요한 목적은 맵이 의미하는 내용을 읽기 쉽도록 돕는 데 있습니다. 그림들은 맵이 의미하는 바를 쉽게 이해하도록 도와줍니다.

설명

선택된 주제에 대해서 방대한 양의 텍스트 정보를 추가할 때 사용합니다.

일정

프로젝트 관리를 위해서 필요한 일정을 구체적으로 추가할 수 있습니다.

5. ThinkWise 웹버전 사용환경

OS

Windows7 이상, MacOS11 이상, Android9 이상, iOS13 이상, Linux.

브라우저

Chrome, Edge, Safari, Whale, FireFox 등 최신 버전.

| 2장 |

ThinkWise 웹버전 화면구성

1. 대시보드 화면

<ThinkWise> 웹버전 로그인 시 나타나는 첫 화면을 대시보드라고 합니다. 대시보드는 새 문서, 최근 문서를 실행할 수 있고, 프로필 등을 설정하고 관리하는 곳입니다. 상단 아이콘 클릭 후 설정 부분에서 프로필 수정 및 관리와 사용자 로그인 여부를 확인할 수 있으며 샘플맵 확인 및 화면에 보이는 [+]버튼을 눌러 자주 사용하는 사이트 혹은 맵을 추가하여 바로가기 할 수 있습니다.

1) 대시보드 메뉴 살펴보기

<ThinkWise> 웹버전 대시보드 화면은 다음과 같이 구성됩니다.

[열기]

최근 작성하고 저장한 문서를 열어 볼 수 있습니다.

[만들기]

새로운 맵을 작성할 수 있는 다양한 스타일을 선택하여 맵 문서를 작성할 수 있습니다.

[최근 작업]

최근 열어본 문서를 확인하고 바로 실행할 수 있습니다.

[샘플맵]

다양한 샘플맵을 참고하여 나에게 유용한 맵을 작성할 수 있습니다.

[검색]

저장된 맵 문서를 검색하여 찾을 수 있습니다.

[바로가기 추가]

대시보드 배경 이미지, 프로필, 바로가기, 마스터맵 등을 지정할 수 있으며 계정 정보도 변경이 가능합니다.

2) 설정 메뉴 살펴보기

ThinkWise
프로필
바로가기 설정
배경 설정
노트스타일 설정
제품정보
프로필
이름 백지혜 이메일 okeebbunee@hanmail.net
소속 ThinkWise Academy
좌우명 해야만 하는 일의 행복
비밀번호 변경
이미지
URL URL을 입력해 주세요
맵 okeebbunee@hanmail.net 선택
없음
마스터맵 Map 파일을 선택해주세요. 선택
클라우드 Google Drive 연결
저장

[프로필]

이름, 소속, 좌우명, 프로필 이미지, 프로필 이미지 클릭 시 동작을 설정합니다. 프로필 이미지 클릭 시 동작은 인터넷 페이지URL 또는 맵 문서를 연결할 수 있습니다. 이메일을 확인할 수 있고, 비밀번호와 사진을 변경할 수 있습니다. 구글 드라이브 계정을 연결하고, 맵 화면의 [마스터맵] 버튼을 눌렀을 때 실행될 마스터 맵을 지정합니다.

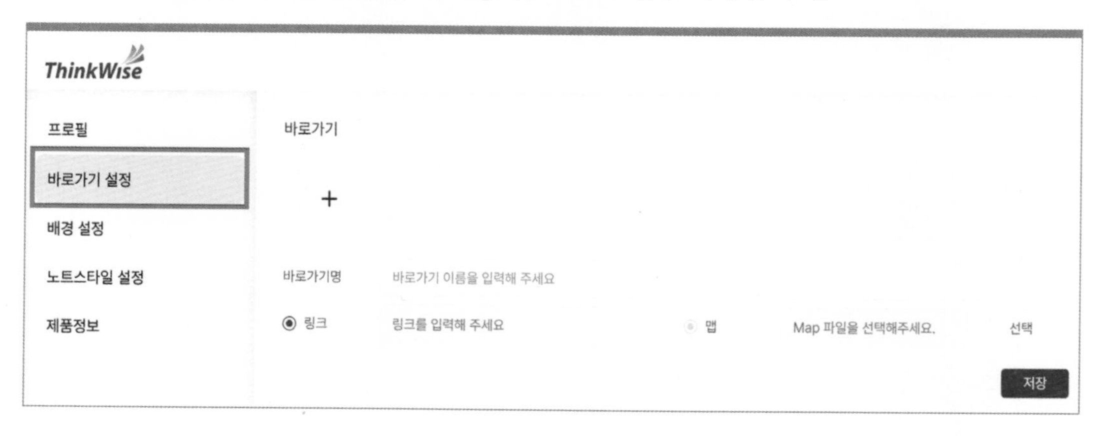

[바로 가기]

대시보드의 [바로 가기] 버튼에 추가할 링크 또는 맵을 추가하거나 삭제합니다.

[배경]

대시보드의 배경 이미지 또는 색상을 선택합니다.

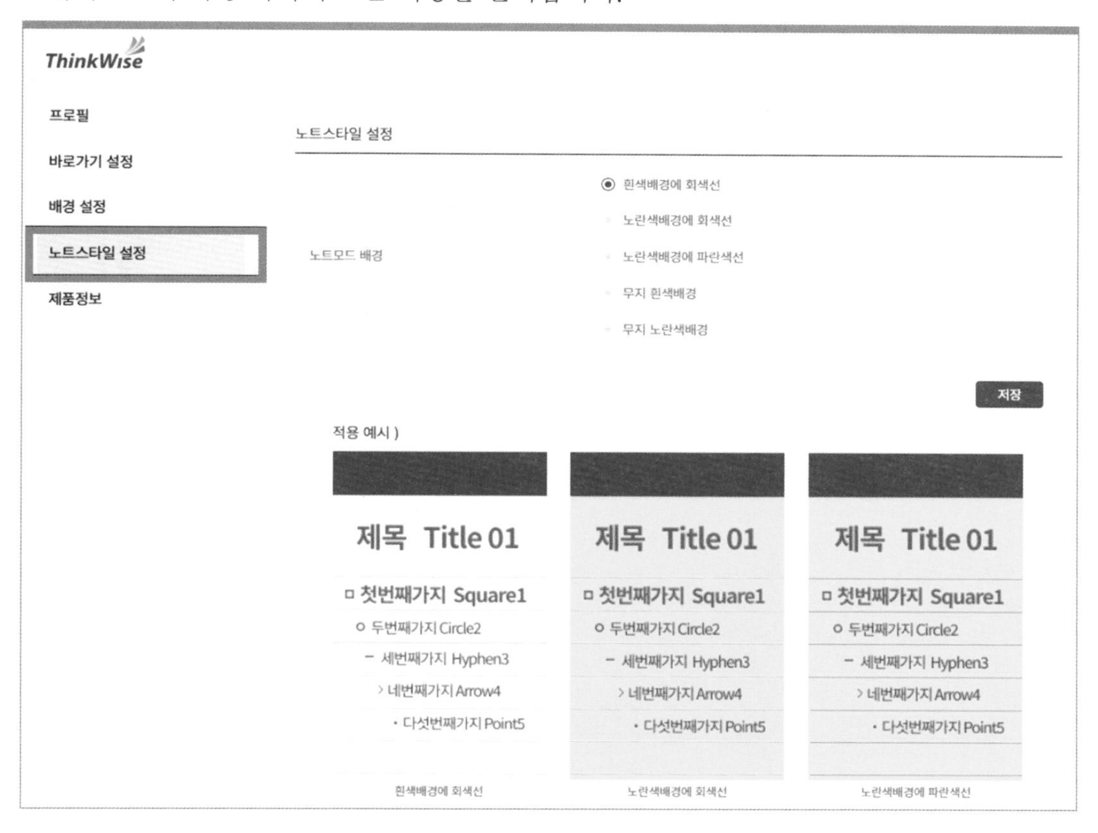

[노트스타일] 노트 모드는 총 5개의 배경 중 원하는 배경으로 선택할 수 있습니다.

[제품정보]

제품명, 사용기간, 저장공간, 구글 드라이브 계정을 연결할 수 있습니다.

2. 맵 화면

<ThinkWise> 웹버전으로 맵 문서를 작성할 수 있는 화면입니다. 새로운 맵을 작성하거나 기존에 작성해 놓은 맵 문서를 실행하여 편집할 수 있습니다.

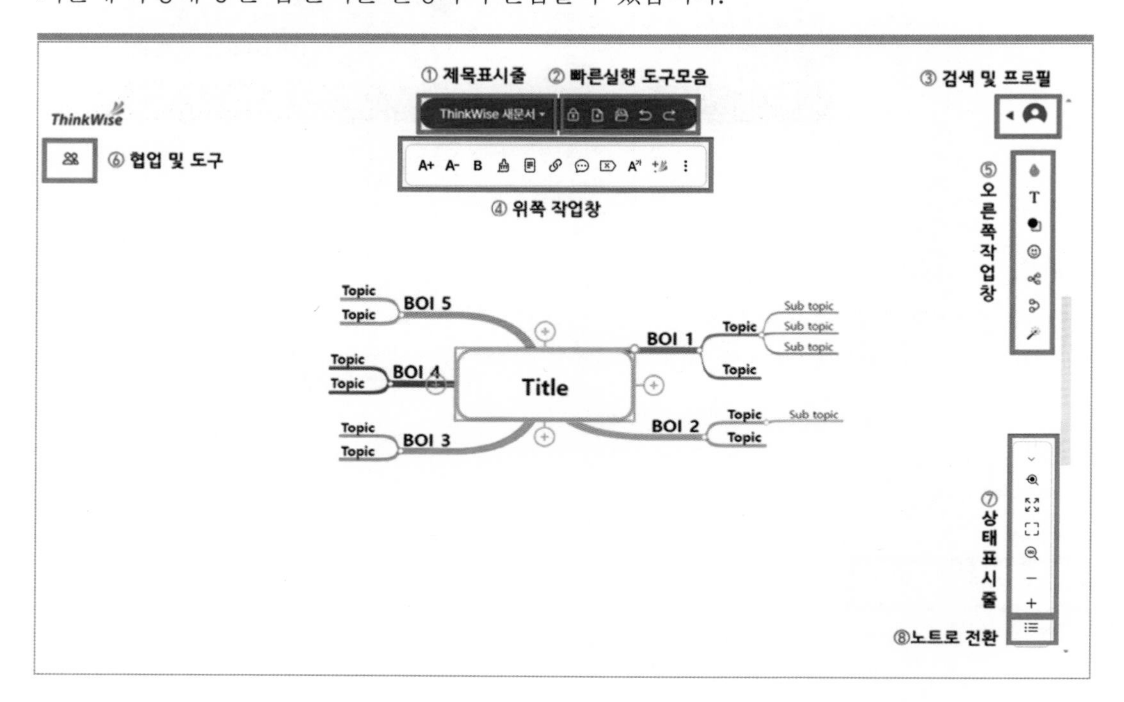

1) 맵 화면 메뉴 살펴보기

<ThinkWise> 웹버전 맵 화면은 다음과 같이 구성됩니다.

① 제목표시줄

현재 작업 중인 맵 문서 이름을 표시합니다.

작업 중인 문서를 저장할 경우 <ThinkWise> 웹버전 클라우드로 저장됩니다.

② 빠른실행 도구모음

<ThinkWise> 웹버전에서 자주 사용하는 명령들을 모았습니다.

③ 검색 및 프로필

저장된 문서 찾기 및 아이콘 클릭 후 설정 버튼을 눌러 프로필 설정, 로그인 및 로그아웃, 도움말 검색이 가능합니다.

④ 위쪽 작업창

자주 사용하는 기능을 모아놓은 작업창입니다. 왼쪽부터 글자 크기 크게, 글자 크기 작게, 굵게, 스타일 복사, 설명, 링크, 말풍선, 가지 삭제, 속성 제거, 번역, AI 가지생성, 더보기 메뉴로 구성되어 있습니다.

⑤ 오른쪽 작업창

맵 작성, 편집에 필요한 기능을 제공합니다. 위에서부터 색상, 글꼴, 도형, 기호, 진행 방향, 연결, 디자인 메뉴입니다.

⑥ 협업 및 도구

협업 참석자 초대, 초대 링크 전달 및 협업관련 도구일시정지, 선택한 가지 편집권한, 가지전달 링크생성, 문자채팅 기능을 사용할 수 있습니다. 다국어 번역을 위한 언어선택 기능도 이 메뉴에 포함되어 있습니다. 다만 이 기능은 협업을 실행한 경우에만 표시됩니다.

⑦ 상태표시줄

현재 작업창의 화면 크기, 표시 방법 등을 설정할 수 있습니다. 위에서부터 선택가지 중심보기, 전체화면, 화면 채우기, 100%로 보기, 축소, 확대로 구성되어 있습니다.

⑧ 노트로 전환

작성한 맵을 필요에 따라 직선적인 문서 형태인 노트로 전환할 수 있고, 반대의 경우로도 전환이 가능합니다.

| 3장 |

<ThinkWise> 웹버전으로 맵 만들기

1. 새 문서 만들기

〈ThinkWise〉 웹버전으로 새로운 문서를 만드는 방법은 두 가지가 있습니다. 하나는 [만들기]를 이용하여 작성하는 방법이고, 다른 하나는 샘플 맵을 통하여 문서를 작성하는 것입니다. 다음은 이 두 가지 방법에 대해 살펴봅니다.

1) 새 문서로 맵 문서 작성하기

① 대시보드에서 [만들기]를 클릭합니다.

② 25가지의 스타일 맵 중에서 하나를 선택합니다. 마우스로 스타일 맵을 클릭하세요.

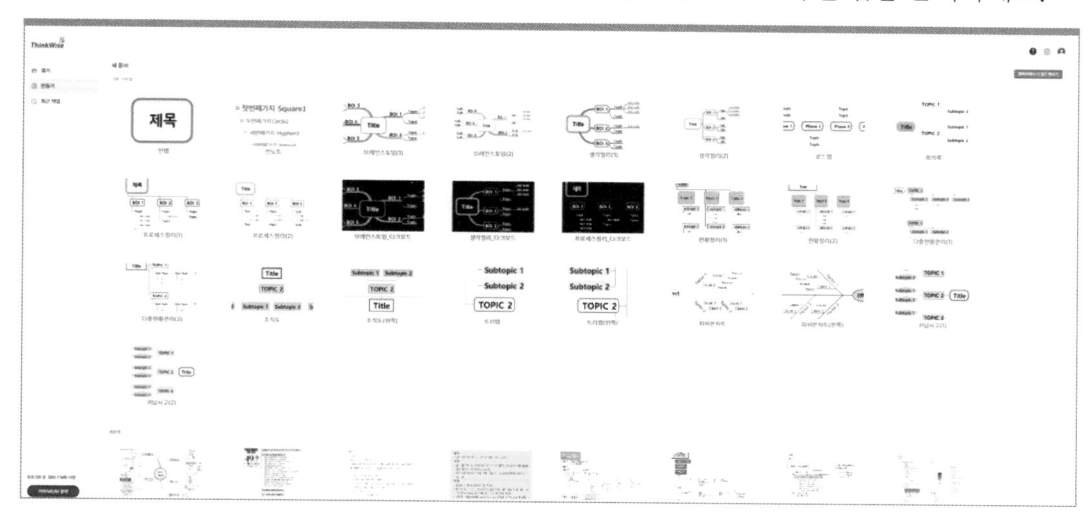

③ 선택한 서식의 파일이 <ThinkWise> 클라우드에 자동 생성됩니다. 이때 생성될 파일의 맵 이름을 지정하세요생성된 맵 이름은 언제든 수정할 수 있습니다.

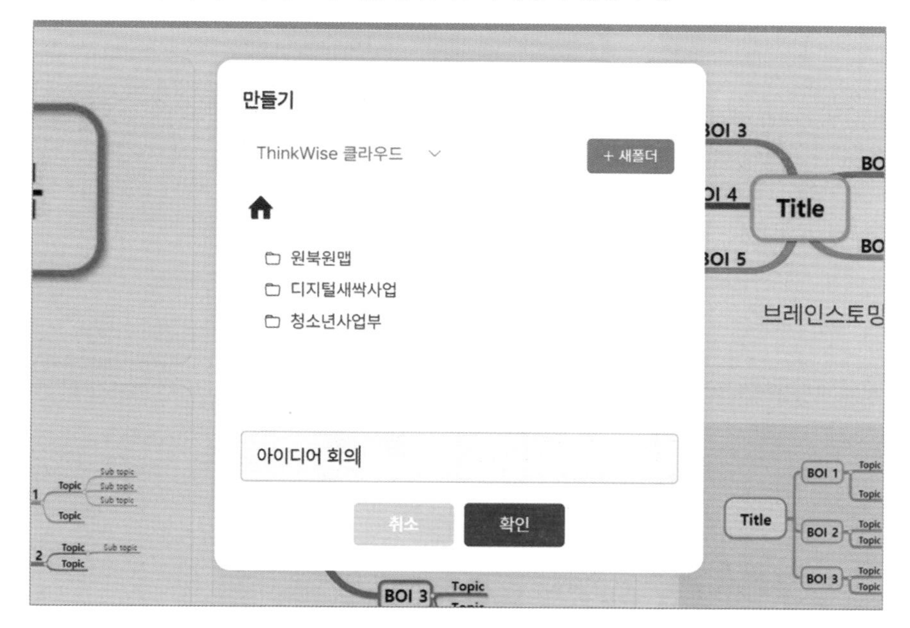

④ 지정한 이름의 맵 문서가 실행된 것을 확인할 수 있습니다.

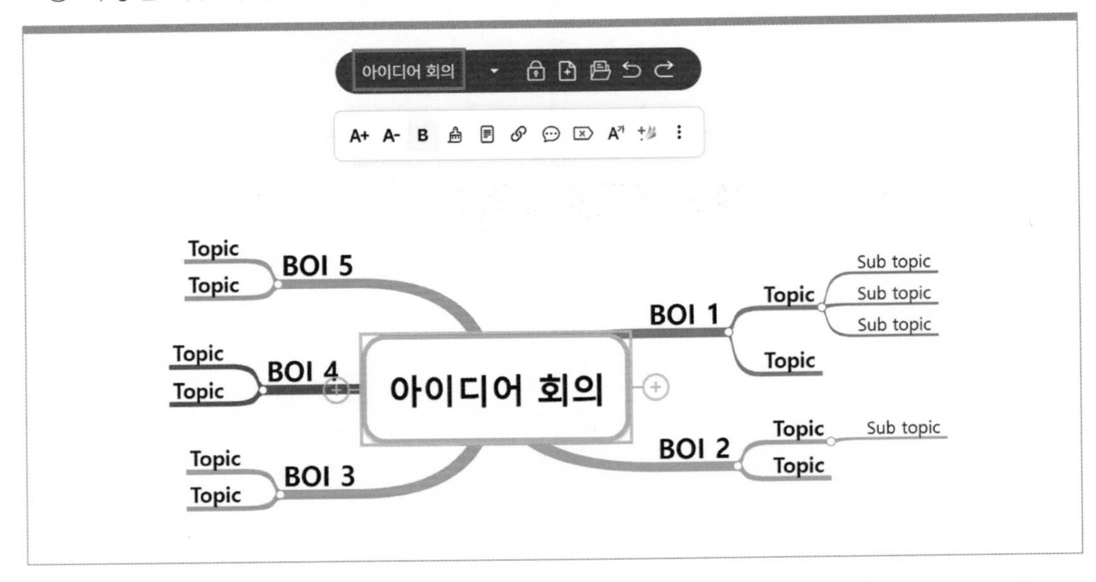

2) 샘플맵으로 새로운 맵 작성하기

① 대시보드에서 샘플맵을 누릅니다.

② 기본으로 제공된 32개의 샘플맵 중 사용할 맵을 선택합니다. 상단의 [맵피아에서 더 많은 맵보기]를 누르면 2,000여 종의 맵 자료를 무료로 다운로드받을 수 있는 맵피아로 접속됩니다.

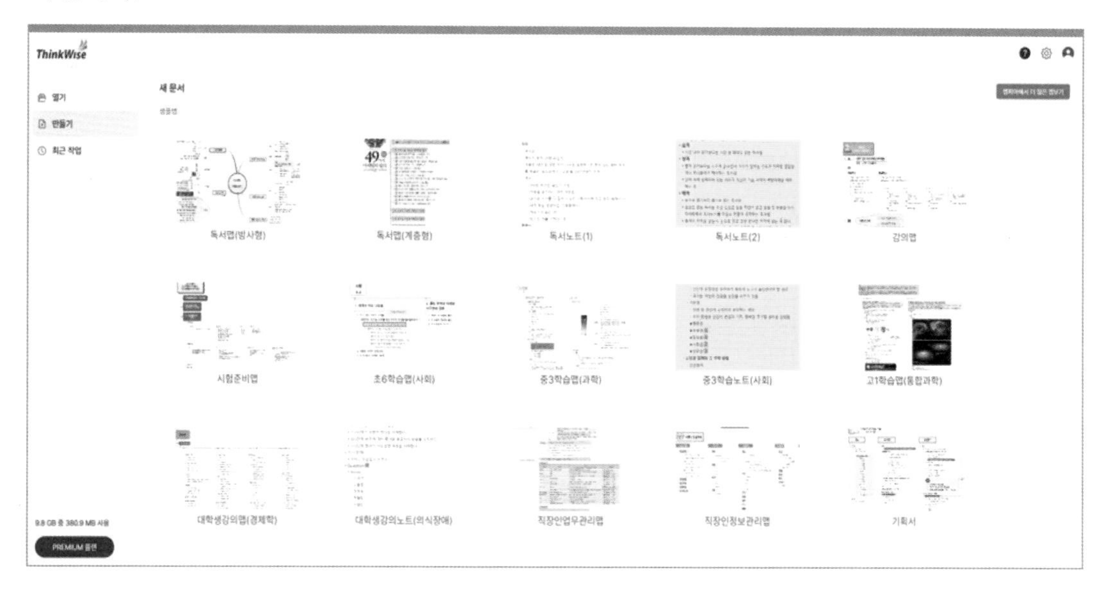

③ 샘플 맵을 선택하여 저장할 맵 이름을 지정한 후 확인을 누르면 샘플 맵이 실행됩니다.

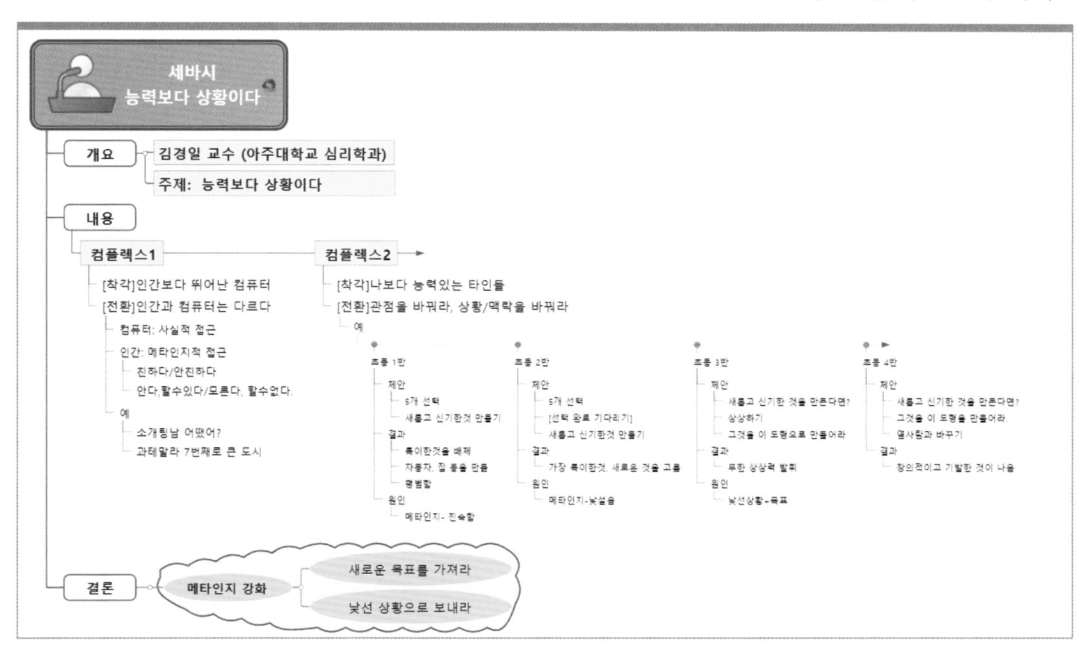

④ 필요한 부분을 수정 또는 가지 추가하여 작성합니다.

2. 맵 작성하기

[만들기]를 실행하였다면 내용을 추가하여 맵을 작성할 수 있습니다. 새 문서의 빈 문서로 맵을 작성해 봅시다.

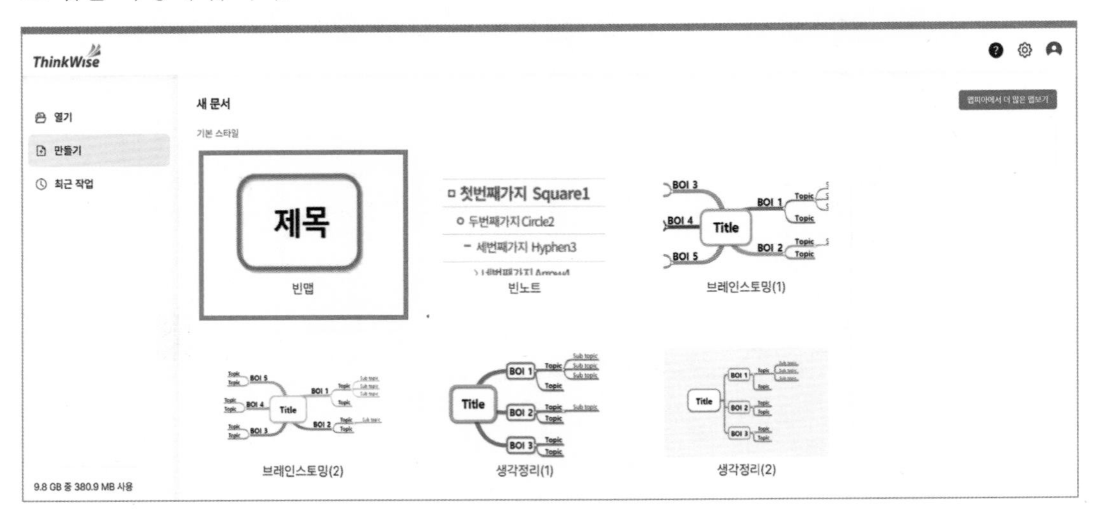

① 제목 입력하기

새 파일을 실행하면 중앙에 제목이라고 입력된 중심 제목이 나타납니다. 제목이라는 글자를 마우스로 더블클릭한 후 중심 주제를 수정하고 Enter↵를 누르면 입력이 완료됩니다. 또는 마우스로 중심 제목을 선택한 후 Enter↵를 누르면 글자를 수정할 수 있는 상태가 되며 이때 중심 주제를 수정하고 다시 한번 Enter↵를 누르면 입력이 완료됩니다.

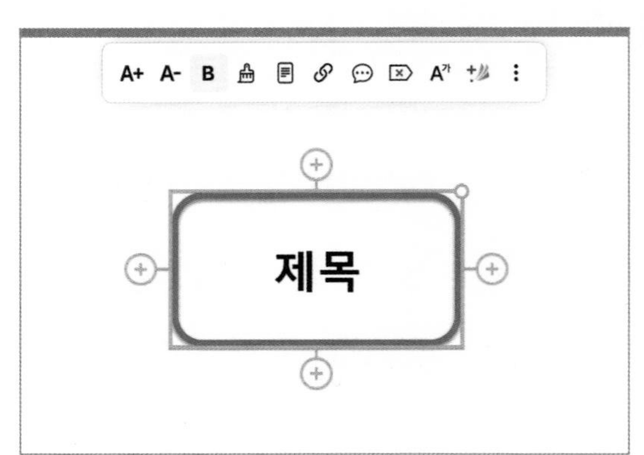

② 가지 추가

- 중심가지 선택 후 스페이스바Space Bar를 누르면 하위가지를 추가할 수 있습니다.

- 또는 중심가지 클릭 후 상, 하, 좌, 우 네 가지 [+] 중에서 하나의 버튼을 눌러 1레벨 가지 생성이 가능합니다.
- 생성된 1레벨 가지에서도 원하는 위치의 [+] 표시를 눌러 새로운 가지를 추가할 수 있습니다. 아래 방사형에서는 상/하에 위치한 [+] 버튼으로 형제가지를, 좌측 [+] 버튼으로 부모가지를, 우측 [+] 버튼으로 자식가지를 생성할 수 있습니다.

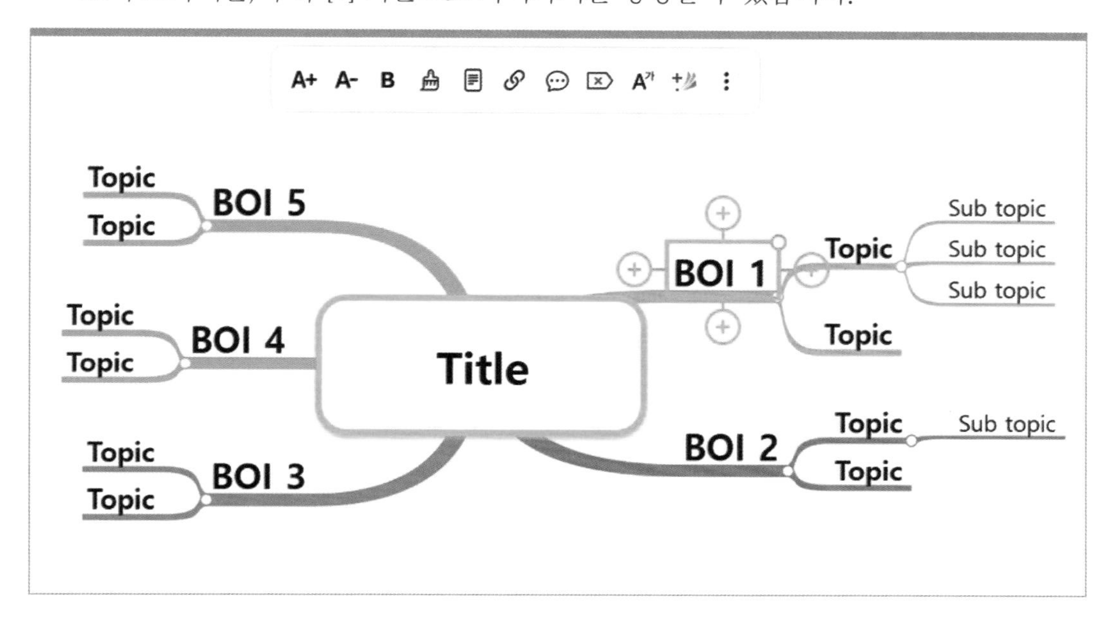

③ '다중 가지' 추가

가지 추가 시 보통의 경우 한 번에 한 개의 가지를 생성하지만, 필요에 따라서 한 번에 여러 개의 가지를 생성할 수 있습니다. 이때 여러 계층의 개념을 구성하여 한 번에 추가할 수 있습니다. 한 줄에 한 가지가 만들어지고, 맨 앞에 한 칸space을 띄우면 상위가지에 종속된 형태로 만들어집니다.

[순서]

- 입력할 가지 클릭 후 [CTRL + SPACE] 누릅니다.
- 한 줄에 한 가지가 만들어지고, 맨 앞에 한 칸space을 띄워 상위가지에 종속된 가지 형태로 만든 후 확인 버튼을 누릅니다.

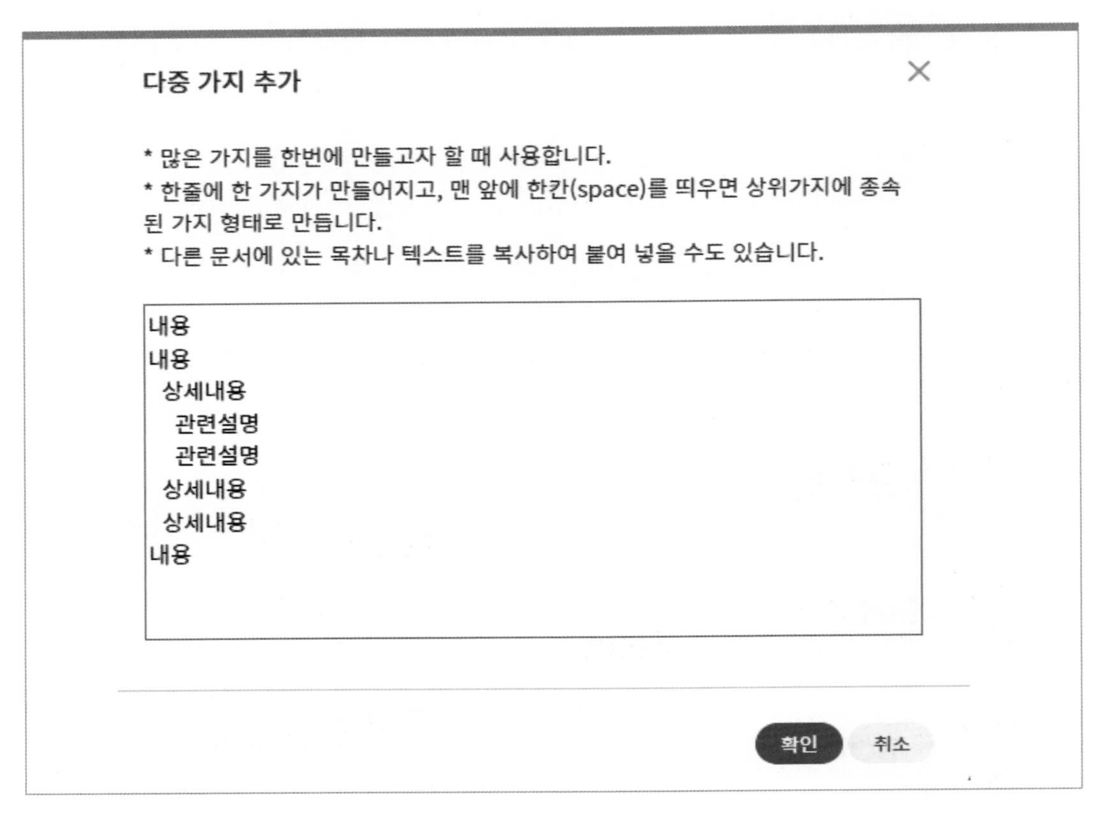

• 아래와 같이 계층 구조를 가진 다중레벨의 가지가 생성됩니다.

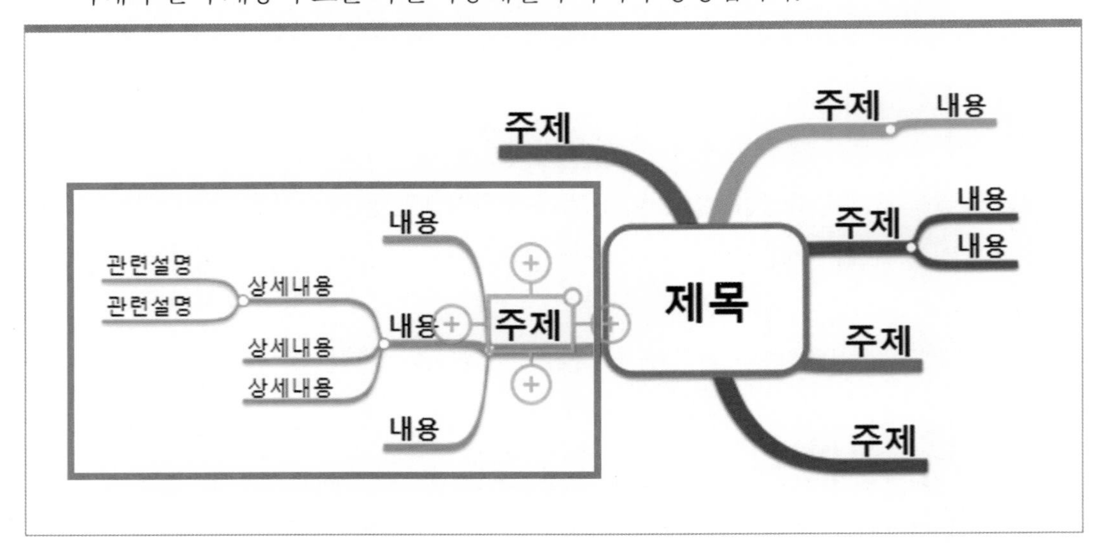

④ 설명 추가

가지를 추가하여 구조적으로 맵을 작성하다 보면 상세한 설명이나 참고문헌 등을 기록하는 경우가 발생합니다. 이때 설명창을 사용하면 양이 많은 문장 형태의 서술문을 기록하고 정리할 수 있습니다.

[순서]

- 설명을 추가하고자 하는 가지를 선택합니다.
- 위쪽 작업창의 설명 아이콘을 누르면 설명창이 열립니다. 문자 또는 음성으로 입력을 할 수 있습니다.

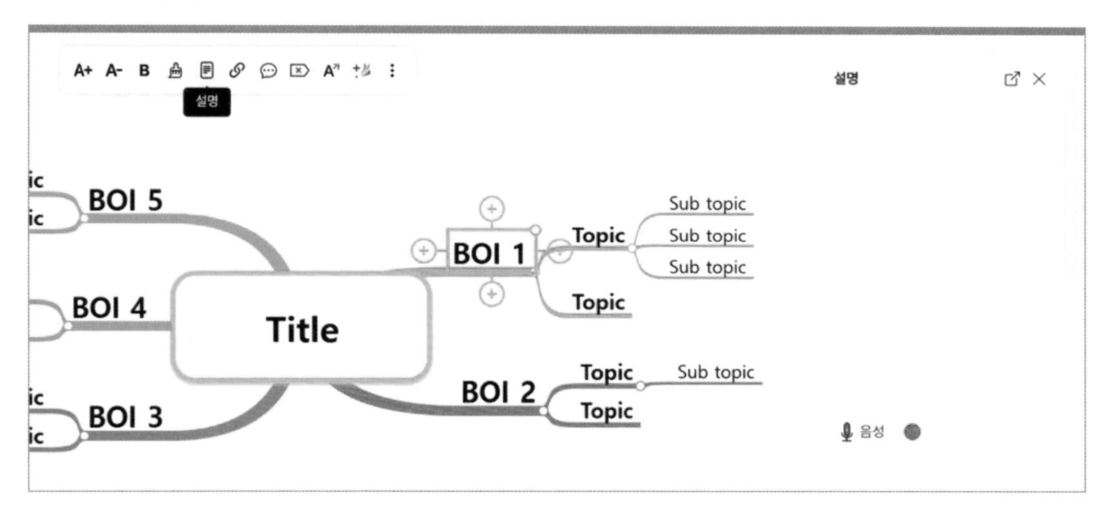

문자설명 입력하기

맵 문서의 모든 가지에는 가지에 대한 내용을 추가하는 상세 내용을 [설명]에 입력할 수 있으며 언제든지 [설명]을 열어보거나 수정할 수 있습니다.

[순서]

- 상세 내용을 입력하고자 하는 가지를 선택한 후 [상단 바]의 [설명]을 클릭합니다.

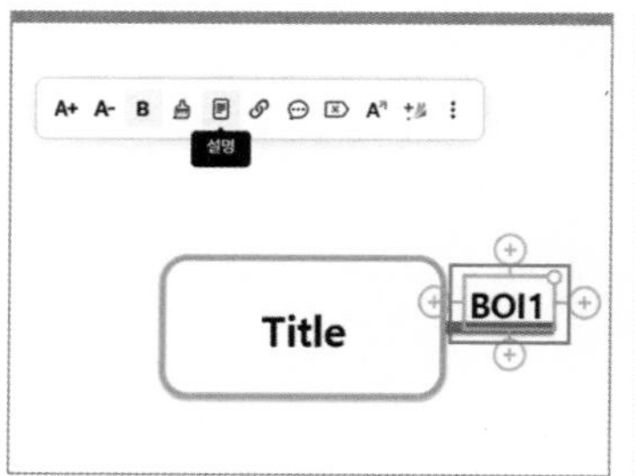

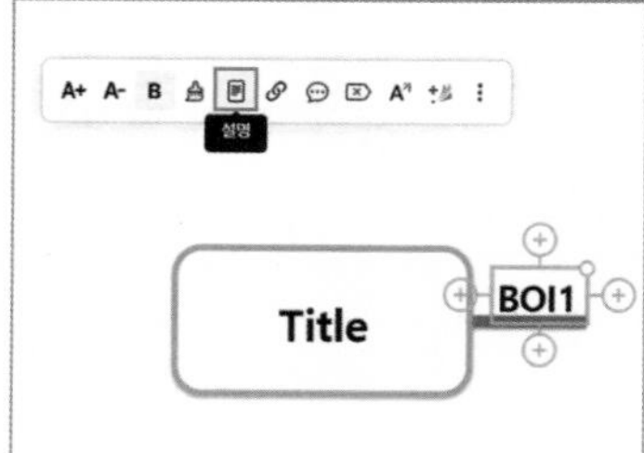

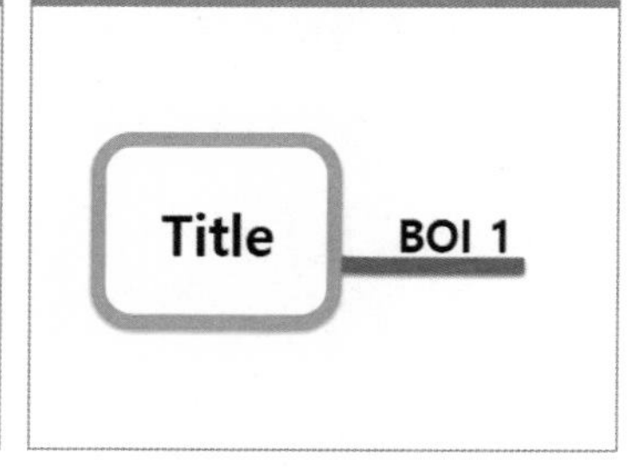

- [상단 바]의 [설명]을 클릭합니다. 오른쪽에 [설명] 창이 열리면 선택한 가지에 대한 상세 내용을 입력합니다.

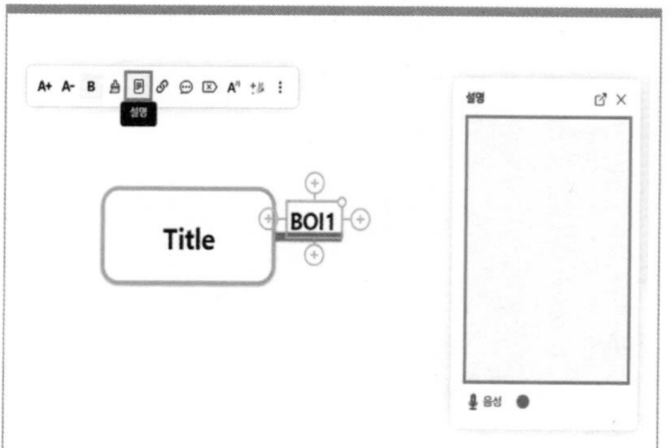

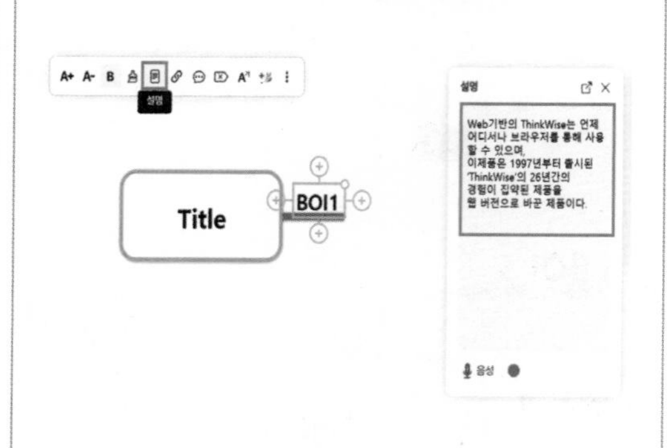

- 설명 입력이 완료되고 가지의 글자 옆에 [설명] 버튼노란 상자 아이콘이 생성되어 이 가지에 노트가 기록되어 있음을 알려줍니다.

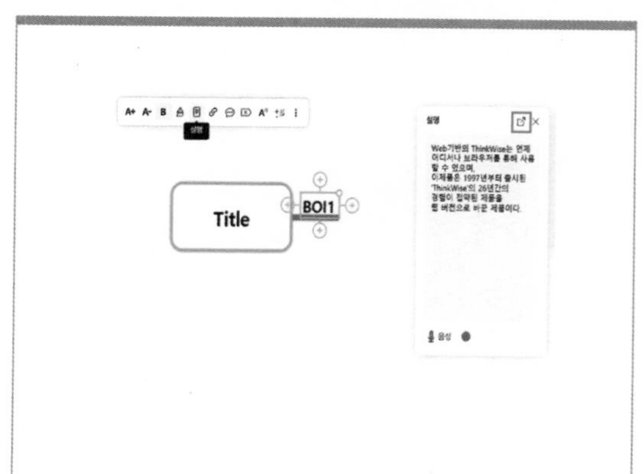

- 필요 시 [설명] 버튼노란 상자을 눌러 새 창으로 확인할 수 있습니다.

음성설명 입력하기

강의 내용을 정리하거나 대화 내용을 기록할 때 텍스트로 정리할 수 있지만 필요하면 녹음기능을 이용하여 음성 노트를 생성할 수 있습니다. 빠르게 전개되는 대화 속에서, 기록할 내용이 많은 강의 노트 작성 시 타이핑 대신 음성 노트로 녹음파일을 자동 생성한 후 여유를 가지고 음성파일을 들으며 강의 내용을 정리하세요.

[순서]

- 녹음 장치 연결 후 음성 노트를 삽입할 가지를 선택하고 우측 작업창의 설명아이콘 을 클릭합니다.

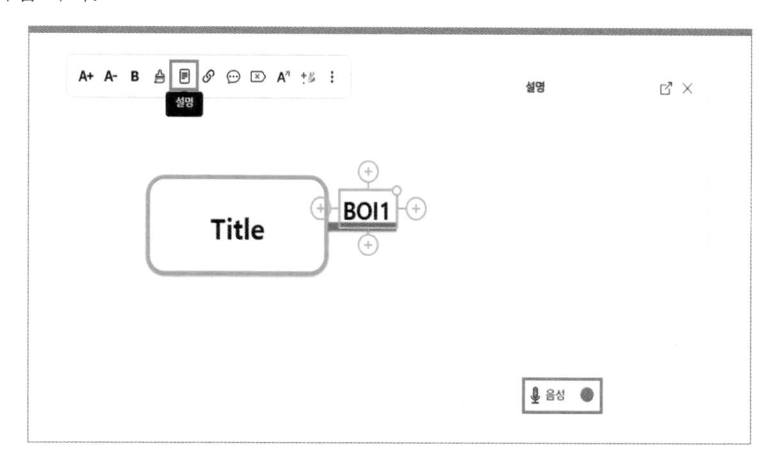

- 음성녹음을 위해 빨간색 녹음 버튼●을 누릅니다.

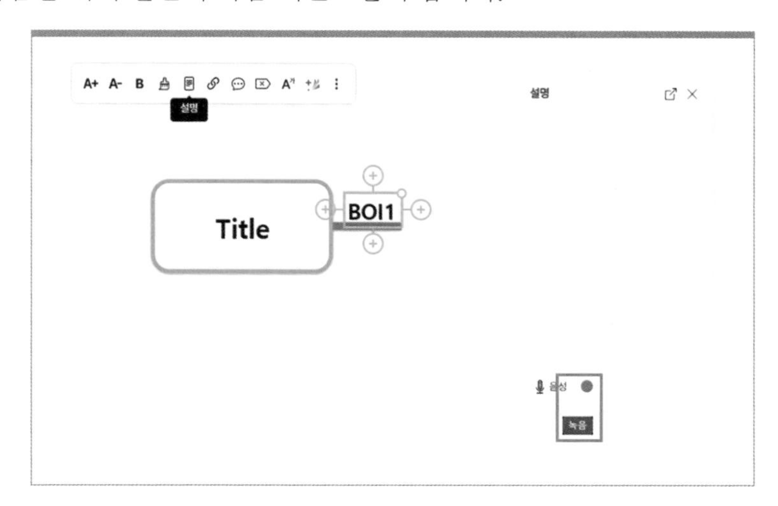

• 녹음이 시작되면 시간이 표시되어 녹음 시간을 볼 수 있습니다.

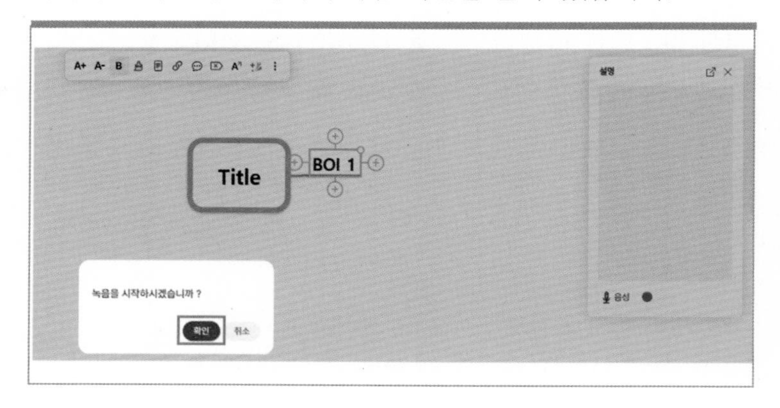

녹음이 시작되면 시간이 표시되어 녹음 시간을 볼 수 있고, 녹음을 잠시 멈추고 싶은 경우 [일시정지]를 클릭하면 됩니다.

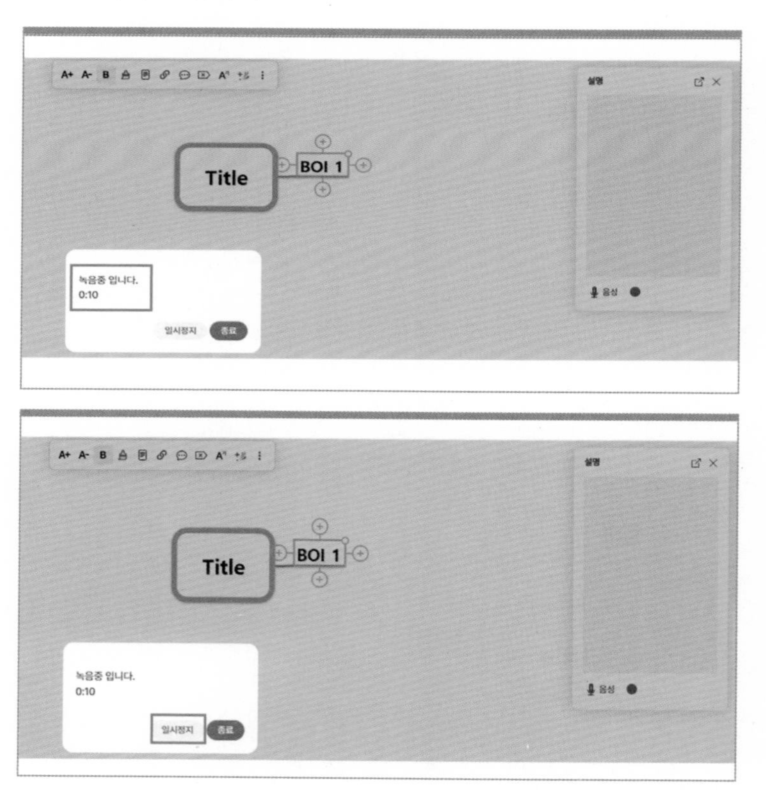

• 녹음 [종료]를 클릭하면 녹음이 저장되면서 선택했던 가지에 하늘색 재생버튼 아이콘이 생성됩니다. 녹음을 다시 듣고 싶은 경우 재생버튼을 클릭하면 됩니다.

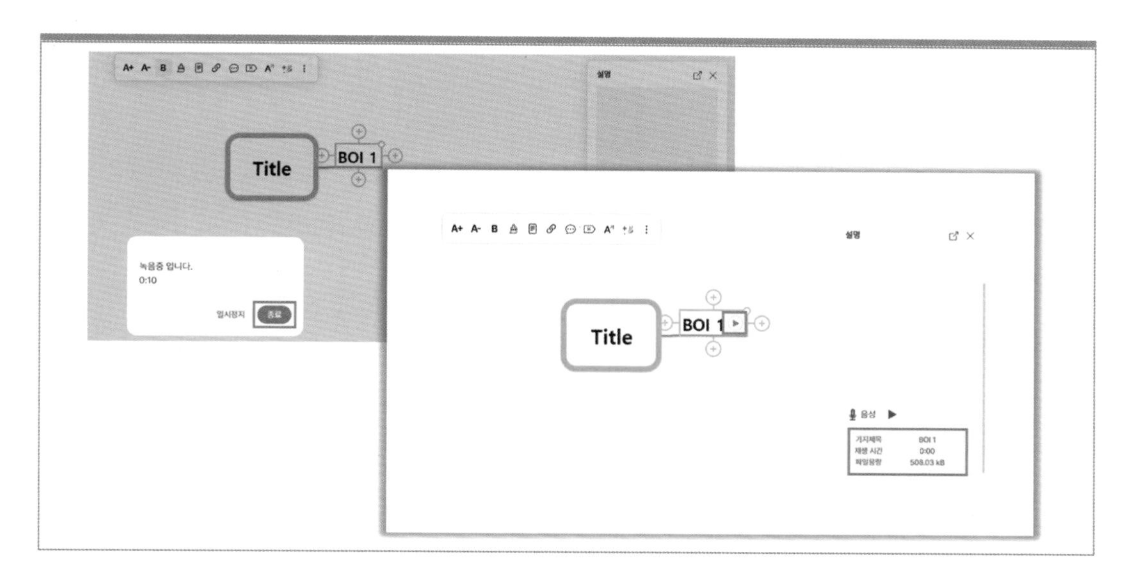

삭제하기(설명, 음성설명)

• 설명 삭제 : [설명] 있는 가지 선택 후 [상단 바]의 [속성제거] > [설명] 선택

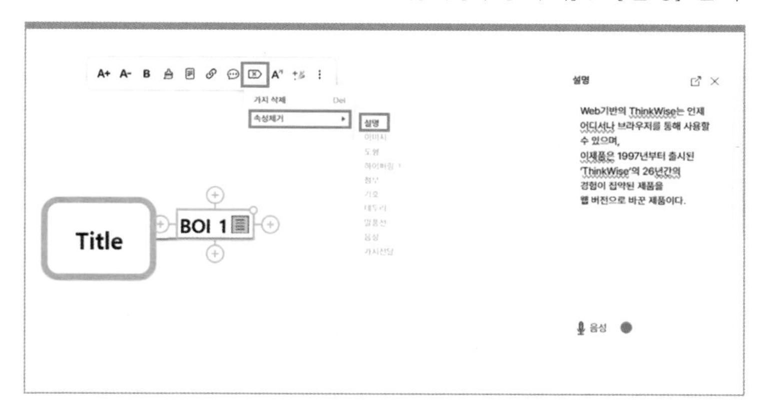

• 음성설명 삭제 : [음성설명] 있는 가지 선택 후 [상단 바]의 [속성제거] > [음성] 선택

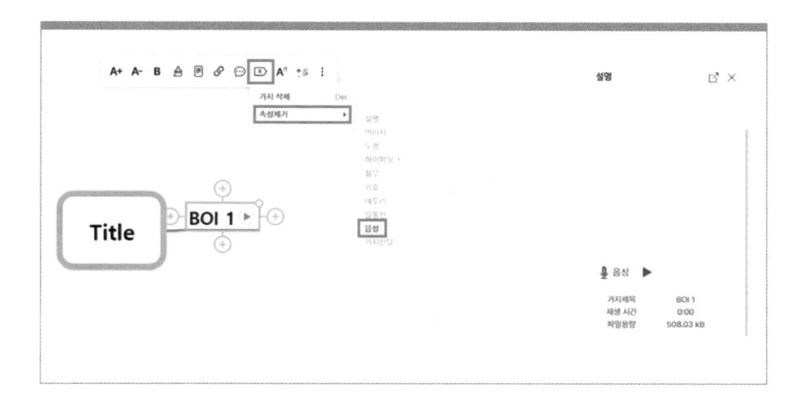

3. 가지 선택

지도와 같이 펼쳐진 맵은 계층과 계열로 구성되어 있습니다. 맵을 작성하다 보면 동일한 계층 또는 동일한 계열의 가지들을 한꺼번에 선택하여 일괄로 색상, 그림, 도형 등을 지정할 필요가 생기곤 합니다. 이때 다양한 가지 선택 옵션을 사용할 수 있습니다.

2개 이상의 가지를 선택하는 여러 가지 방법이 있습니다.

- 마우스를 이용하여 드래그 후 선택하기
- [Ctrl] 키를 누른 채로 원하는 가지를 마우스로 연속하여 클릭하기
- 마우스 우클릭하여 가지 선택 메뉴로 선택하기

기준이 되는 특정 가지를 선택한 후 화면 위쪽 툴바의 더보기를 눌러 가지 선택 메뉴로 이동합니다. 현재 선택할 가지를 기준으로 모든 하위가지, 모든 형제가지 또는 모든 동일한 레벨의 가지를 선택할 수 있으며, 전체 선택 시 맵 문서의 모든 가지가 선택됩니다.

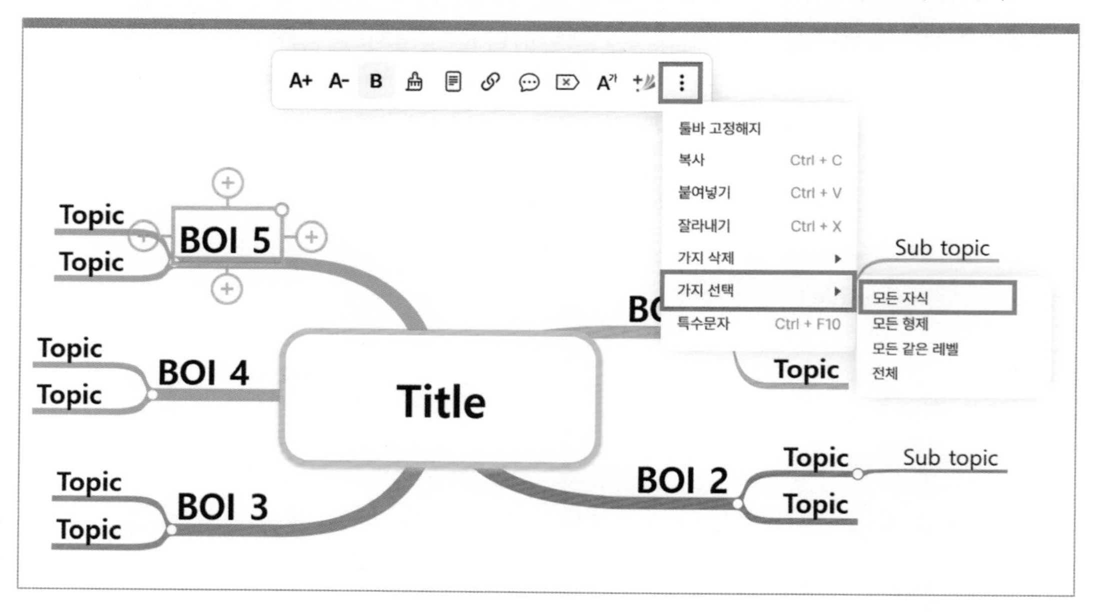

가지 삭제

- 가지 선택 후 Del 키를 눌러 삭제합니다.
- 또는 원하는 가지를 선택하여 위쪽 툴바의 가지 삭제를 누른 후 가지 삭제를 실행합니다. 가지 삭제는 '선택한 가지만, 하위가지만, 하위가지 포함, 형제가지 포함' 중 삭제를 원하는 부분을 선택하여 삭제할 수 있습니다.

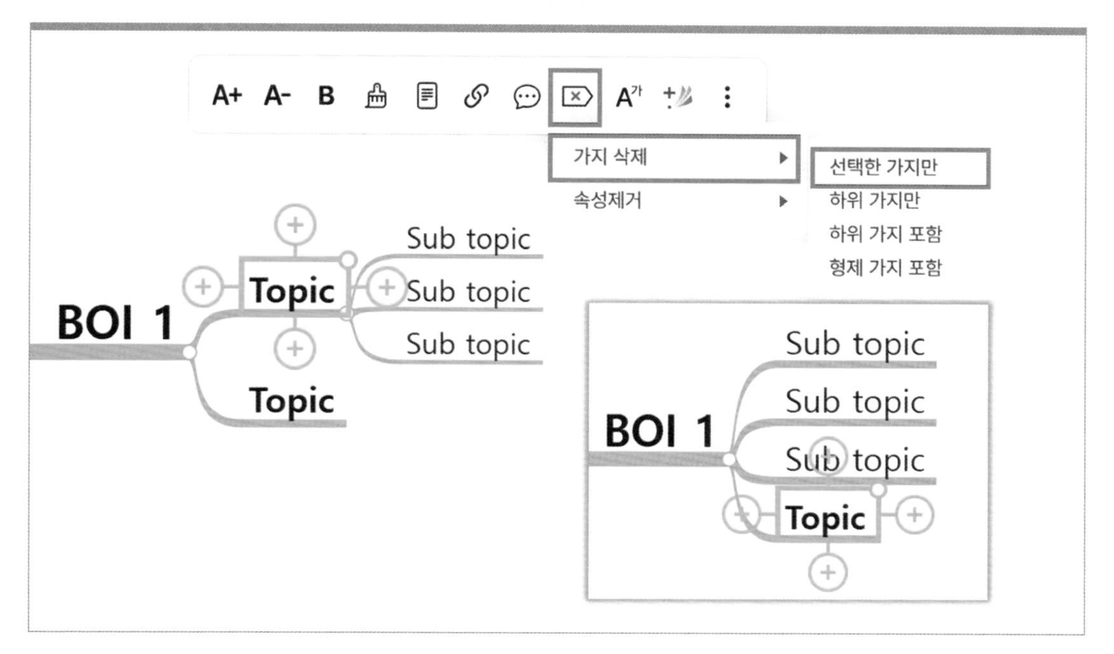

5. 기존 문서 열기

1) 내 문서 열기

• 이전에 작성했던 문서를 열고자 할 때 [내 문서] 메뉴를 사용합니다.

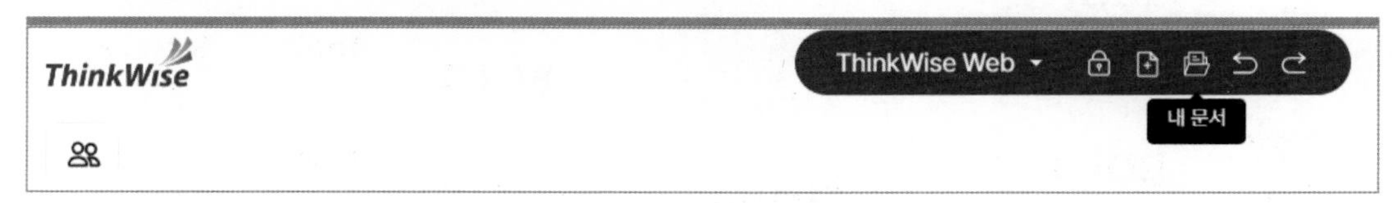

• 내 PC에 저장된 맵 문서를 〈ThinkWise〉 웹버전에서 실행하려면 먼저 내 컴퓨터에서 파일 업로드를 통해 파일을 〈ThinkWise〉 클라우드로 업로드해야 합니다.

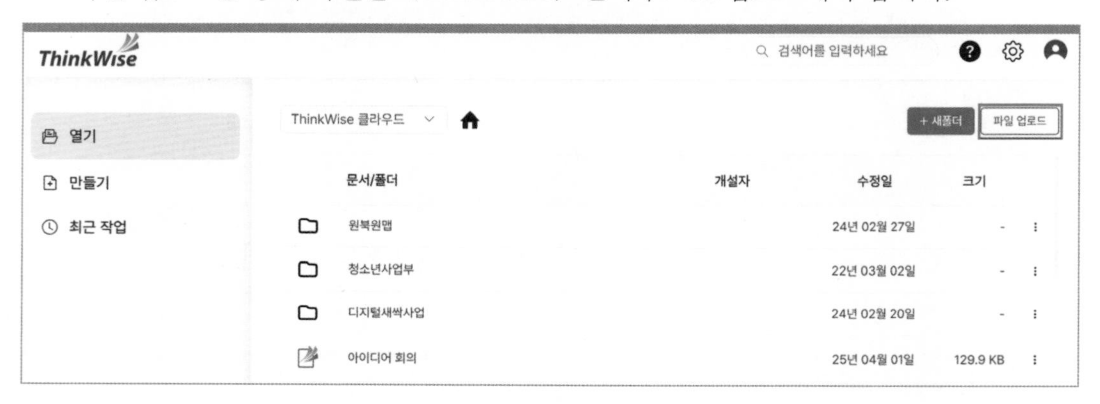

• [내문서] 클릭 후 오른쪽 끝부분 왼쪽 두 번째 아이콘 [파일업로드] 클릭합니다.

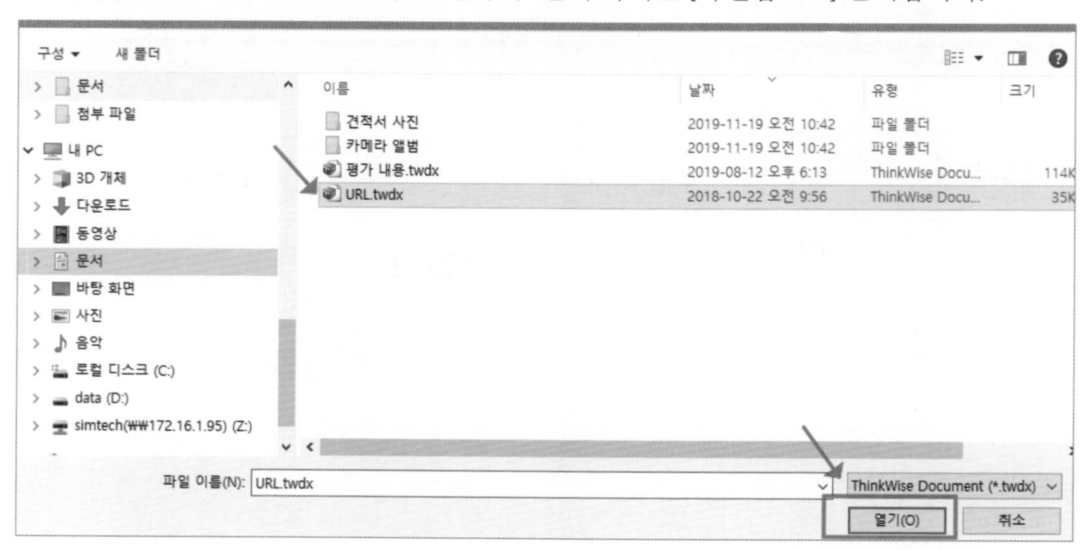

• 클릭 후 [열기] 창이 나오면 <ThinkWise> 웹버전 서버에 업로드할 파일을 찾고 [열기]를 클릭합니다.

• 업로드된 파일을 [내문서] 목록에서 확인할 수 있습니다.

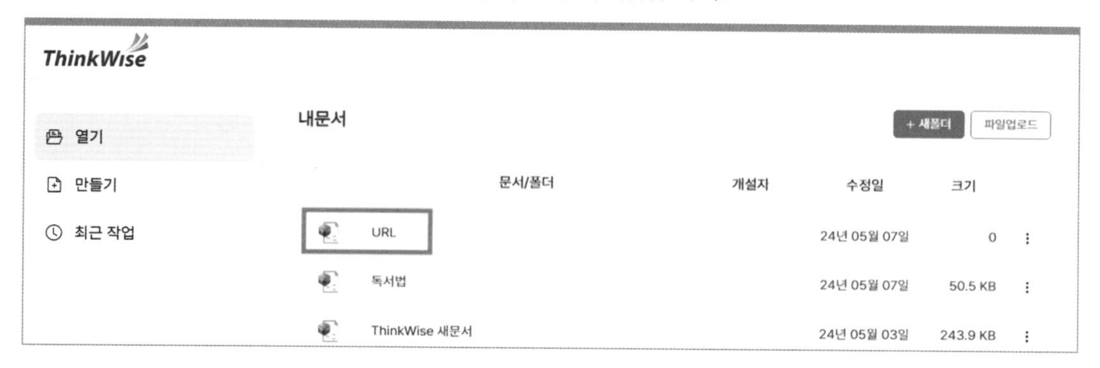

2) 새 탭에서 문서 열기

• [내문서] 클릭 후 파일 우측 끝 ⋮ 아이콘 클릭 후 [새 탭으로 열기]를 클릭합니다.

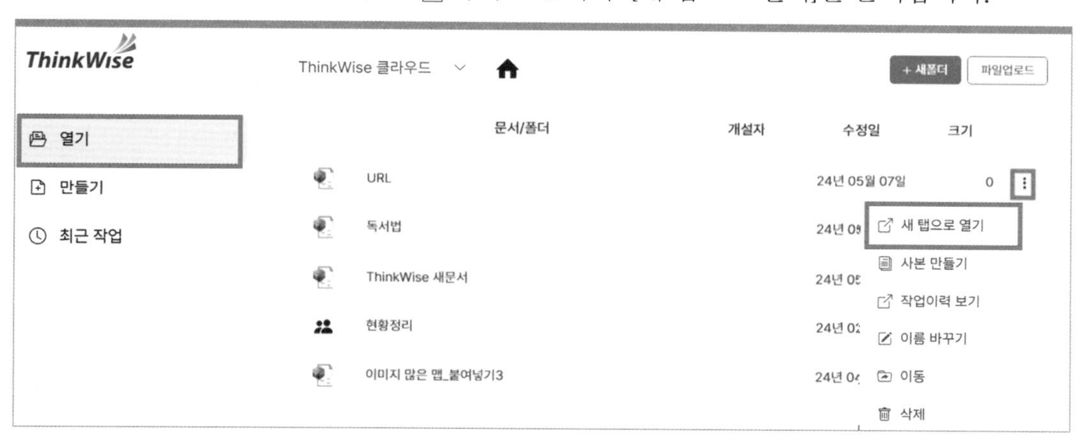

• 브라우저 내에서 동일한 파일을 확인할 수 있습니다.

3) 사본 만들기

문서를 복사한 동일한 파일을 만들 수 있습니다.

- [내문서] 클릭 후 파일 우측끝 ⋮ 아이콘 클릭 후 [사본 만들기]를 클릭합니다.

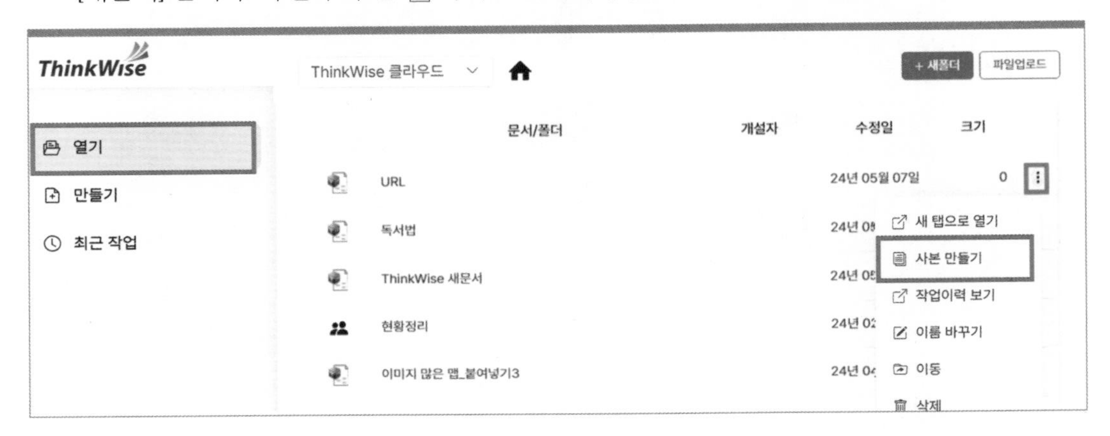

- [사본 만들기] 클릭 후 폴더 안에서 동일한 파일을 확인할 수 있습니다.

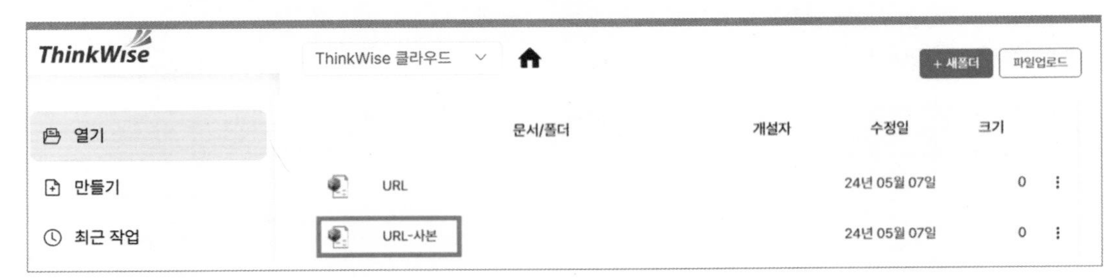

4) 파일명 수정하기이름 바꾸기

저장된 파일의 파일명을 수정할 수 있습니다.

- [내문서] 클릭 후 파일 우측 끝 ⋮ 아이콘 클릭 후 [이름 바꾸기]를 클릭합니다.

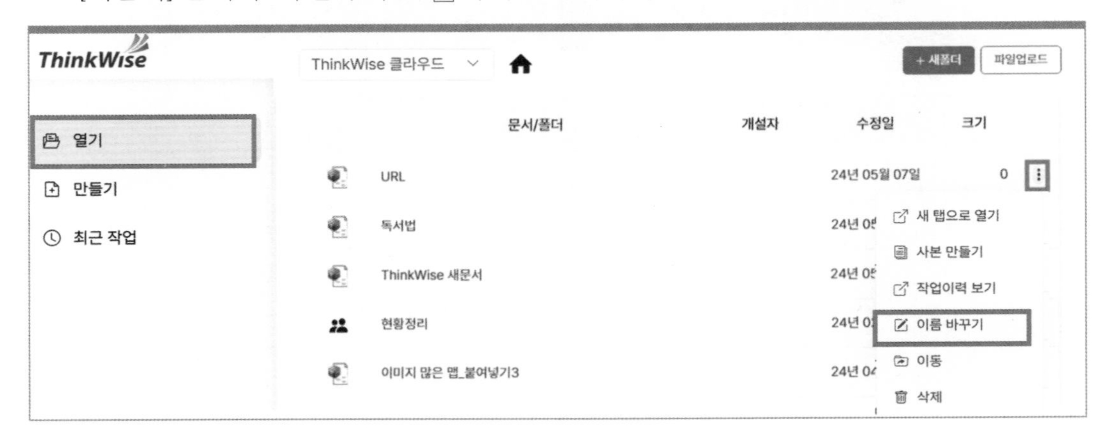

• [이름 바꾸기] 클릭 후 제목을 입력하고 [확인] 버튼을 누릅니다.

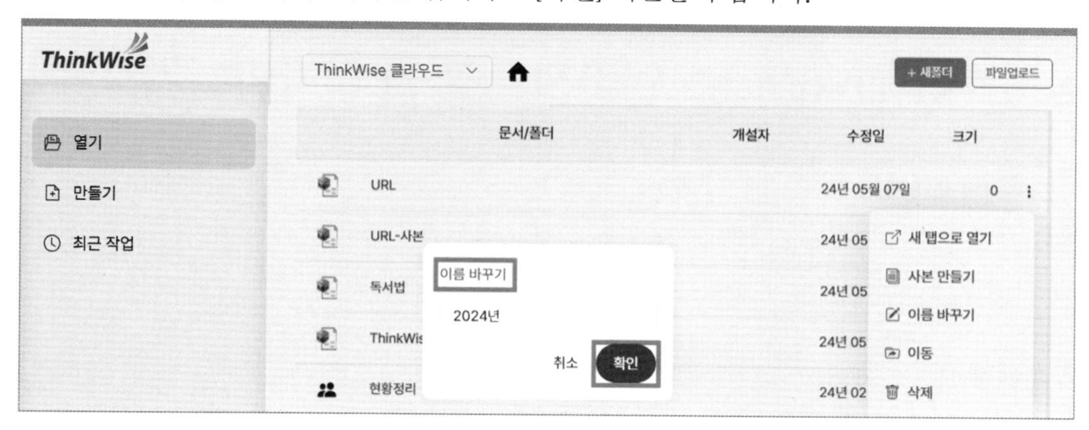

• 목록에서 변경된 파일명을 확인할 수 있습니다.

ThinkWise 클라우드　　내문서　　+ 새폴더　파일업로드

내문서
새문서
최근문서

문서/폴더	개설자	수정일	크기
2024년		24년 05월 07일	0
URL-사본		24년 05월 07일	0
독서법		24년 05월 07일	50.5 KB
ThinkWise 새문서		24년 05월 03일	243.9 KB
현황정리		24년 02월 27일	167.6 KB

4) 맵 저장하기

〈ThinkWise〉 웹버전으로 작성된 문서는 〈ThinkWise〉 웹버전 서버에 자동으로 저장되므로 저장하기를 누르지 않아도 됩니다. 다만 저장 위치를 구글 드라이브로 지정한 경우에는 반드시 저장을 눌러야만 문서가 저장됩니다.

| 4장 |

<ThinkWise> 웹버전으로 맵 디자인하기

1. 도형 넣기

맵 문서의 모든 가지에는 도형을 설정할 수 있습니다. 가지에 도형을 넣음으로써 그림을 사용하지 않고도 맵의 모양을 다양하게 표현할 수 있습니다.

- 중심제목 또는 가지 모양을 지정할 기준가지를 선택합니다.

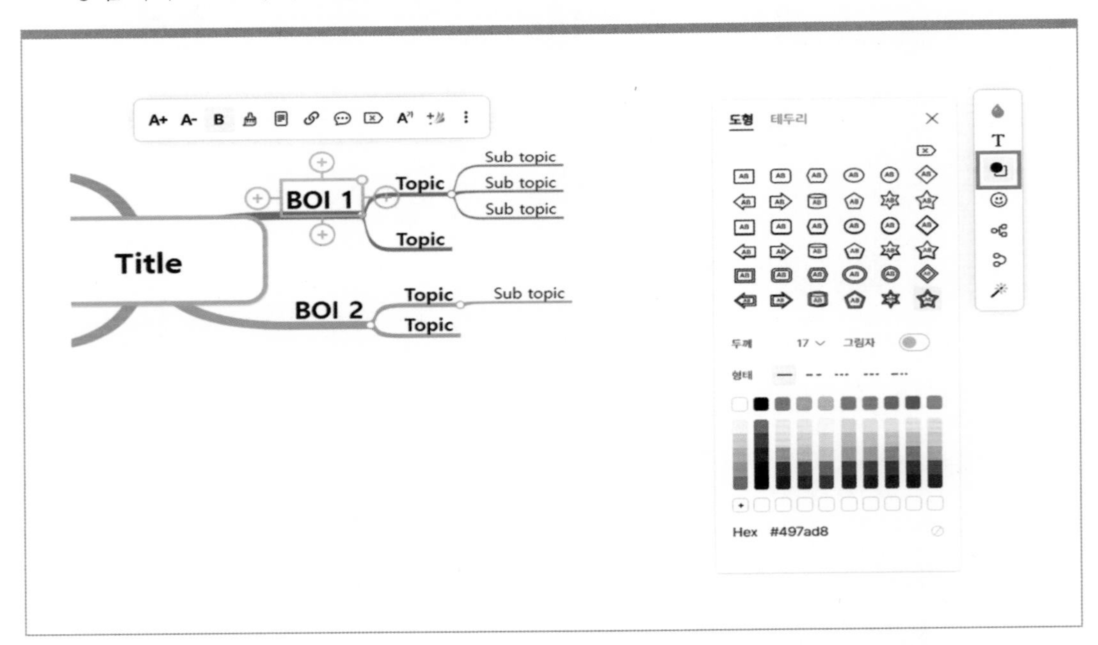

- 오른쪽 작업 창 [도형]에서 원하는 도형 모양을 선택합니다.

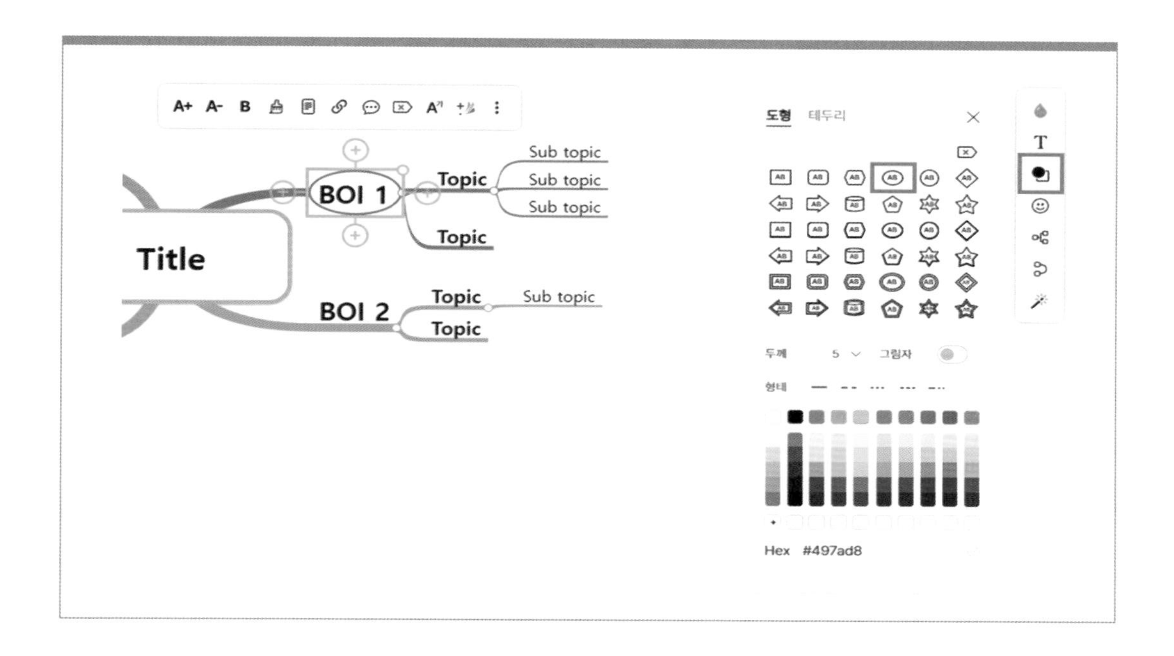

2. 이미지 추가

이미지 창에 있는 이미지를 가지에 추가하는 방법에 대해 설명합니다.

- 이미지를 넣을 가지를 선택 후 화면 [이미지] 창을 실행합니다.
- 오른쪽 작업 창 [이미지]에서 원하는 그림을 선택합니다. 선택한 가지에 이미지가 추가됩니다.

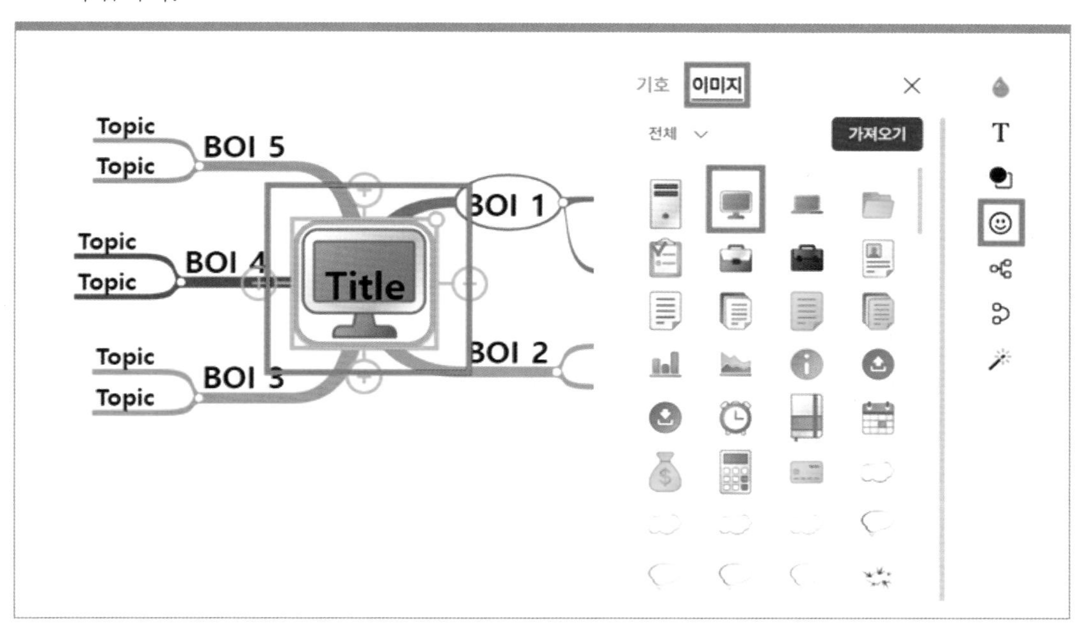

3. 색상

현재 열린 맵 문서의 스타일 중 변경하고자 하는 맵 문서의 글자, 배경, 도형, 가지색을 지정할 수 있습니다.

1) 글자 색상 지정하기

- 우측 메뉴 첫 번째 아이콘을 눌러 색상을 선택합니다.

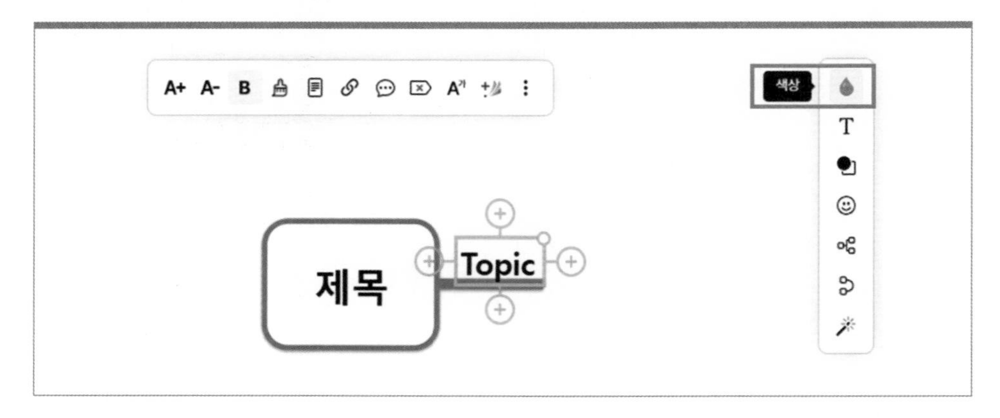

- [T](Text, 글자) 메뉴를 클릭합니다.

• 원하는 색상 선택 후 변경된 글자 색상을 확인할 수 있습니다.

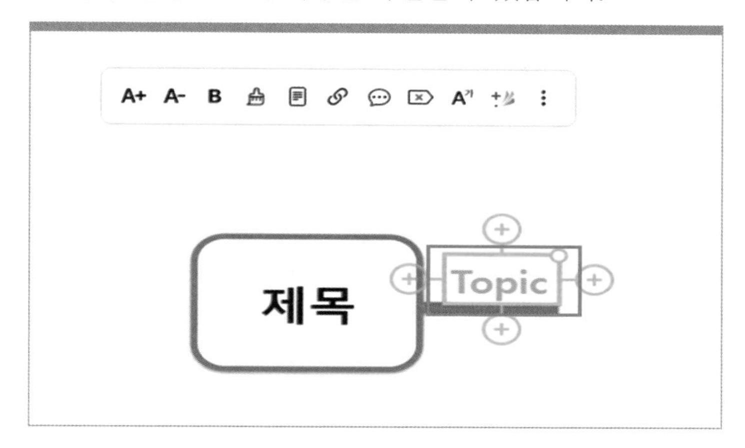

2) 배경 색상 지정하기

• 우측 메뉴 첫 번째 아이콘을 눌러 색상을 선택합니다.

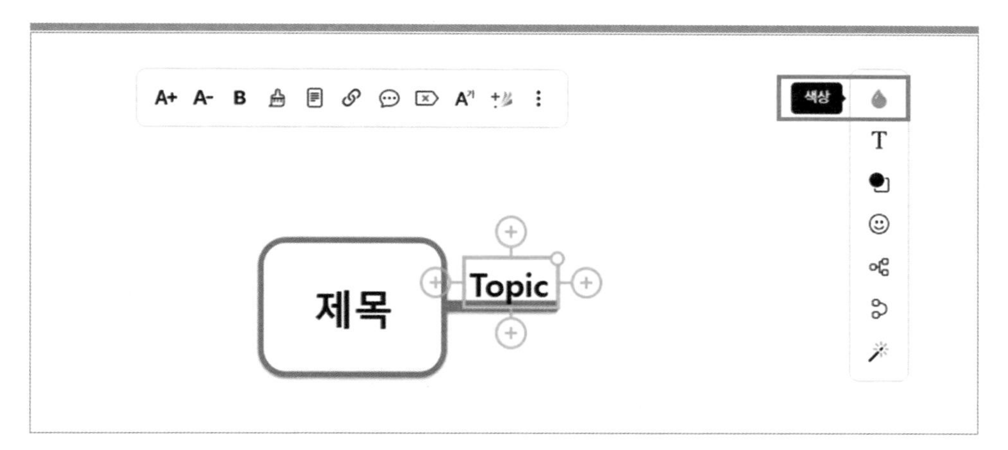

• 색을 넣을 가지를 선택 후 [배경] 메뉴를 클릭한 후 적용할 색상을 선택합니다.

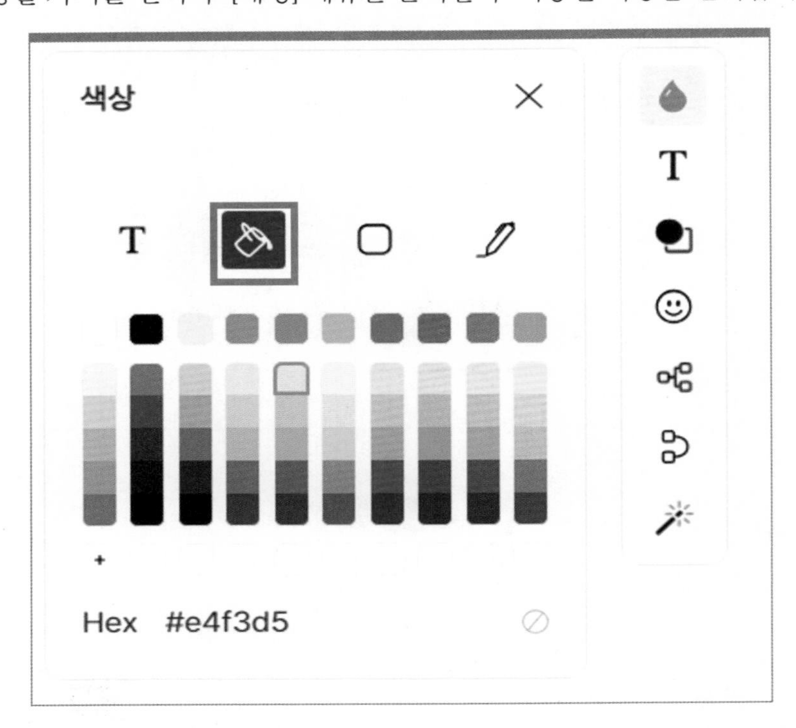

• 적용된 배경색을 확인할 수 있습니다.

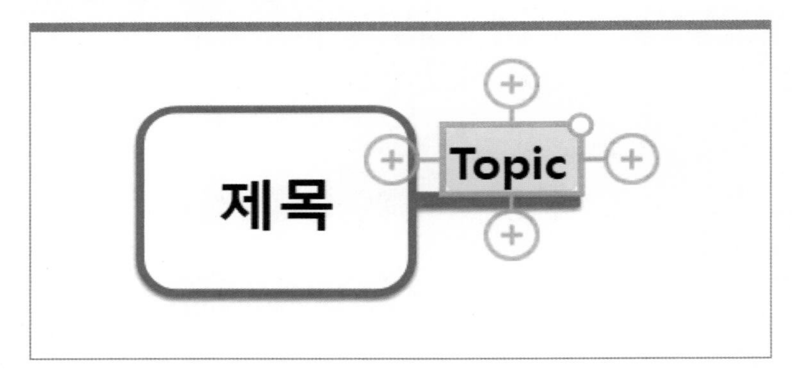

3) 도형 색상 선택하기

도형 색상을 선택하는 방법은 두 가지가 있습니다. 우측 메뉴 첫 번째 아이콘 [색상]을 눌러서 도형 색상을 선택하거나 우측 세 번째 아이콘 [도형]을 눌러 색상을 선택하여 바꿉니다.

• 우측 메뉴 첫 번째 아이콘 [색상]을 눌러 도형 색상 선택하기

도형이 적용되어 있는 가지를 클릭하여 우측 메뉴 첫 번째 아이콘 [색상]을 눌러 [도형] 메뉴를 클릭한 후 적용할 색상을 선택합니다. 적용된 [도형] 색을 확인할 수 있습니다.

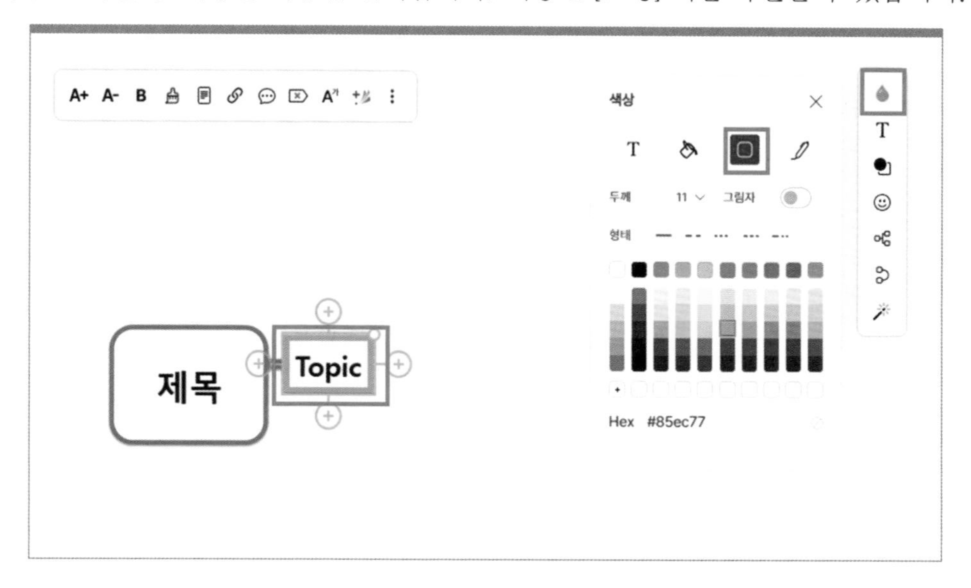

• 우측 메뉴 세 번째 아이콘 [도형]을 눌러 도형 색상 선택하기

색을 넣을 도형을 선택하고, [도형] 메뉴를 클릭한 후 적용할 색상을 선택합니다.

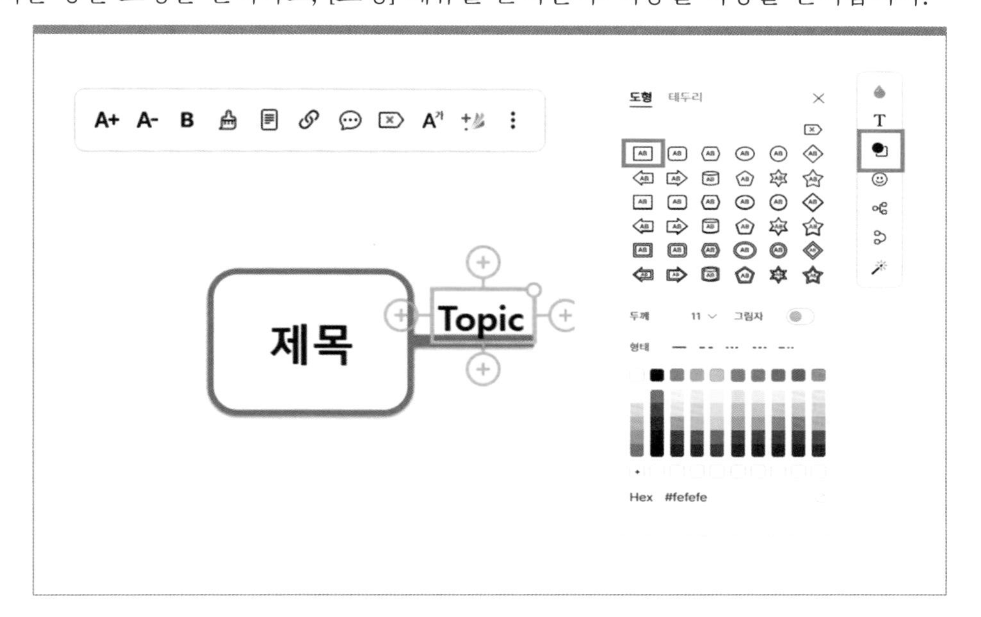

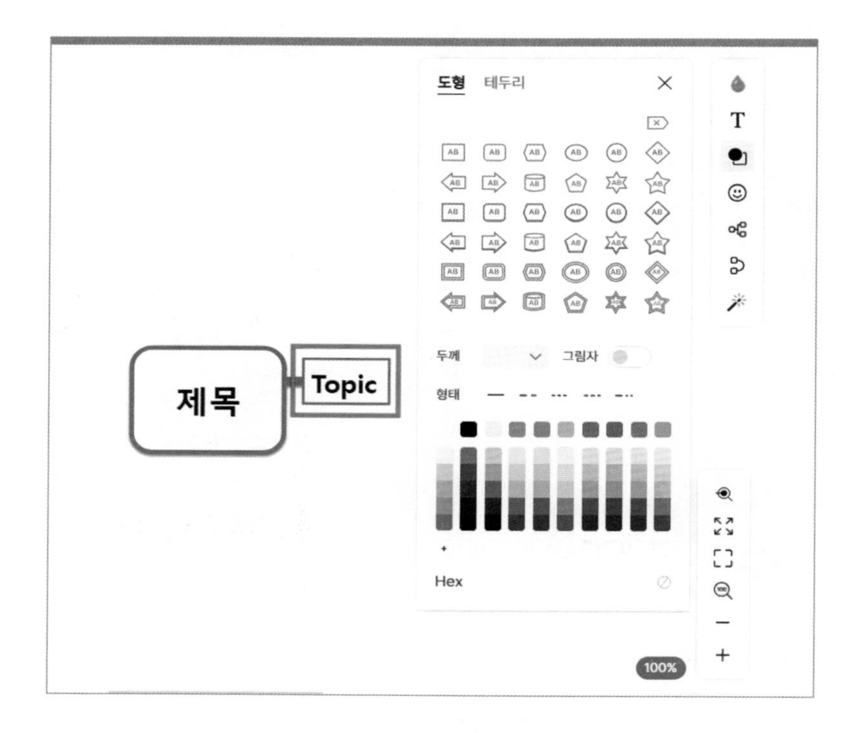

• 적용된 [도형] 색을 확인할 수 있습니다.

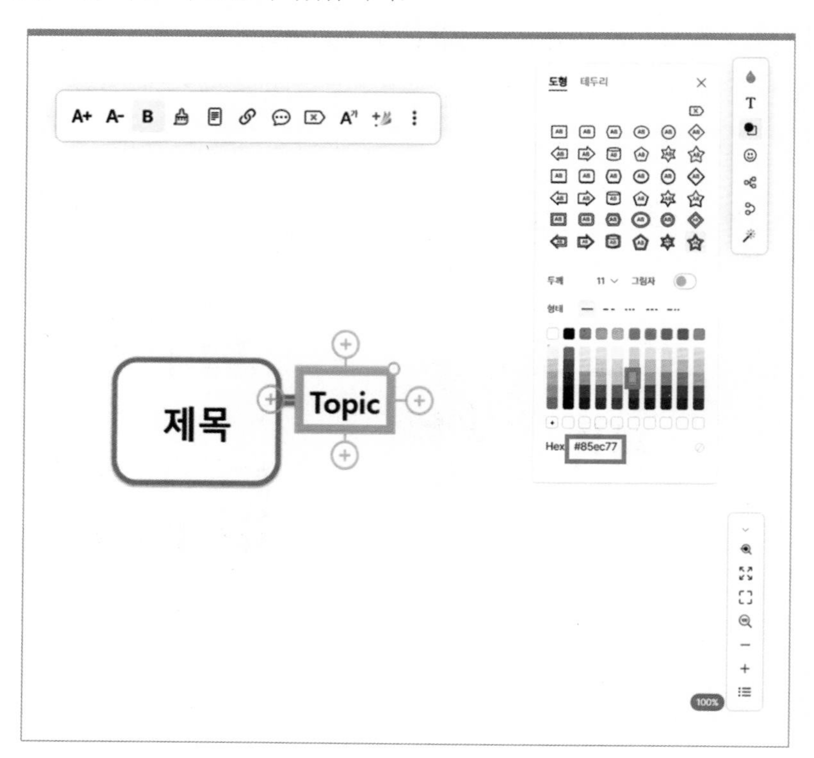

4) 가지 색상 선택하기

- 우측 메뉴 첫 번째 아이콘을 눌러 색상을 선택합니다.

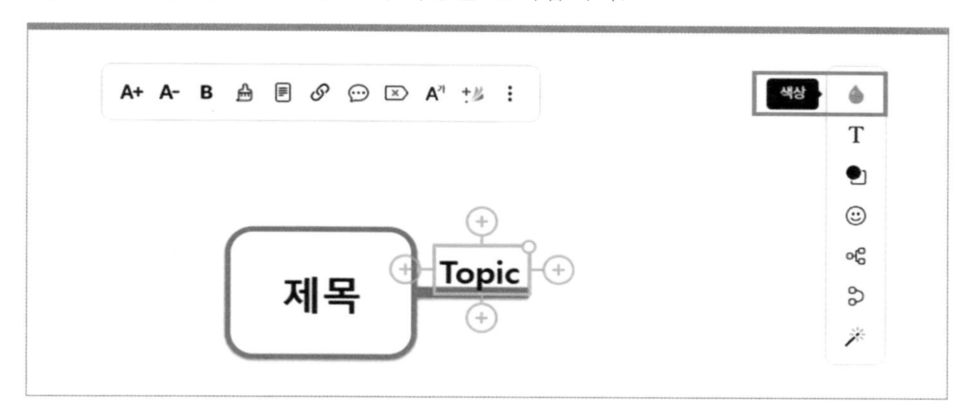

- 색을 넣을 가지 선택하고, [가지] 메뉴를 클릭한 후 적용할 색상을 선택합니다.

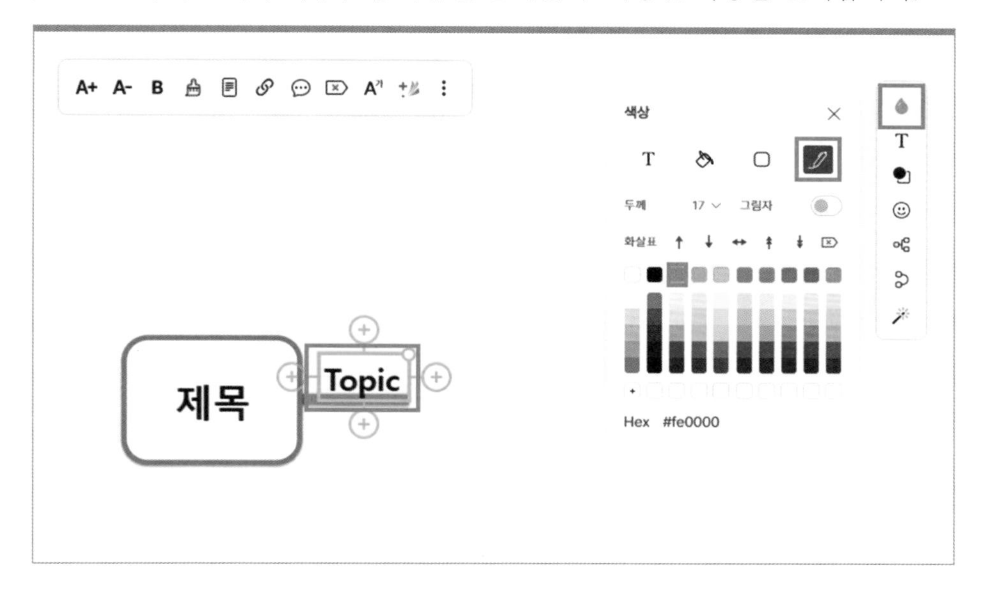

- 적용된 [가지] 색을 확인할 수 있습니다.

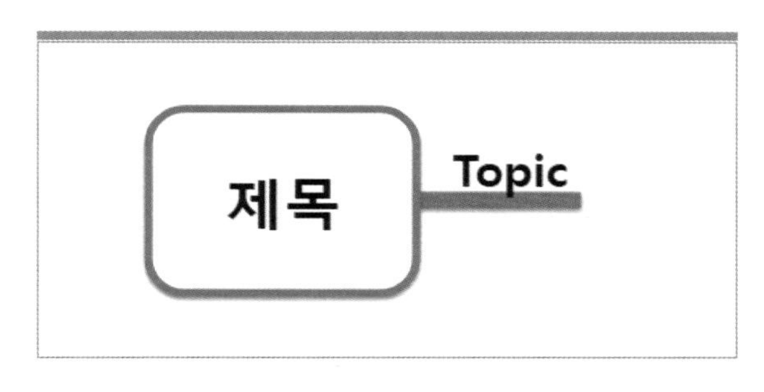

4. 스타일

스타일 복사하여 스타일 지정하기

- 맵 문서의 가지 중 서식이 설정되어 있는 가지를 선택합니다. "주제1" 서식 : 맑은고딕, 16pt, 배경색-#a18a00, 도형-모서리가둥근직사각형
- 상단에 있는 메뉴창의 [스타일복사] 클릭 후 실행합니다.
- 마우스 포인터가 '붓' 모양으로 바뀌면 스타일을 복사할 가지를 클릭하고, 그다음 스타일을 붙여 넣을 다른 가지를 마우스로 클릭합니다.
- 복사한 가지와 동일한 스타일이 적용된 것을 확인할 수 있습니다. 스타일 붙여넣기는 반복할 수 있으며, 더 이상 붙여넣기를 사용하지 않을 경우 키보드의 [ESC]를 누르면 스타일 붙여넣기가 중단됩니다.

| 5장 |

<ThinkWise> 웹버전으로 맵 자료 정리하기

1. 링크 (자료연결)

맵 문서의 가지에 여러 가지 형식의 파일을 연결할 수 있습니다. 첨부파일 형태로 연결이 가능한 파일은 사용자의 컴퓨터에 있는 모든 파일로 맵 문서뿐 아니라 워드, 엑셀, 파워포인트, 동영상 파일 등 모든 형식의 파일이 가능합니다. 하이퍼링크는 인터넷주소, 전자메일 주소, 클라우드에 저장된 〈ThinkWise〉 문서를 연결할 수 있습니다.

1) 하이퍼링크

인터넷 주소 연결하기

먼저, 링크를 설정할 가지를 선택 후, 위쪽 작업창에서 링크 메뉴를 클릭합니다. 오른쪽 작업창이 열리면 링크를 선택하고 연결할 인터넷 주소를 입력합니다. 인터넷 주소 또는 클라우드에 저장된 맵 문서를 하이퍼링크할 수 있습니다. 하이퍼링크가 완료되면 가지에 아이콘이 생성된 것을 볼 수 있으며, 아이콘 클릭 시 하이퍼링크가 된 웹사이트 또는 클라우드 맵 문서가 자동으로 실행됩니다.

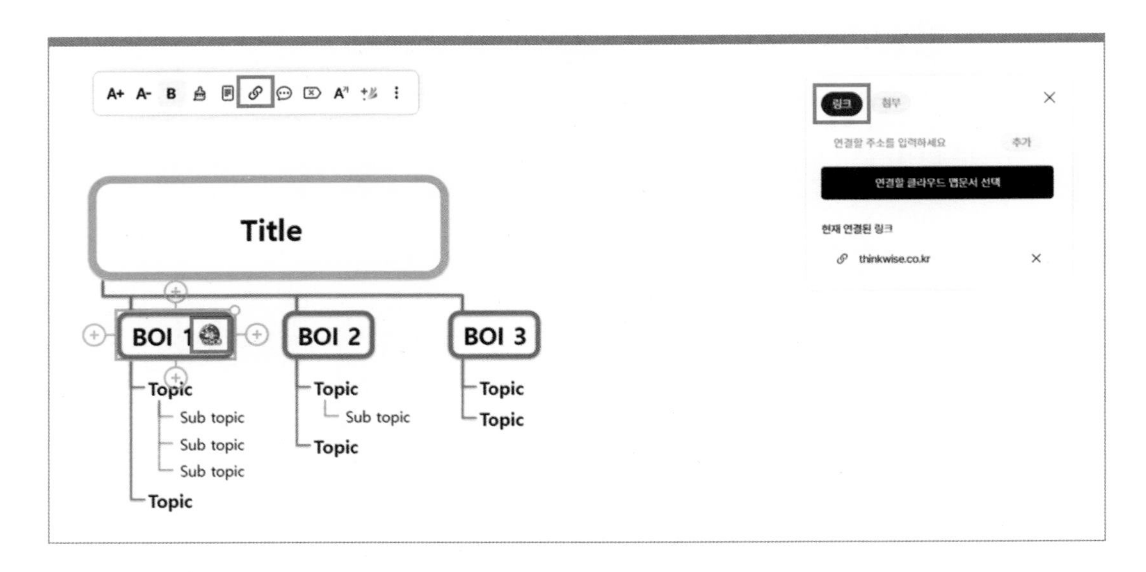

맵 연결하기

링크를 설정할 가지를 선택 후, 위쪽 작업창에서 링크 메뉴를 클릭합니다. 우측 작업창에 나오는 링크 부분에 [연결할 클라우드 맵문서 선택]을 누르면 'ThinkWise 클라우드'에 저장된 문서목록 창이 열립니다. 목록에서 클라우드에 저장된 파일 중 하이퍼링크를 연결할 파일을 선택합니다.

선택한 파일이 하이퍼링크 창에 등록되어 맵 제목이 표기된 것을 볼 수 있습니다. 가지에 아이콘이 생성되며, 아이콘 클릭 시 링크된 맵으로 이동합니다. 하이퍼링크 목록이 한 개일 때에는 파일이 즉시 실행되며, 2개 이상이 하이퍼링크되어 있을 때에는 링크된 파일 목록이 나타납니다. 그중 하나를 클릭하거나 하이퍼링크 창에서 열고자 하는 링크된 파일을 클릭합니다.

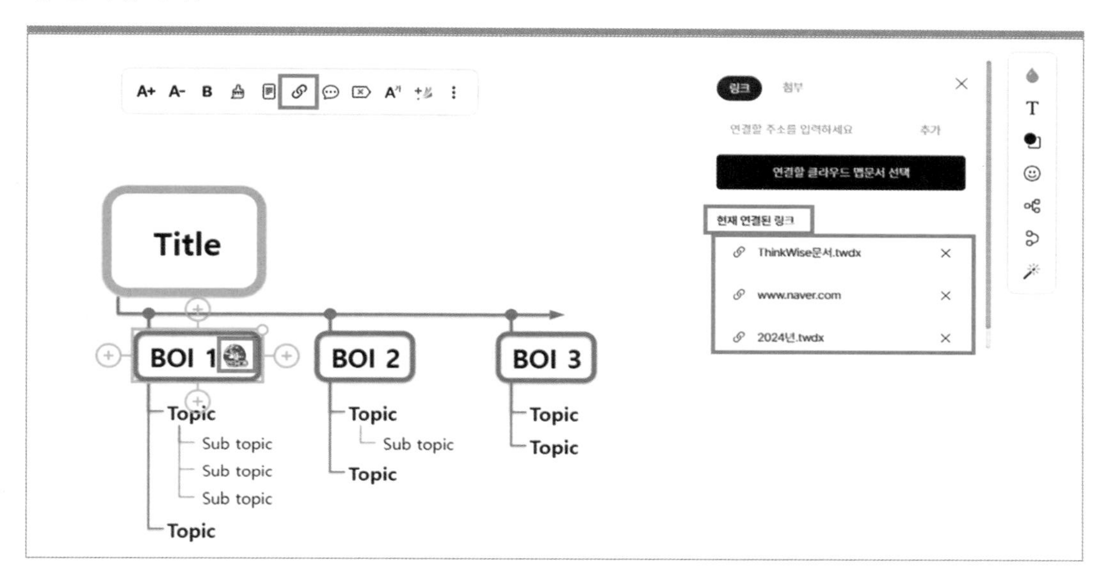

2) 첨부파일

가지에 한 개 혹은 여러 개의 파일맵문서 파일, 다른 프로그램 파일을 첨부할 수 있습니다.

첨부파일 연결하기

하이퍼링크와 마찬가지로 가지를 선택한 후 상단 바에서 [링크] 클릭합니다.

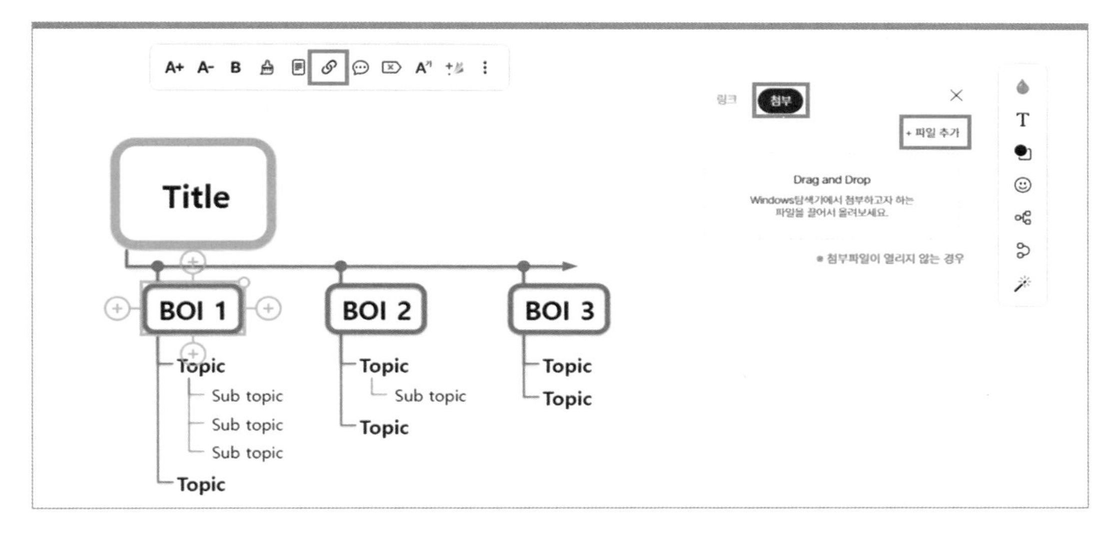

우측 작업창에 나오는 링크를 선택한 후, [파일 추가] 클릭하면 내 컴퓨터의 파일 탐색기가 열립니다. 첨부할 파일을 찾고 열기를 클릭합니다. 첨부할 파일 업로드 메시지가 보이면 확인을 클릭합니다.

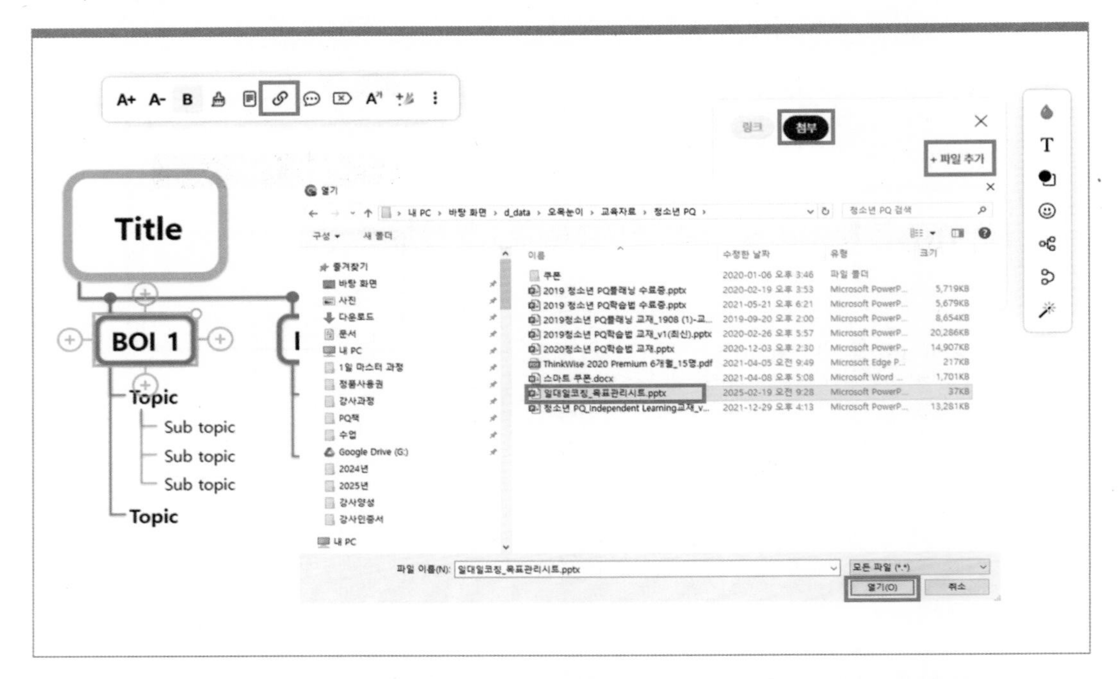

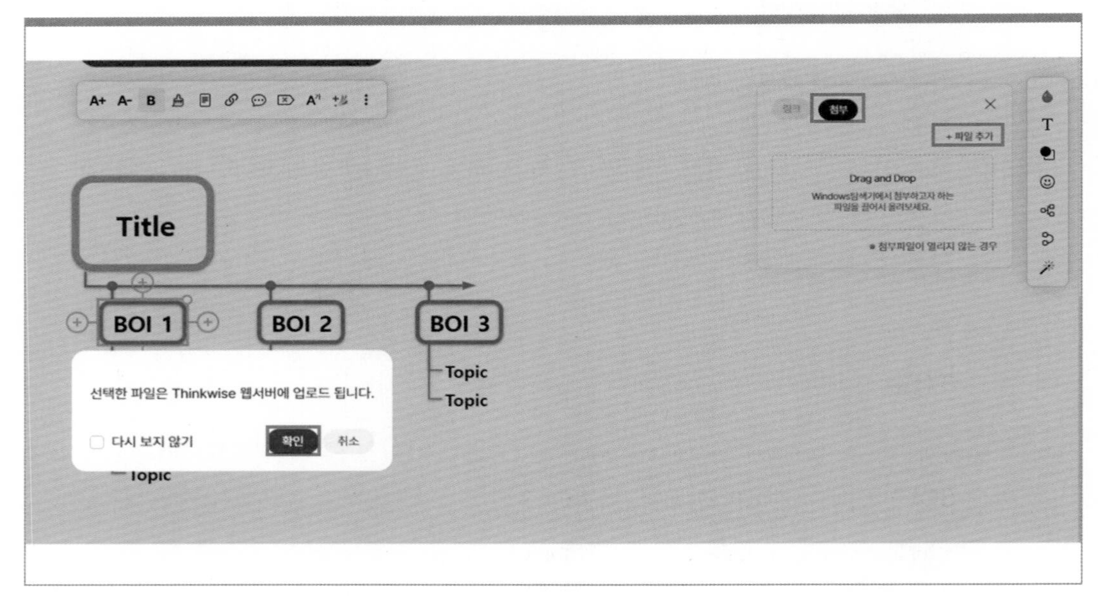

파일 첨부가 완료되면 첨부한 가지에 첨부 아이콘이 생성되며 아이콘 클릭 시 첨부파일을 볼 수 있습니다.

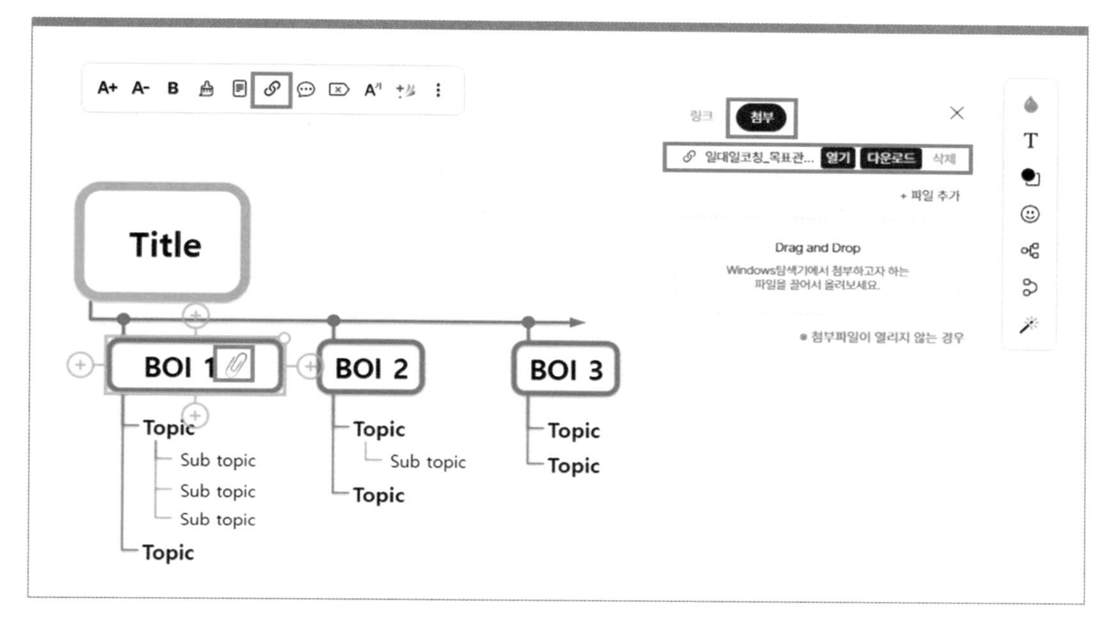

첨부파일 열기

첨부된 가지를 선택한 후, [파일 선택]에서 첨부 파일을 클릭합니다.

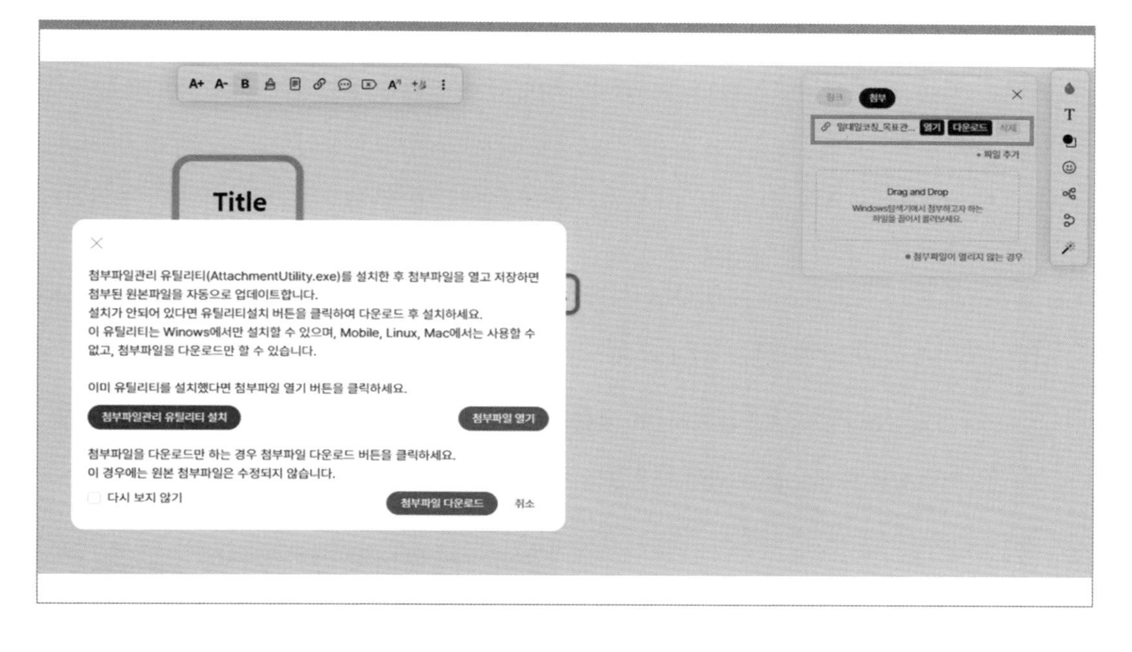

첨부파일 클릭 후 팝업 창이 뜨면 녹색버튼의 [첨부파일 열기] 클릭하고, 추가 팝업창의 [ThinkWise Utility 열기]를 클릭 후 파일을 열 수 있습니다.

첨부파일관리 유틸리티(TwUtilty.exe)를 설치한 후 첨부파일을 열고 저장하면 첨부된 원본 파일을 자동으로 업데이트합니다.
설치가 안되어 있다면 유틸리티설치 버튼을 클릭하여 다운로드 후 설치하세요.
이 유틸리티는 Winows에서만 설치할 수 있으며, Mobile, Linux, Mac에서는 사용할 수 없고, 첨부파일을 다운로드만 할 수 있습니다.

이미 유틸리티를 설치했다면 첨부파일 열기 버튼을 클릭하세요.

첨부파일관리 유틸리티 설치 | 첨부파일 열기

첨부파일을 다운로드만 하는 경우 첨부파일 다운로드 버튼을 클릭하세요.
이 경우에는 원본 첨부파일은 수정되지 않습니다.

다시 보지 않기 | 첨부파일 다운로드 | 취소

참고사항(첨부파일관리 유틸리티 다운로드)

첨부파일 관리 유틸리티TwUtilty.exe를 설치한 후 첨부파일을 열고 저장하면 첨부된 원본 파일을 자동으로 업데이트합니다. 설치가 안 되어 있다면 유틸리티 설치 버튼을 클릭하여 다운로드 후 설치하세요. 이 유틸리티는 Windows에서만 설치할 수 있으며, Mobile, Linux, Mac에서는 사용할 수 없고, 첨부파일은 다운로드만 할 수 있습니다. 이미 유틸리티를 설치했다면 첨부파일 열기 버튼을 클릭하세요.

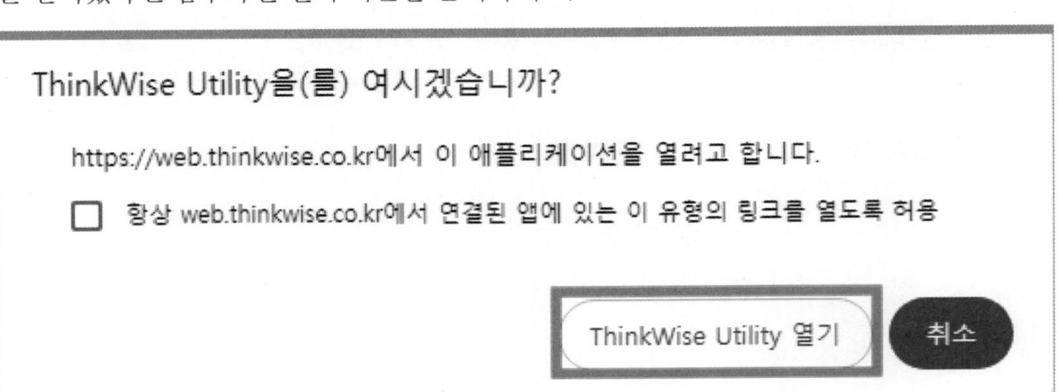
ThinkWise Utility을(를) 여시겠습니까?
https://web.thinkwise.co.kr에서 이 애플리케이션을 열려고 합니다.
항상 web.thinkwise.co.kr에서 연결된 앱에 있는 이 유형의 링크를 열도록 허용
ThinkWise Utility 열기
취소

3) 링크 삭제하기

첨부된 가지를 선택한 후, [상단바]의 [속성제거] 클릭합니다. [하이퍼링크]/[첨부]를 클릭합니다.

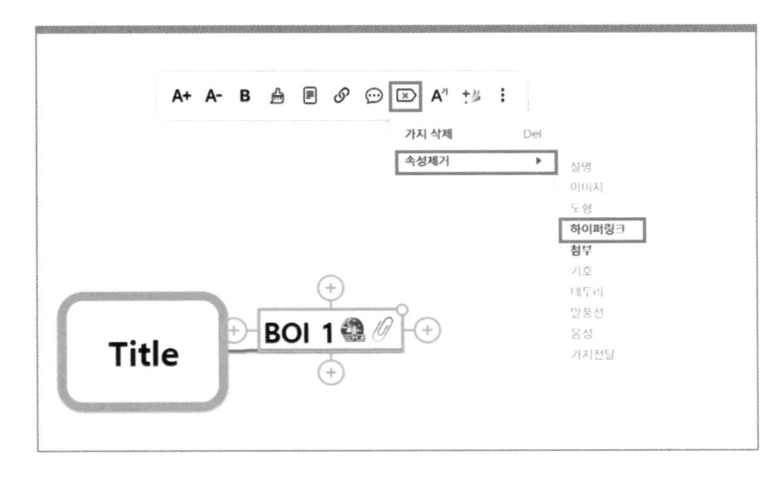

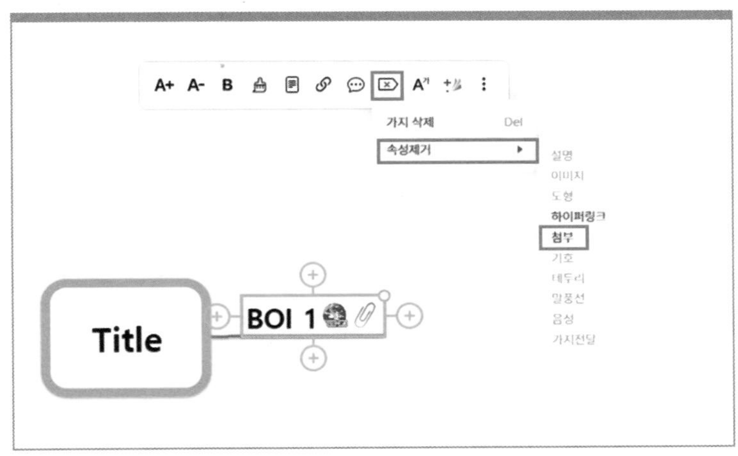

| 6장 |

<ThinkWise> 웹버전으로 협업하기

1. 협업 초대

작성한 맵 문서는 언제든 다른 사람을 초대하여 협업이 가능하도록 전환할 수 있습니다. 초대된 상대방은 어떠한 준비도 필요하지 않습니다. 예를 들어 프로그램을 미리 설치해야 한다거나 회원에 가입할 필요 없이 호스트의 초대를 받아 간단한 클릭만으로 함께 맵문서를 작성하며 프로젝트 수행, 과제수행 등을 할 수 있습니다.

1) 협업 링크를 이용하여 초대

협업 링크를 이용하여 초대하는 방식은 링크를 알고 있는 누구나 참여할 수 있으므로, 보안이 중요하거나 지정된 사람만 초대하여 협업하고자 하는 경우는 다음 항목의 [참석자를 지정하여 초대] 메뉴를 참고해 주세요.

협업으로 전환할 맵을 실행합니다. 〈ThinkWise〉 클라우드에 저장되어 있다면 어떤 맵이든 협업으로 전환할 수 있습니다.

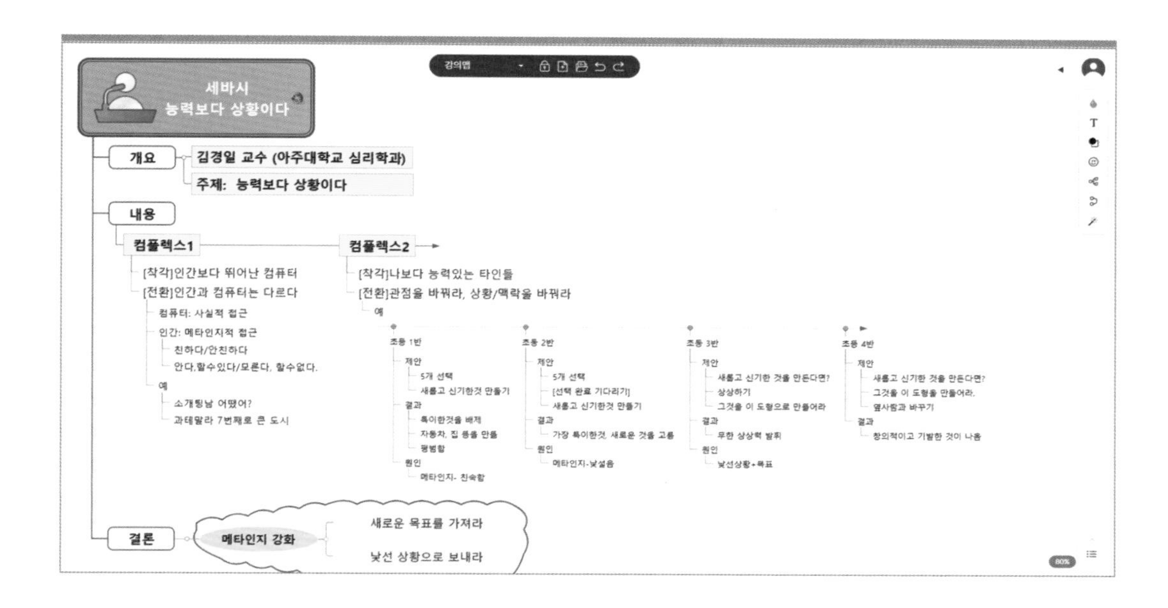

위쪽 파일명을 눌러 [공유] 메뉴의 [협업 링크 전달] 메뉴를 실행합니다.

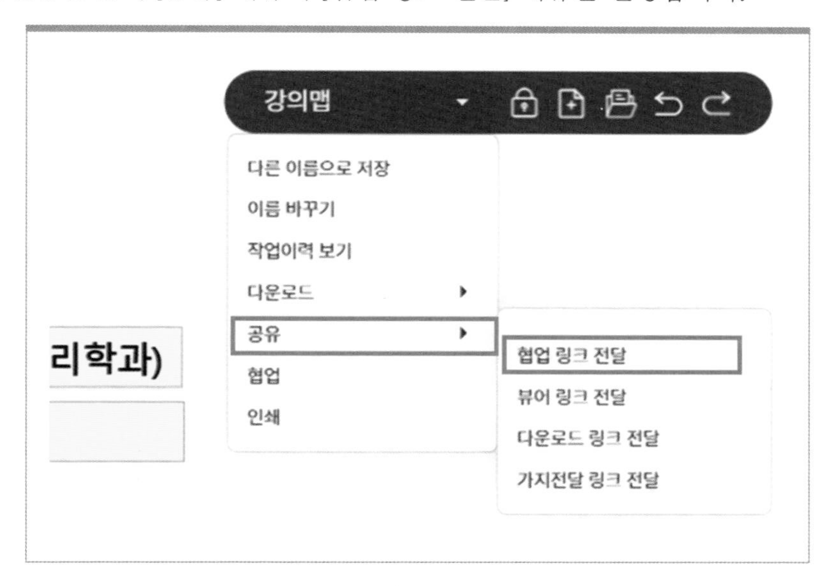

협업 링크 전달 창이 실행되면 URL을 복사합니다.

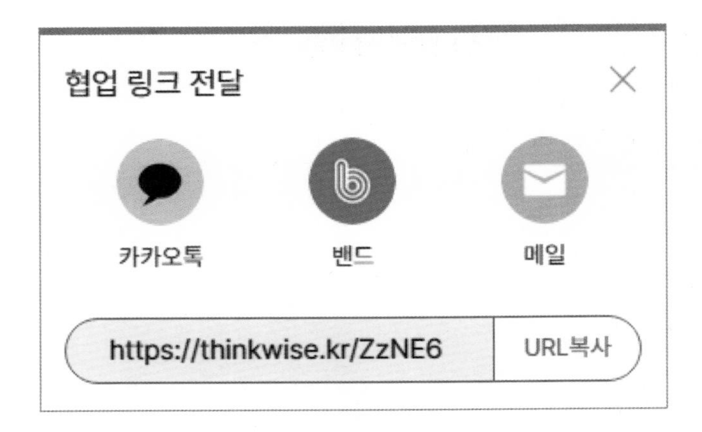

카톡, 밴드, 메일 등 원하는 매체를 통해 전달하거나 URL을 복사하여 직접 전달할 수 있습니다.

(예) 카톡전달 예시

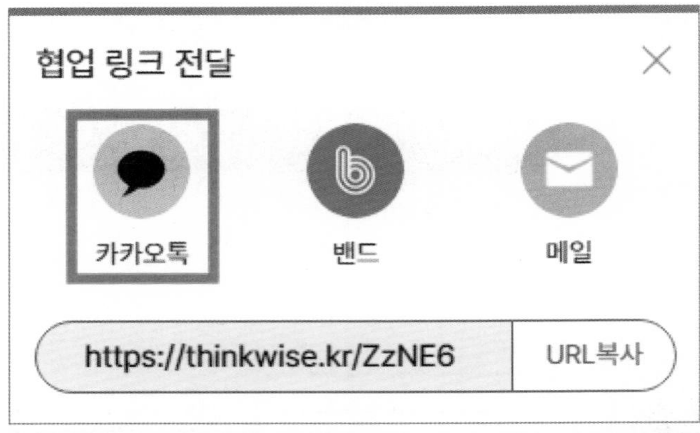

협업링크를 실행하여 게스트가 협업에 참여하면 화면 왼쪽에 협업 표시가 생성되어 이 맵이 협업으로 전환이 되었음을 보여줍니다. 이제 누구나 협업에 초대하여 함께 맵을 작성할 수 있습니다.

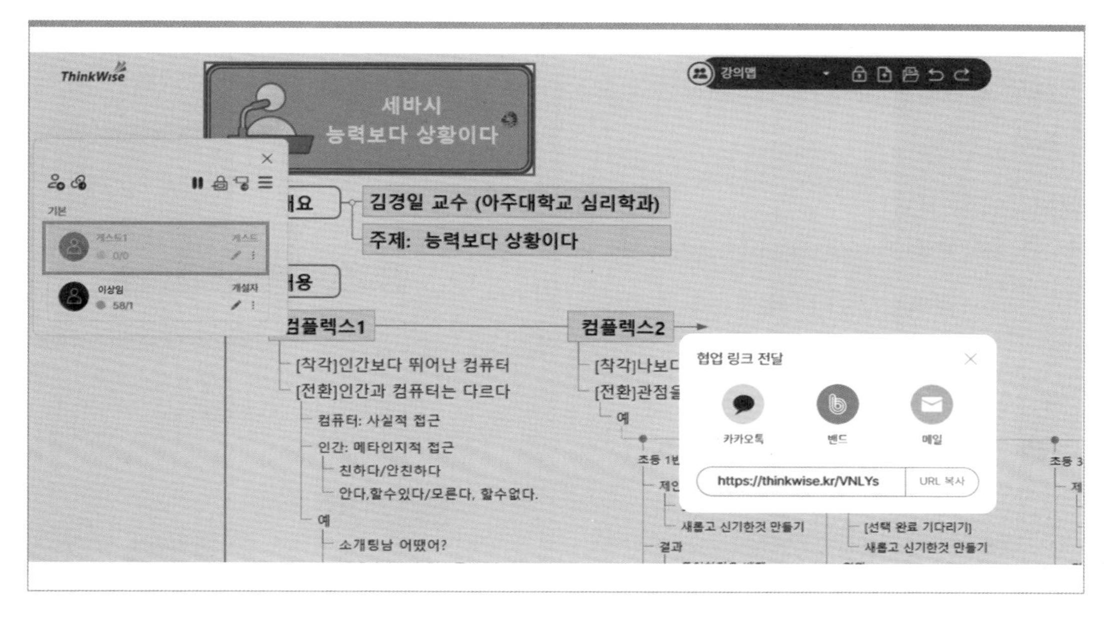

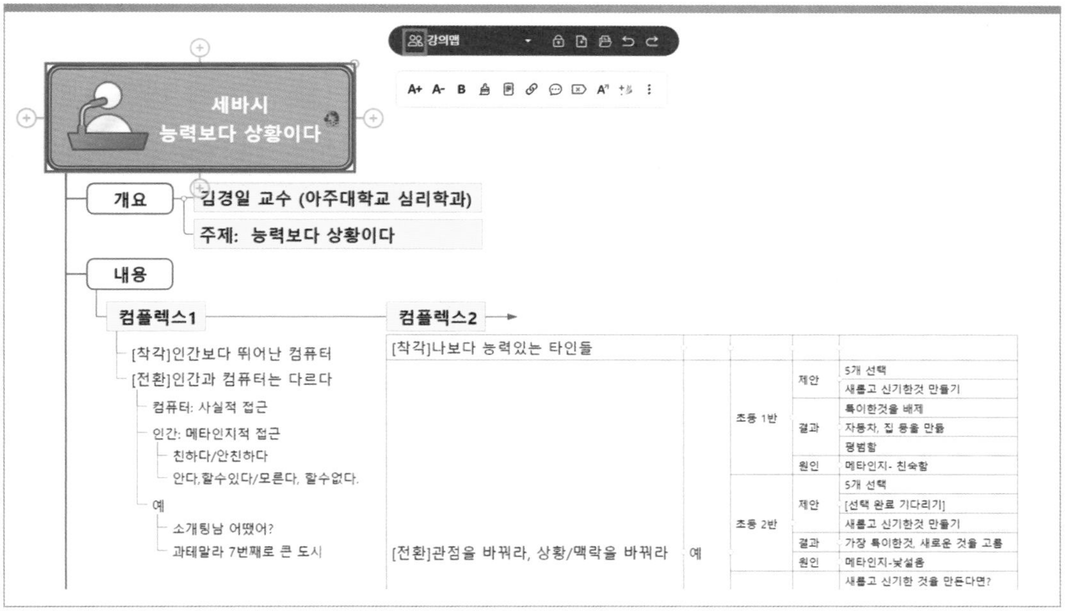

2) 참석자를 지정하여 초대

함께 협업할 참석자를 지정하여 초대하는 방식입니다. 개설자호스트는 초대자의 이메일을 미리 확인하여 참여자를 초대할 수 있습니다. 초대받은 참여자는 도착한 이메일을 통해 협업에 참여하거나 <ThinkWise> 웹버전에 초대받은 이메일과 동일한 이메일 주소를 이용하여 회원가입 및 로그인하여 협업에 참여할 수 있습니다.

협업으로 전환할 맵을 실행합니다. 표시 1과 같이 협업 메뉴를 누른 후 표시 2와 같이 초대버튼을 누릅니다.

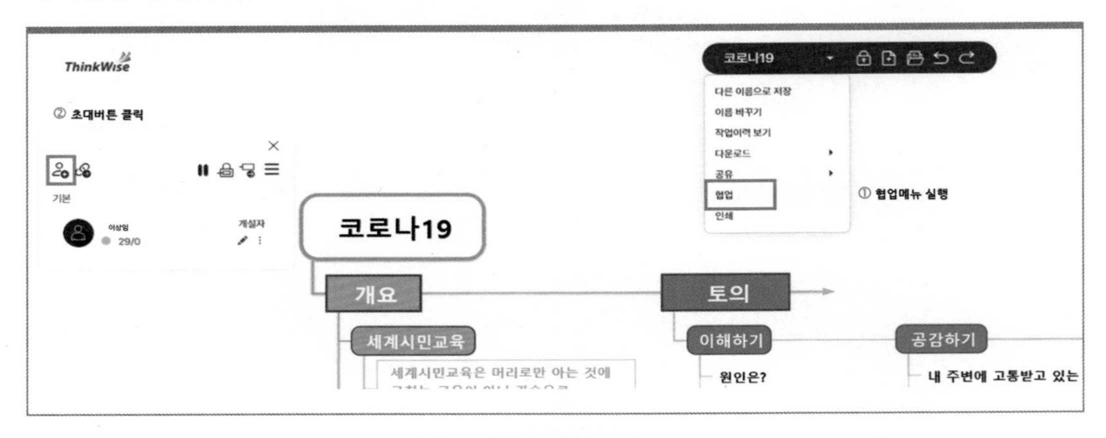

주소록 설정 화면에서는 그룹을 추가하거나 주소록 +를 눌러 참석 대상자를 추가할 수 있습니다.

주소록을 생성하였으면 표시 ③과 같이 협업 초대자를 지정한 후 확인을 누릅니다.

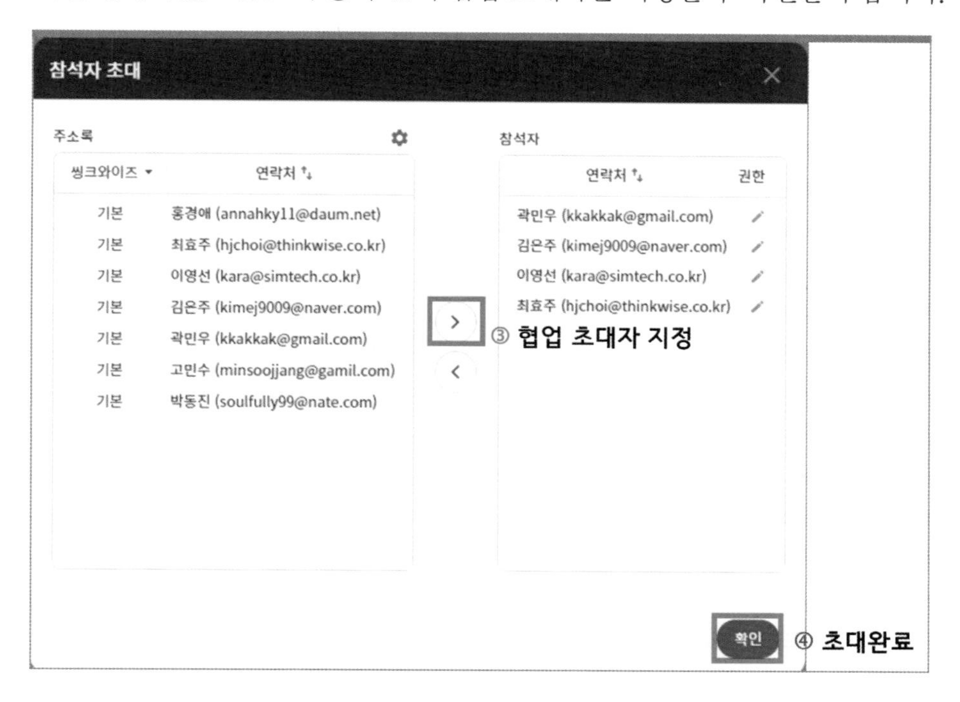

협업 초대가 완료되면 동시에 초대받은 사람들에게 이메일이 발송됩니다. 초대를 받은 사람은 수신한 이메일을 통해 협업에 참여하거나 <ThinkWise> 웹버전에 회원가입 및 로그인 후 내문서를 열어 초대된 협업을 클릭하여 참여할 수 있습니다.

초대받은 사람이 협업에 접속하면 사진과 이름이 활성화되고 실시간, 비실시간으로 맵핑하며 협업합니다.

2. 협업 참여

1) 링크로 참여하기

카톡 또는 이메일로 받은 협업 초대 링크를 클릭합니다. 협업은 맵의 전체를 한눈에 볼 수 있는 장점이 있어, 가능한 화면이 작은 스마트폰보다는 PC 또는 태블릿이나 패드를 이용해 전체를 볼 수 있도록 큰 화면의 기기를 이용하시기를 권장합니다.

크롬, 엣지, 사파리 등의 브라우저가 실행되면 협업 참여자의 이름을 입력하고 참여를 누릅니다인터넷 익스플로러는 지원하지 않습니다.

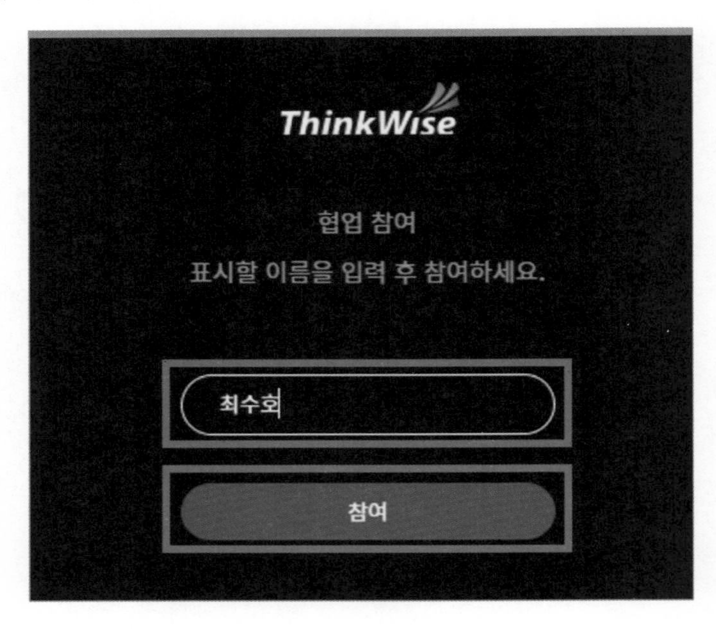

협업에 참여하여 왼쪽 협업 및 도구 메뉴를 누르면 협업 참여자 목록을 확인할 수 있으며, 동시에 실시간, 비실시간으로 함께 맵을 작성할 수 있습니다.

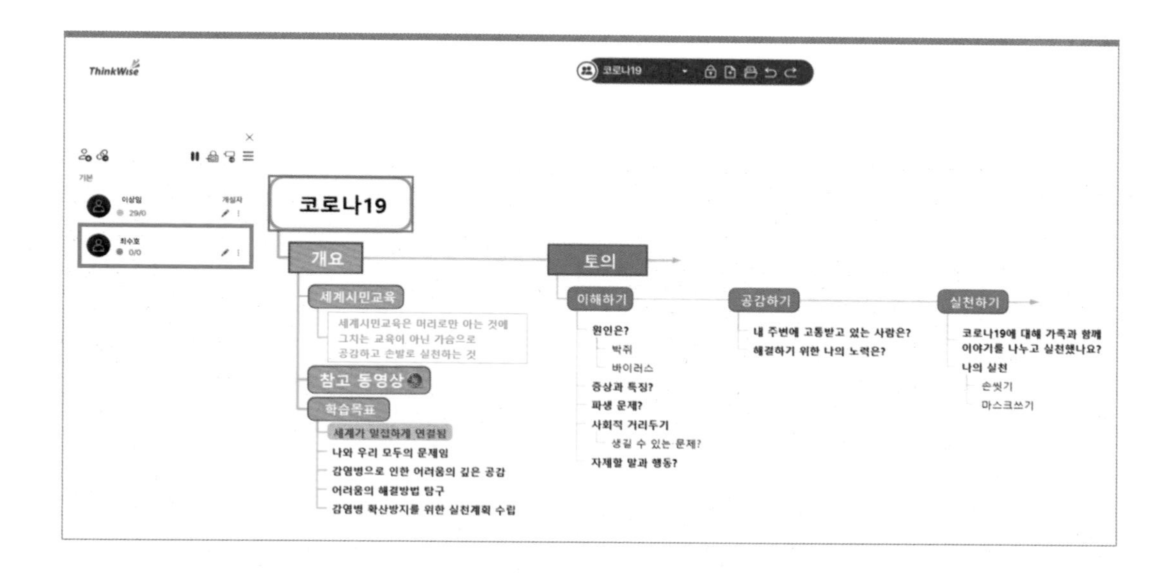

2) 이메일로 참여하기

협업에 초대되면 이메일을 받을 수 있습니다. 이메일을 확인하여 다음과 같은 메일이 도착하면 [진행]을 눌러 협업에 참여하세요.

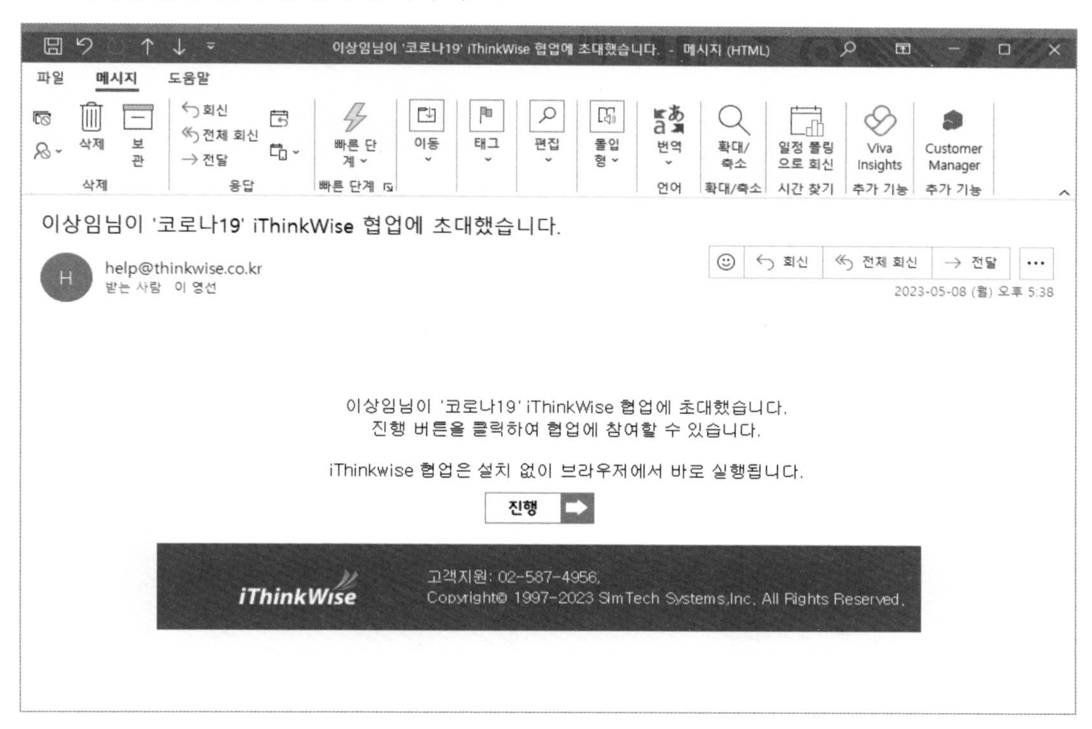

참여자가 회원인 경우 로그인하고, 비회원으로 협업 참여를 희망하는 경우 [비회원 참여]를 누릅니다.

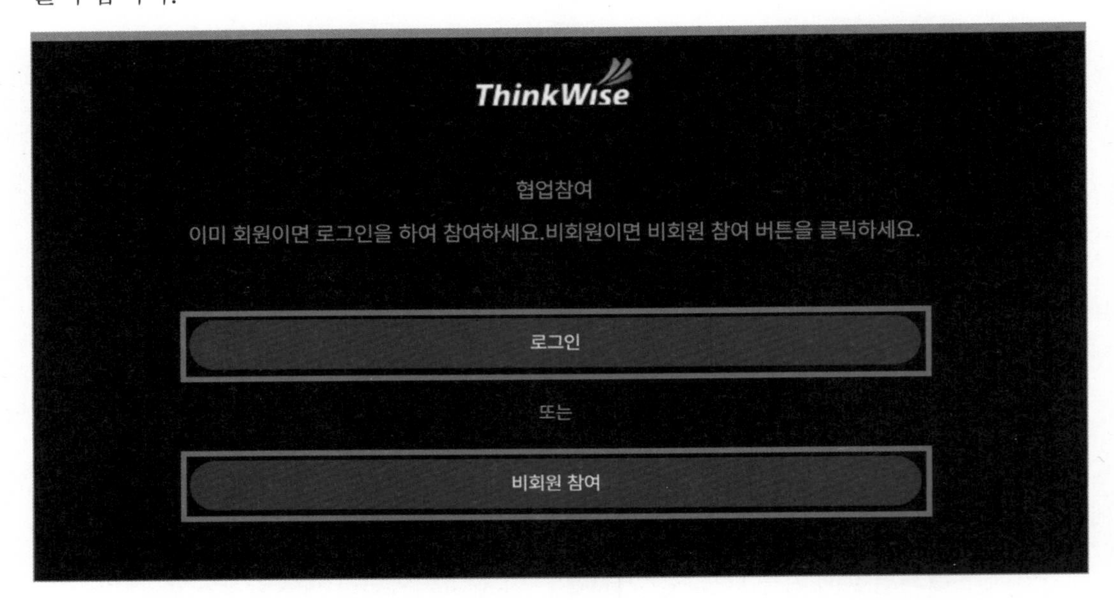

회원참여(로그인) : <ThinkWise> 웹버전에 직접 접속하여 로그인하여 협업 참여가 가능합니다. 협업에 참여하기 위해 이메일을 찾거나 보관할 필요가 없습니다.

비회원 참여 : 협업에 참여하려면 항상 이메일을 열어 [진행]을 눌러야 합니다. 장시간 진행되는 협업의 경우 이메일을 보관해야 하고, 그 이메일을 통해서만 협업 참여가 가능합니다.

3) 다국어 협업 소개

모국어만으로 다양한 언어를 사용하는 사람들과 소통하고 협업을 할 수 있다면 믿으시겠습니까. 영어를 할 수 있어야만, 통역이 있어야만 가능하다고 믿었던 외국 사람과의 소통이 이제는 가장 자신 있는 모국어 사용만으로 가능해졌습니다.

베트남어, 러시아어, 인도네시아어 등 134개 나라의 언어를 지원하는 다국어 협업은 다양한 언어가 필요한 다문화 학교는 물론 세계시장을 무대로 사업을 하는 수출기업에 이르기까지 폭넓게 사용할 수 있습니다. 단순한 번역기가 아닌 아이디어와 생각을 공유하며 토의와 문제해결을 함께해 나갈 수 있는 세계 최초의 디지털 맵핑 기반 다국어 협업을 소개합니다.

다국어 협업 초대 및 참여

협업 개설방법은 다른 일반 협업과 동일합니다. 다국어 협업을 함께할 참여자를 초대합니다. 링크로 초대하는 경우 다국어 번역을 지원하지 않으니 반드시 참석자를 지정하여 초대해야 합니다.

개설자와 초대자가 함께 협업에 참여합니다. 처음 참여할 때는 개설자가 최초 만든 맵의 언어한국어 또는 참여자 PC에 설정된 언어로 맵이 표시됩니다.

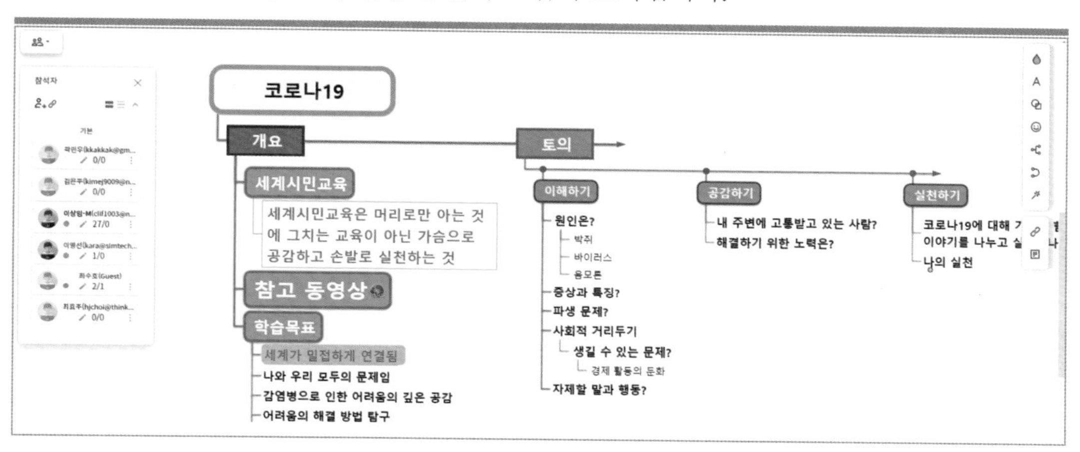

자동번역 및 사용 언어 선택

참가자는 왼쪽 협업 메뉴를 펼쳐 도구 메뉴의 자동번역을 실행하고 번역될 언어를 선택합니다.

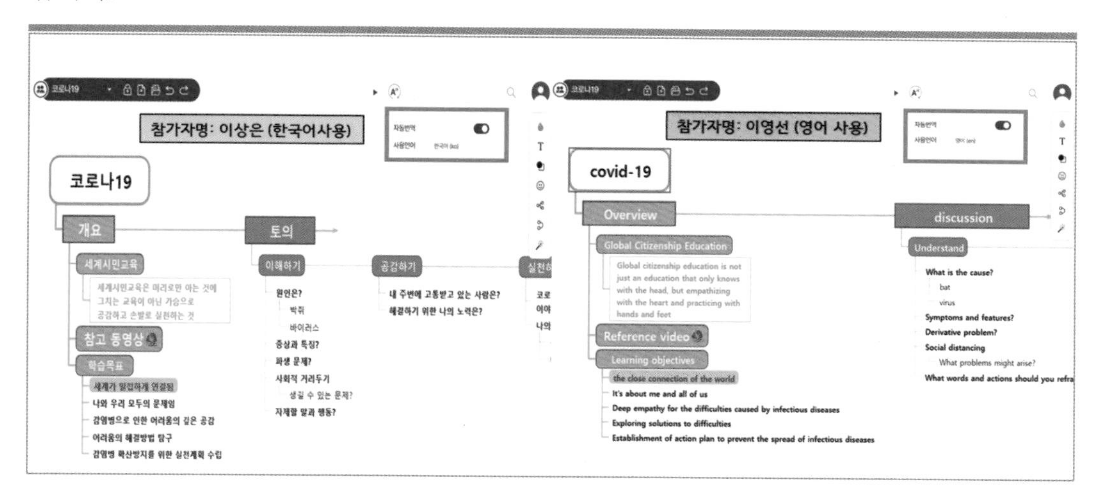

[참가자 이상은]이 한글로 작성하면, [참가자 이영선] 화면에는 자동 번역된 영어가 표시

되고, [참가자 이영선]이 영어로 입력한 내용은 [참가자 이상은] 화면에 자동 번역되어 한국어로 표시됩니다.

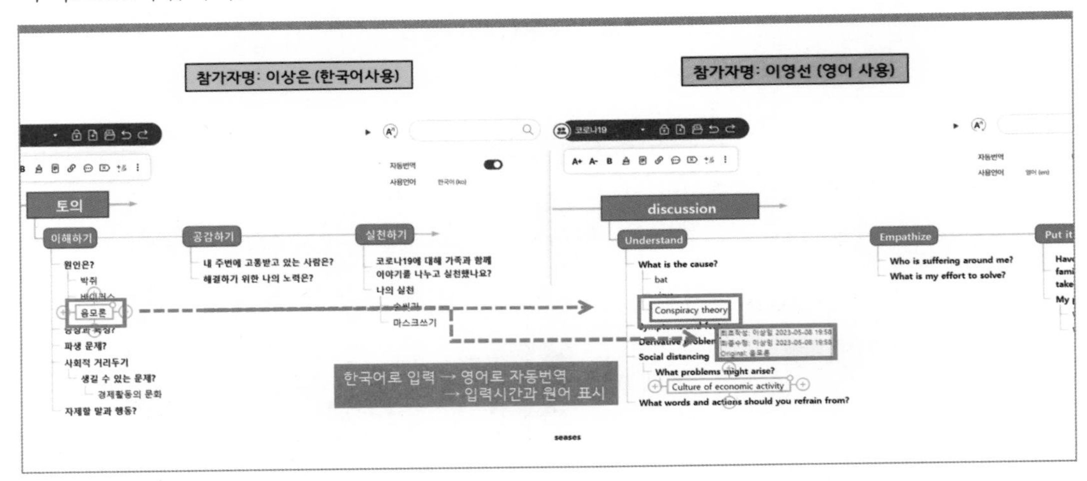

협업할 때 본인이 선택한 가지는 노란색으로, 다른 협업 참가자가 선택한 가지는 파란색으로 표시됩니다.

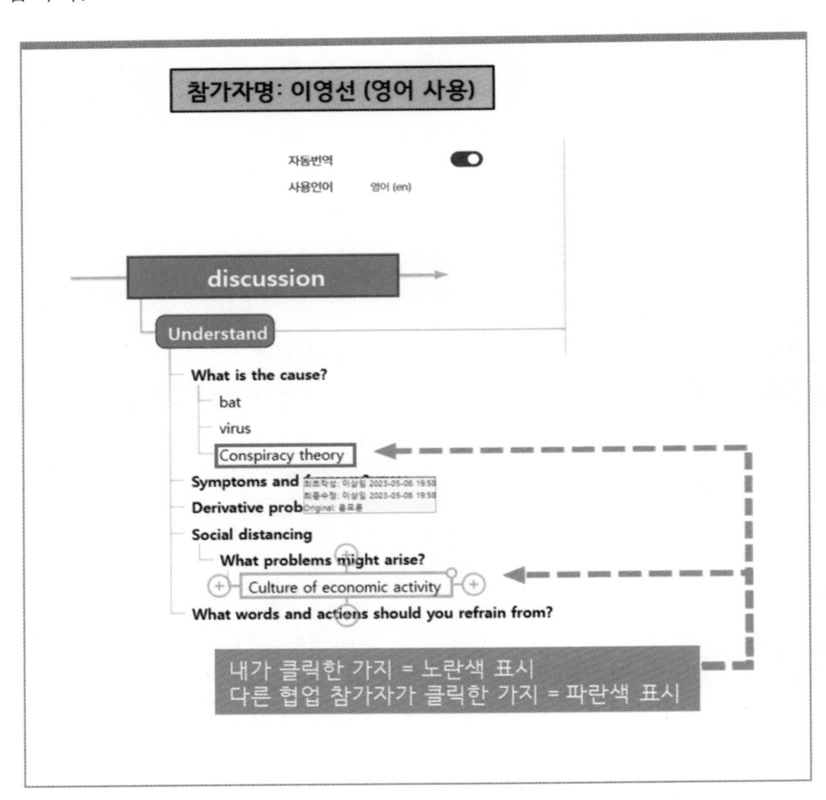

번역되어 표시된 경우, 가지 위에 마우스를 올리면 작성자명, 작성시간, 수정시간, 작성자가 최초 작성한 원어를 확인할 수 있습니다.

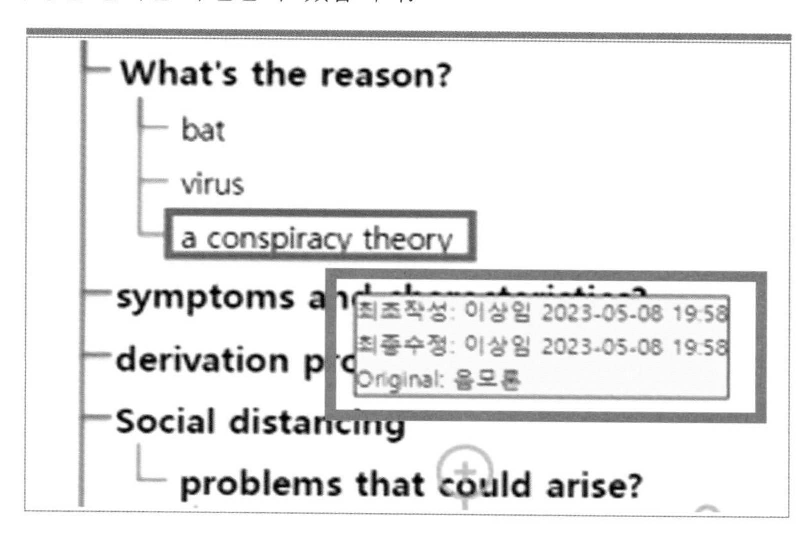

다국어 자동번역은 134개 나라의 언어를 지원합니다.

원

우크라이나어(uk)
웨일즈어(cy)
위구르어(ug)
이그보어(ig)
이디시어(yi)
이탈리아어(it)
인도네시아어(id)
일로카노어(ilo)
일본어(ja)
자바어(jv)
조지아어(ka)
줄루어(zu)
중국어(간체)(zh-CN)
중국어(번체)(zh-TW)
체코어(cs)
총가어(ts)
카자흐어(kk)
카탈루냐어(ca)
칸나다어(kn)
케추아어(qu)
코르시카어(co)
코사어(xh)
콘칸어(gom)
쿠르드어(ku)
크로아티아어(hr)
크리오어(kri)
크메르어(km)
키냐르완다어(rw)
키르기스어(ky)
타갈로그어(tl)
타밀어(ta)
타지크어(tg)
타타르어(tt)
태국어(th)
터키어(tr)
텔루구어(te)
투르크멘어(tk)
트위어(아칸)(ak)
티그리냐어(ti)
파슈토어(ps)
펀자브어(pa)
페르시아어(fa)
포르투갈어(pt)
폴란드어(pl)
프랑스어(fr)
프리지아어(fy)
핀란드어(fi)
필리핀어(fil)
하와이어(haw)
하우사어(ha)
한국어(ko)
헝가리어(hu)
히브리어(he)
힌디어(hi)

| 7장 |

<ThinkWise> 웹버전 사용지원

1. ThinkWise 홈페이지

〈ThinkWise〉에 대한 자세한 설명과 다양한 활용 사례, 사용법 등을 확인하실 수 있습니다.

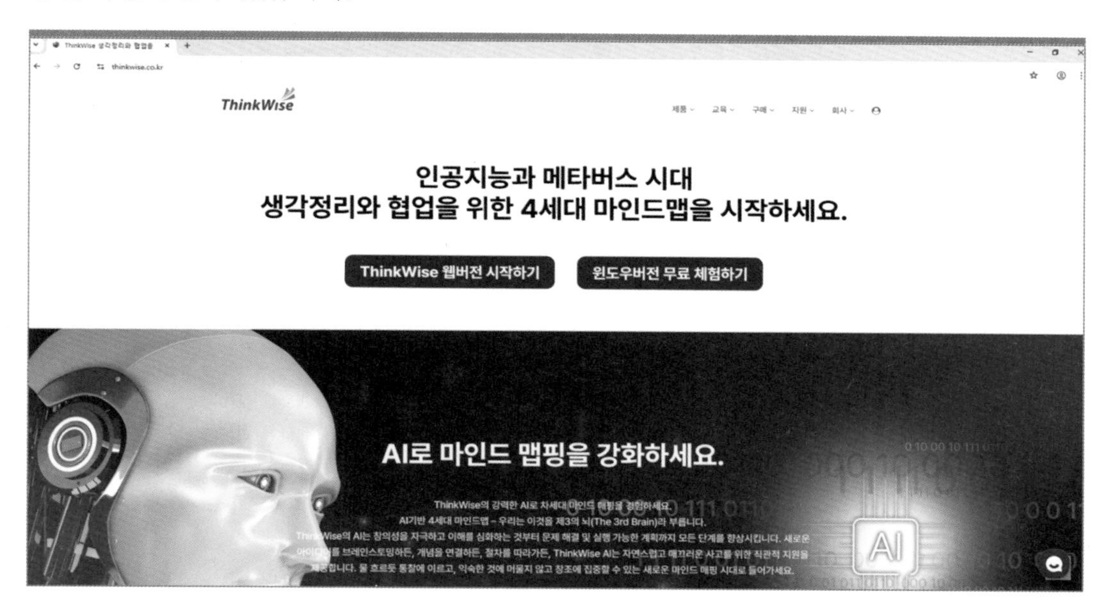

2. ThinkWise 유튜브 채널

〈ThinkWise〉 유튜브 채널에 접속하면 60여 명의 컨퍼런스 사례발표 영상은 물론 각종 특강 영상을 볼 수 있습니다.

3. 문의처

〈ThinkWise〉 고객지원센터 02-587-4956

전국 ThinkWise 아카데미 www.thinkwise.co.kr 참조

메타와 AI 세상을 위한 자기주도학습법
원 • 북 • 원 • 맵

초판 1쇄 발행일 | 2025년 5월 9일

지은이 | 정영교, 이영선, 백주희
펴낸곳 | 북마크
펴낸이 | 정기국
디자인 | 서용석
관리 | 안영미

주소 | 서울특별시 성동구 마조로 22-2, 한양대동문회관 413호
전화 | (02) 325-3691
팩스 | (02) 335-3691
홈페이지 | www.bmark.co.kr
등록 | 제 303-2005-34호(2005.8.30)

ISBN | 979-11-985296-9-5
값 | 16,000원